미술치료

임상실습 및 슈퍼비전

김지은 저

Art Therapy Fieldworks and Supervision

학지사

추천사

미술재활현장실습 교과목을 담당하면서 어떻게 하면 학생들이 '현장실습'을 알차고 성실하게 하게 할 수 있을까, 이미 실행한 '현장실습'을 되새김하면서 자신이 경험한 것을 다시 반추하고 미흡한 부분을 보완하게 할 수 있을까를 고민하였습니다. 이에 적합한 교재가 없을까 수년 동안 고민하면서 '내가 한 번 저술해 볼까?' 하는 마음만 가지고 있었는데 김지은 교수님의 책을 보면서 "그래, 이 책이야!"라고 무릎을 쳤습니다.

학생들이 실습을 가기 전 어떤 부분을 확인하고 재점검하고 가야 하는지, 그리고 임상현장실습에서 어떤 부분을 고민하면서 자신을 재점검하고 현장에 임해야 하는지, 내담자와의 만남 후에 어떤 부분을 되짚어야 하는지, 그리고 이러한 경험을 어떻게 회기별 기록으로 남겨야 하는지 등 교수님의 경험과 함께 명쾌하게 짚어 주셔서 감사드립니다.

먼저 미술치료를 접한 선배로서 후배 학생들에게 후회하지 않을 수 있는 교재로 이 책을 감히 추천드립니다.

이촌동에서

대구대학교 공마리아 드림

예술치료와 예술을 기반으로 한 국제적 연구 활동에서 중요한 위치를 차지하고 있는 김지은 교수의 박사학위 논문 지도교수로서, 이 책을 통해 우리가 함께해 온 연구 작업의 성과를 확인할 수 있었습니다. 김 교수는 탁월한 미술치료사이자 교육자, 저자로서 그 가치를 꾸준히 발전시켜 왔으며 앞으로도 그 가능성을 더욱 다양하게 발휘할 것으로 기대됩니다.

Shaun McNiff, PhD, ATR

University Professor Emeritus, Honorary Life Member and Past President of the American Art Therapy Association, Author of 『Art Heals』, 『Art as Medicine』, 『Educating the Creative Arts Therapist』, 『Art-Based Research』, and many other books.

미국 롱아일랜드대학교에서 임상 미술치료 및 상담을 전공하는 동안 김지은 교수는 누구보다 탁월한 역량을 보여 주었습니다. 특히 다양한 대상과 열린 자세로 일하고자 하는 포용적 태도는 그의 가장 두드러진 장점 중 하나였습니다. 박사 과정을 이어 가고 최종적으로 Ph.D.를 취득하는 동안 그는 저와 지속적으로 교류하며, 이 중요한 여정에서 어떤 성과를 이루어 내는지 모두 지켜봤습니다. 그리고 그는 이제 한국에서 교육뿐만 아니라 학술 연구, 교육과정 개발, 전시, 그리고 슈퍼비전 등 다방면에서 미술치료 분야를 선도하고 있습니다. 이번에 출간된 이 책이 그 성과를 보여 준다고 생각합니다. 예술치료와 정신 건강 분야에서 새로운 길을 만들어 가는 김지은 교수가 앞으로 더 많은 기여를 하기를 진심으로 기원합니다. 정말 잘했어요, 지은!

가장 따뜻한 마음을 담아서,

Christine Kerr, PhD, ATR-BC, LCAT

Retired Professor and Director of Long Island University, Author of 『Family Art Therapy』, 『Multicultural Family Art Therapy』

머리말

'미술치료(art therapy)'라는 단어를 처음 들었을 때의 감동을 아직도 선명하게 기억한다. 좀 더 정확히는 '아트 테라피 에듀케이션(art therapy education)', 즉 '미술치료교육'이었다. 그 단어가 눈으로, 머리로, 마음으로 깊이 파고들어 열병처럼 뜨겁게, 이후에는 잔열로 남아 결국 이 긴 여정으로 인도하였다.

그 길에서 만나 이끌어 주신 교수님들과 동료들, 내담자들, 그리고 학생들, 슈퍼바이지들과의 축복 같았던 시간, 그 안에서의 의미 있었던 경험을 나누고 싶었다. 그 바람을 가지고 지난 8년간의 강의 자료를 바탕으로 이 책을 준비하였다. 미국 유학 시절 부족한 영어로 공부하였던 자료, 임상실습과 슈퍼비전 내용, 우리나라로 돌아와 학생들을 가르치며 새롭게 보았던 다양한 이론서 및 사례집을 보며 막막하였던 필자의 첫 임상을 떠올렸다. 그때 무엇에 목말랐던가에 집중하며 이 책을 집필하였다.

이 책은 모두 열두 개의 장으로 이루어져 있다. 임상실습을 준비하고(제1부), 실습에 임하며(제2부), 치료를 마친 후 점검함(제3부)으로써 치료사로 성장하는 데 길잡이가 될 수 있도록 구성하였다. 실제 슈퍼비전 과정에서 학생들에게 받았던 질문과 그에 대한 설명으로서의 이론, 그리고 필자의 경험담이 다수 포함되어 있다.

제1부는 '임상실습을 준비하며'로, 미술치료 임상실습의 이해(제1장), 미술치료사의 임상실습 준비와 시작(제2장), 미술치료 초기면담의 이해와 실제(제3장), 미술치료 사례개념화(제4장)를 다루었다.

제2부는 '임상실습에 들어가며'로, 미술치료의 평가 및 심리검사(제5장), 미술치료의 치료 계획(제6장), 미술치료의 과정(제7장), 미술치료 보고서 작성의 실제(제8장)를 다루었다.

제3부는 '임상실습에서 나와서'로, 미술치료 슈퍼비전(제9장), 미술치료 윤리적 이슈 및 위기 상황 다루기(제10장), 미술치료사의 다양한 관점 다루기(제11장), 미술치료사의 자기점검(제12장)을 다루었다.

10년째 미술치료학과 교수로 학생들을 가르치며 임상실습 관련 참고 도서를 추천해 달라는 요청을 자주 받았다. 하지만 마음 놓고 추천할 책 한 권이 떠오르지 않았다. 그 이유는 수많은 변수가 발생하는 임상실습 현장의 특수성 때문이기도 하였지만 임상실습과 관련한 대부분의 책은 번역서라 우리 실정에 적절히 적용해야 한다는 과제가 오롯이 학생들의 몫으로 남아 있었기 때문이었다.

어쩌면 누군가에게는 너무나 당연하고 쉬운 것일 수도 있다. 하지만 이 책을 읽는 동안 곳곳에 담겨 있는 수많은 질문을 스스로에게 다시 한번 던지며 다양한 각도에서 깊이 고민하는 시간이 된다면, 이 책은 충분히 좋은(good enough) 역할을 할 것이라 생각한다. 미술치료를 전공하는 대학생 및 대학원생, 예비 치료사에게 이 책이 미술치료 임상의 기초를 다질 수 있는 임상실습 교재가 되기를 바라며, 다른 영역의 전문가, 심리치료나 미술치료에 관심이 있는 일반인에게도 미술치료에 대한 이해에 도움이 되기를 바란다.

"미술치료사는 도화지와 연필만 있어도 치료할 수 있어야 한다."라며 본의 아니게 자책감을 느끼게 하였던 슈퍼바이지들에게 미안한 마음과 모든 치료사는 내담자에게 충분히 좋은, 그리고 안전하게 품어 주는 환경(holding environment)이 되어야 하며, 될 수 있다는 굳은 믿음도 다시 전한다.

끝으로 하늘에 계시는 사랑하는 부모님, 슈퍼바이저로서 롤 모델이 되어 주신 Dr. Christine Kerr 교수님, 치료사의 깨어 있음과 미술 기반 자기표현의 중요성에 대해 고민하도록 이끌어 주신 박사과정 지도교수 Dr. Shaun McNiff 교수님, 무엇보다 치료사로서의 정체성을 잃지 않도록 늘 반짝이는 눈으로 함께해 주는 슈퍼바이지 학생들에게 이 책을 바친다.

이 책의 출판을 위해 긴 시간 기다려 주시고 아낌없이 지원해 주신 학지사 김진환 사장님과 편집을 맡아 준 김지혜 편집자님께도 깊은 고마움을 전한다.

2025년 3월

저자 김지은

차례

제2부 임상실습에 들어가며

제3부 임상실습에서 나와서

제1부

임상실습을 준비하며

제1장

미술치료 임상실습의 이해

이 장에서는 미술치료 임상실습과 교과목의 이해로 임상실습 및 교과목의 목표와 특수성에 대해 알아보고, 실습생들이 직접 참여하게 될 실습기관 현장에 대해 살펴보고자 한다.

출처: 김지은(2023).

어느 시인은 말했다. "사람이 온다는 건 실은 어마어마한 일"이라고. 그 일이 얼마만큼 어마어마한 일인지를 그는 시 「방문객」을 통해 이렇게 말한다.

사람이 온다는 건
실은 어마어마한 일이다.
그는
그의 과거와
현재와
그리고
그의 미래와 함께 오기 때문이다.
한 사람의 일생이 오기 때문이다.
–하략–
(정현종, 2015)

미술치료 훈련과정에 들어가서 실제 대상을 만나는 임상실습에서 첫 내담자와의 만남은 실습생(치료사)에게 이 시인의 말처럼 '사람이 오는 것'과 같은 무게로 다가온다. 실습 대상 및 기관, 실습기관 담당자(슈퍼바이저)에 따라 다양한 개입과 접근이 이루어져야 하기 때문에 실습생들은 실습에 앞서 기초적인 준비를 해야 한다.

1. 미술치료 임상실습 개요

1) 미술치료 임상실습 교육 목표

미술치료는 심리치료의 한 분야로 미술매체, 이미지, 창조적인 작업 과정, 미술작품에 대한 내담자의 반응을 통해 치유와 성숙을 이루어 가는 과정이다. 이 과정에는 '훈련받은 미술치료사'가 함께하며, 다양한 연령대의 사람이 신체적 · 정신적 · 정서적 안녕을 도모하고 미술작업의 창조적 과정을 사용한다. 이때 창조적 과정의 사용은 예술적인 자기표현 기회를 높여 자존감과 자각을 증진하고 통찰에 도움을 준다는 믿음에 기반한다(http://www.arttherapy.org).

미술실기, 미술치료, 심리학, 임상실습의 4개 영역으로 구분되는 미술치료학과의 교육과정에서 미술치료 임상실습은 학습한 미술치료의 이론적 지식과 기술을 실제 현장에 적용하여 실천 능력을 키우는 중요한 학습 과정이다. 실습생들은 임상 환경에서 대학 교수와 실습기관 담당자, 즉 대학과 현장 슈퍼바이저의 공동 지도하에 내담자가 치료 과정에서 겪을 수 있는 불필요한 시행착오와 좌절감을 줄이고 적절한 활동을 할 수 있도록 돕는 충분한 훈련을 받는다(Rubin, 2006).

(1) 전문성 및 교육 목표

미술치료사로서 필요한 기본적 자질, 태도, 지식과 기능을 포함하여 예비치료사가 이해하고 습득해야 할 기술적 내용을 준비한다. 실습생은 미술치료 이론과 실제 적용에 대해 이해하고 미술치료사로서의 가치관을 확립한다.

(2) 학습경험의 다양성

실습생들은 치료 과정을 경험함으로써 다양한 미술치료 지식과 기술의 심화와 통합을 경험할 수 있다. 실제 현장실습을 바탕으로 이론 강의, 실제 사례 연구, 그룹 프로젝트, 집단 및 개인 슈퍼비전, 사례 발표 등에 참여한다.

(3) 평가 방법

실습생의 학습을 평가하고 지원하기 위한 학습 목표와 일치하는 평가도구를 사용하여 이해도와 실습 능력을 평가한다. 여기서 평가는 대학 실습 담당 교수의 평가와 실습기관 담당자인 현장 슈퍼바이저의 평가로 나누어 실시한다.

(4) 적용 가능성 및 현장 경험

실습생은 현장실습을 수행하며 미술치료 실무에 대한 이해를 증진한다. 학생들은 학습한 이론을 현실에 적용하고 실제 내담자에게 미술치료를 제공함으로써 필요한 기술을 습득하고, 그 과정에서 치료 적용에서 문제해결 역량을 높인다.

2) 미술치료 임상실습 교육 내용

국내 미술치료 임상실습은 각 학회 및 대학(원)에서 마련한 다양한 기준으로 운영되어 왔다. 2018년에 발달재활서비스 내 미술심리재활(사) 자격에서 임상실습이 공식 교육과정 교과목(임상실습 및 슈퍼비전 1, 2와 미술재활현장실습)과 커리큘럼으로 안내되었고, 이에 따라 대학(원)의 임상실습 관련 교육과정 및 전문적인 요구사항과 기준이 정비되었다(김지은, 2020). 그 내용은 다음과 같다.

(1) 실습 교과목 별 교육 내용

각 실습 교과목의 주요 내용 및 기준은 다음과 같다.

- 임상실습 및 슈퍼비전 1: 임상실습 및 슈퍼비전 기초 과정으로, 임상실습 교육과정을 통하여 미술치료에서 습득한 이론 지식을 실제 임상에 적용하고, 실습한 사례를 바탕으로 슈퍼비전을 실시한다.
- 임상실습 및 슈퍼비전 2: 임상실습 및 슈퍼비전 심화 과정으로서 슈퍼비전에 대한 이론적 학습과 임상실습 사례에 대해 동료 및 슈퍼바이저의 지도와 감독을 통해 전문적인 치료 역량을 강화한다.
- 미술재활현장실습: 필수교과로 미술치료 임상 현장에서 필요한 다양한 실무와 사례 관리법 등을 학습하고, 실습 경험을 통해 미술치료 전문가로서의 현장 실무 능력을 갖춘다. 미술치료 전문가의 지도감독하에 진행되는 총 100시간의 필수 임상실습 중 40시간 이상은 반드시 발달장애 아동 및 청소년을 대상으로 수행한다.

〈표 1-1〉 미술치료 임상실습 교과목 내용 비교(2024년 11월 기준)

내용	임상실습 및 슈퍼비전 1	임상실습 및 슈퍼비전 2	미술재활현장실습(필수)
이론	• 오리엔테이션 • 실습생의 태도 • 기관에 대한 이해 • 실습일지 작성 • 미술치료 과정 • 미술치료 평가 • 미술치료 슈퍼비전 개관	• 오리엔테이션 • 미술치료 슈퍼비전 개관 • 슈퍼비전 관계의 발달 • 어려운 수련자, 슈퍼비전에 미술활동 통합하기 • 동료 슈퍼비전 • 미술치료 슈퍼바이저 훈련, 비디오 활용과 라이브 지도감독 • 기록과 사례 발표, 윤리적인 이유들	• 오리엔테이션 • 미술치료 현장실습 개요 • 접수면접 방법/초기상담의 이해 및 실제 • 진단평가/그림검사의 이해와 실제 • 진단평가/그림검사의 이해 및 실제 • 평가 보고서 작성 • 사례개념화
슈퍼비전	• 아동 사례 발표 및 슈퍼비전 1, 2 • 청소년 사례 발표 및 슈퍼비전 1, 2 • 성인 및 노인 사례 발표 및 슈퍼비전 1, 2	• 미술치료 실습 사례 발표 및 슈퍼비전 1, 2, 3, 4, 5, 6	• 현장실습 보고 발표 및 피드백

출처: 한국장애인개발원(2024).

(2) 학위 과정

국내의 경우, 대학마다 자율적으로 운영하던 교육과정(학 · 석 · 박사) 내 임상실습은 발달재활서비스 제공인력인 미술심리재활(사) 취득 기준으로 안내된 내용과 각 대학 특성을 반영하여 교과목을 운영하고 있다.

미국의 경우, 미국미술치료협회(American Art Therapy Association: AATA)에서 인정하는 대학원 석사과정을 졸업하고, 기준에 따라 미술치료자격증 위원회(Art Therapy Credential Board: ATCB)에서 임시등록 미술치료사(Registered Art Therapist Provisional: ATR-P), 미술치료사 등록(Registered Art Therapist: ATR), 공인 미술치료사(Board Certified Art Therapist: ATR-BC), 공인 미술치료 슈퍼바이저(Art Therapy Certified Supervisor: ATCS) 면허를 취득한다. 미술치료자격증위원회(ATCB)는 2024년 7월부터 미술치료사 등록(ATR) 전에 임시등록 미술치료사(ATR-P)를 필수과정으로 안내하고 있다.

국내 및 미국의 학위 과정에 따른 취득 기준은 〈표 1-2〉와 같다.

〈표 1-2〉 학위 과정에 따른 미술치료사의 교육 내용 비교(국내/미국)

	학사	석사	박사
국내	• 실습 기준: 교과목 이수 −임상실습 및 슈퍼비전 1, 2(3학점 기준 각 40시간) −미술재활현장실습(100시간) • 목표: 실습보조/주치료사로 다양한 대상 실습과 슈퍼비전 참여 • 졸업 기준: 80~100시간	• 실습 기준: 교과목 이수 −임상실습 및 슈퍼비전 1, 2(3학점 기준 40시간) −미술재활현장실습(100시간) • 목표: 실습보조/주치료사로 다양한 대상 실습과 슈퍼비전 참여 • 졸업 기준: 300~1,000시간	• 실습 기준: 교과목 이수 −고급 임상실습과 슈퍼비전 • 졸업 기준 없음
미국	• 실습 기준: 180시간(1학기) • 다양한 대상 인턴십(실습)과 집단 슈퍼비전 이수	• 실습 기준: 750시간 이상(3학기) • 다양한 대상 인턴십(실습)과 집단 슈퍼비전 이수	• 졸업 기준 없음

(3) 자격증

자격증의 취득 기준은 크게 자격의 종류와 발행기관에 따라 구별된다. 현재(2024년 11월 기준) 사용되고 있는 다양한 미술치료 자격증 중 필자가 소속해서 활동하고 있는 국내 한국미술치료학회와 발달재활서비스 제공 인력(미술심리재활), 미국 미술치료사 자격증의 단계별 분류와 각 수련 요건, 교육 커리큘럼 등을 소개한다(〈표 1-3〉 참조).

〈표 1-3〉 미술치료사 자격증 취득 조건(2024년 11월 기준)

	2급	1급	전문가	수련 감독
한국미술치료학회	임상미술심리상담사(KATR) 2급 • 기본연수: 64시간 • 임상수련: 636시간(실습: 300시간 포함) • 자격서류 심사 • 이론, 면접시험	임상미술심리상담사(KATR) 1급 • 기본연수: 64시간 • 임상수련: 1,036시간(실습 500시간 포함) • 자격서류 심사 • 이론, 면접시험	임상미술심리전문가(PATR) • 1급 취득 후 2년 경과시 가능, 미술치료 관련 박사 졸업 후 가능 • 기본연수: 64시간 • 임상수련: 1,485시간(실습: 800시간; 미술치료 연구실적 100% 포함) • 자격서류 심사 • 이론, 면접시험	수련감독임상미술심리상담사(SATR) • SATR 취득 후 • 임상수련 1,000시간 이상 • 슈퍼비전한 시간 160시간; 실습 500시간; 미술치료 교육 150시간, 미술치료 연구실적 200% 포함 • 자격서류 심사 • 면접시험

미술심리재활	• 미술재활현장실습(100시간, 〈표 1-1〉 참조) • 교육과정 이수(학사과정 42학점, 석사과정 24학점) 후 신청			
미국미술치료학회	ATR-P • 실습: 750시간 이상(슈퍼비전 포함) • 미술치료 대학원 졸업	ATR • 실습/슈퍼비전: -인증 대학원 졸업 후: 1,000시간 -미인증 대학원 졸업 후: 2,000시간 -슈퍼비전: 실습시간의 10% • 슈퍼바이저 추천서 • 자격서류 심사	ATR-BC • ATR 취득 후 가능 • 실습: 1,500시간 (LCAT 기준) • 자격서류 심사 • 이론 시험	ATCS • ATR-BC 취득 후 5년 이상 슈퍼비전 경력 • 자격서류 심사 • ATCS 추천서

2. 미술치료 임상실습의 특수성

1) 미술치료사 준비

'미술치료 실습생은 무엇을 준비해야 하는가?'라는 질문은 '미술치료사의 역할 수행에는 어떤 능력이 요구되는가?'라는 질문과 맥을 같이 한다. 미술치료는 '미술'과 '치료' 두 부분을 포함하며, 치료가 목적이 되어야 한다(Rubin, 2005). 따라서 미술치료에는 미술과 치료 두 영역 모두를 잘 알고, 내담자에 맞추어 적절한 도움을 줄 수 있는, 준비된 미술치료사가 필요하다. 〈표 1-4〉는 미술치료사에게 필요한 역량에 따른 영역별 전공 교과목을 발달재활서비스 기준에 맞춰 정리한 것이다(김지은, 2020). 세부 내용은 이 책 12장에서 다시 소개하고자 한다.

〈표 1-4〉 미술치료사 역량과 전공 교과목

영역	내용	전공 교과목
지식	• 상담 및 심리치료 이론, 대상에 대한 지식 • 미술매체 및 기법에 대한 지식(드로잉, 페인팅, 조소 등)	• 심리학 • 미술실기: 매체연구 및 실습, 창의적 미술치료 • 미술치료 이해: 미술치료학 개론

	• 미술치료 평가에 대한 지식 • 미술치료 연구에 대한 지식 • 미술치료 정책 및 근무 기관에 대한 지식	• 대상: 유아동/청소년/성인/노인/장애 미술치료 • 연구: 미술치료 매체 연구, 미술치료 사례 연구 • 평가: 미술심리 진단 및 평가, 심리평가
기술	• 미술치료 수행 • 다양한 교육업무	• 임상실습 및 슈퍼비전 • 미술재활현장실습
태도/ 개인 자질	• 미술치료사로서의 윤리 준수 • 미술치료사로서의 자기이해 • 미술치료사로서의 인성 • 미술치료사로서의 자기개발	• 미술심리상담사 윤리

(1) 미술매체 활용 능력

미술치료는 이미지, 창조적 작업 과정, 미술작품 전반에 대한 내담자 반응을 통해서 치유와 성숙을 이루는 과정이며, 그 과정에서 미술매체(medium)는 내담자의 심리를 촉진하거나 통제하는 데 핵심적인 역할을 한다. 매체가 가진 치료적 속성, 사용법, 한계점에 대한 치료사의 이해는 내담자 특성에 따라 적절한 매체를 제공하여 불필요한 시행착오와 좌절감을 겪지 않도록 도울 수 있을 것이다(Rubin, 2006). 일반적으로 미술매체는 정형 매체와 비정형 매체, 최근 추가된 디지털 미술매체로 구분할 수 있다. 한국장애인개발원(2024)의 교과목 중 '매체연구 및 실습'은 드로잉 재료, 페인팅 재료, 콜라주, 모델링 재료(오브제, 가면, 점토), 동양화 재료, 자연물, 기타 재료 및 통합적 사용으로 분류 · 제시한다. 예비치료사들이 각 재료의 특성과 기법을 연구하고 실습하며, 경험보고서를 작성하여 예비치료사의 자기성찰을 도모하도록 한다.

(2) 심리적 해석 및 이해

미술치료는 내담자의 미술표현 작업을 통해 심리적 내용을 탐구하고 해석하는 과정을 포함하기 때문에 치료사의 심리학적 지식, 미술적 지식, 의사소통 및 관계 구축 능력, 관찰 및 분석 능력, 능동적인 태도와 윤리적 판단력이 요구된다. 교육과정에서도 다양한 심리학적 이해, 대상에 대한 이해, 미술치료 그림(미술작품) 해석과 평가와 관련 기술이 요구된다.

이에 미국 ATR자격의 경우, 자격증 취득을 위해서 미술치료(미술치료 역사, 미술치료 이론, 미술치료 기법, 다양한 대상 미술치료, 집단 미술치료, 미술치료 평가, 미술치료 윤리, 다문화 미술치료 등 24학점 이상), 미술실기(미술실기 18학점 이상), 정신건강 분야(이상심리학, 심리검사, 인간발달, 상담, 연구, 임상 경험 15학점 이상)과 슈퍼비전을 포함한 학위과정 중 실습과 학위 취득 후 실습을 요구한다.

(3) 미술치료 과정 이해

미술치료 과정은 내담자의 치료가 결정되는 순간부터 시작된다. 치료는 미술치료사가 내담자와 함께 목표와 계획을 세우고 관계를 형성하는 도입부터 종결까지 전 회기를 진행한 후 종료 후 보고서 작성까지 완료한 시점에서 마무리된다. 실습생은 매 회기 후 실습일지를 작성하며, 사례 시작 전, 사례 중(매 회기 후), 사례 후에 슈퍼바이저와 함께 전 과정을 분석한다. 실습기관의 행정적인 업무와 실습 대상자의 프로그램을 계획하고 수행하는 전체 과정에서 돌발상황과 및 문제해결을 경험함으로써 창조성과 민감성, 통찰력, 공감적 · 개방적 사고 역량을 키울 수 있다.

(4) 치료관계의 발전

미술치료는 미술치료사와 내담자의 협력안에서 이루어진다. Yalom(2015)은 치료적 상호작용에서 치료 이론적 접근이나 치료에서 중요한 자질을 주의 깊은 공감, 소유하려 들지 않는 따듯함, 성실함, 개방성과 지적 능력과 동기유발을 이끌어 내는 것이라고 하였다. 그 밖에도 세련된 대인관계 기술, 자신감을 불러일으키는 능력, 설득력 등을 꼽는다. 미술치료사로서 치료적 관계를 시작할 때 내담자가 표현한 미술작품을 존중하는 태도 또한 유념해야 할 항목일 것이다(Wadeson, 2012).

2) 치료적 관계

미술치료사는 내담자에게 물리적으로 안전하고 편안하며 정서적으로 지지받는 치료적 공간(holding environment)을 제공한다. 그 안에서 내담자는 미술작품을 만들며 자신에게 집중하고, 인정하고 받아들이는 경험을 하며 건강한 관계를 맺고 통합을 이룬다.

(1) 삼자관계

미술치료는 내담자와 치료사 사이에 미술작품을 둠으로써 둘 사이에 공간(container, screen, buffer, filter)이 생기는 삼각관계(triangular relationship)를 이루고, 이들 사이에 상호작용이 형성된다(Edwards, 2004: 주리애, 2021, p. 154, p. 392에서 재인용). 내담자는 자신의 감정과 생각, 경험을 표현하는 주체가 되며, 치료사는 내담자가 자신의 감정과 생각을 안전하게 표현하고 충분히 경험할 수 있도록 지지하는 환경의 역할(holding environment/good enough mother)을 한다. 여기서 미술작품은 내담자가 치료 과정에서 표현한 결과물로서 중요한 매개 역할을 한다. 내담자는 치료사와 함께 검증(testing), 신뢰(trusting), 도전(risking), 직면(facing), 의사소통(communicating), 이해(understanding) 및 대처/승화(coping/sublimation), 분리 및 종결(separation/termination) 과정을 거치며 관계가 만들어진다(Rubin, 2005). 자세한 내용은 이 책 8장에서 다시 소개한다.

다음 [그림 1-1]은 치료사-내담자-미술작품 간의 삼자관계를 보여 준다.

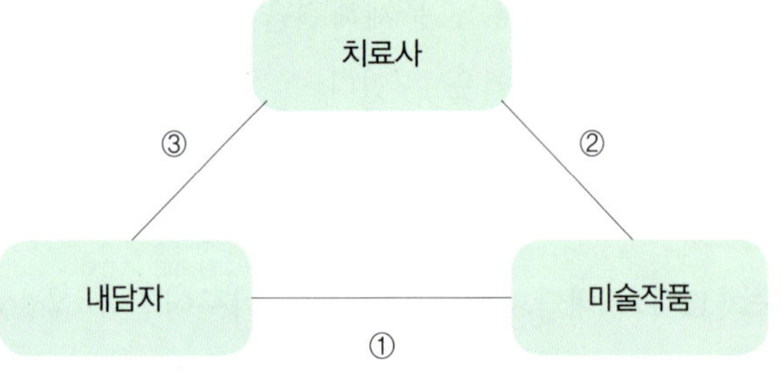

[그림 1-1] **삼자관계**

- **내담자-미술작품(①)**: 내담자는 자신의 무의식적인 생각과 감정을 투사하여 시각화하는 과정에서 자신의 문제를 직면하고 이해한다.
- **치료사-미술작품(②)**: 치료사는 미술작품을 통해 내담자를 이해하고 추후 치료 방향을 설정한다.
- **내담자-치료사(③)**: 치료적 관계에서 안전한 의사소통과 치료에 대한 라포형성을 목표로 한다. 치료사는 치료에 앞서 내담자에게 미술치료와 그 과정에 대한 정보를 전하고 이해를 돕는다. 이 과정에서 치료사와 내담자 간 라포가 형성되고 치료적 동맹 관계로 나아가게 된다. 조력자로서 치료사의 역할을 분명히 하고, 근본적인 치료와 해결을 위해서는 치료사에게만 의존하지 않고 스스로 문제를 해결하려는 내담자의 역할이 중요하다는 점을 강조한다. 치료사의 능력에 대한 내담자의 비합리적인 믿음은 의존성을 키우고, 결국 치료와 치료사에 대한 불신으로 바뀔 위험이 있다. 치료사는 내담자에게 치료 과정과 결과에서 예상되는 어려움을 사전에 알려 치료 과정 중 겪는 혹은 치료 결과에 대한 좌절감을 낮춰 줄 수 있어야 한다.

(2) 다중관계

다중관계는 치료사가 내담자 중 한 사람과 사회적 관계, 재정적 관계, 전문적 관계 등 분명히 다른 관계를 맺는 경우를 말한다. 이러한 다중관계는 친구나 친인척, 지인, 학생이나 친분이 있는 여러 모임 동료 등 여러 사회적 관계를 맺고 있는 사람을 내담자로 받아들여 치료를 진행하거나, 치료실에서 만나던 사람과 치료 종결 이후에 친구나 가까운 사이가 되어 다른 사회적 관계를 형성하는 것을 말한다(Corey et al., 1998). 이때 실제 상황에서 역할에 갈등이 생기거나 직접적인 어려움이 생길 수 있기에(Falender & Shafranske, 2004, p. 215), 주의가 필요하다. 실습생은 최신 치료사의 윤리강령과 법 규정을 미리 살펴본다.

(3) 치료사와 내담자 간의 경계

임상 현장에서 치료사는 경계 위반으로 인한 잠재적 위험성을 고려하여 경계를 확립하고 유지할 책임이 있다. 경계를 넘어서는 것과 위반하는 것의 차이를 역할, 시간, 장소, 상황, 돈, 선물, 서비스, 관련 문제들, 의복, 언어, 자기개방과 관련된 문제들, 신체접촉 등으로 범주화하여 구분할 수 있다(Falender & Shafranske, 2004, p. 205).

"G는 치료실에 두고 가라."

첫 실습에서 머릿속을 온통 내담자로 채우고 '어떻게 하면 좋은 치료사가 될 수 있을까?' 하고 고민하는 시간을 보내던 필자에게 슈퍼바이저가 말했다. "G는 치료실에 두고 가라." 그리고 사실 그때는 어렴풋하던 그 말의 의미를 여러 슈퍼바이지를 만나며 알게 되었다. 몇몇 학생은 필자에게 이 말을 들었으리라. "여러분, 내담자는 치료실에 두고 가세요."

- **치료 과정 내 및 치료 종결 후의 경계:** 미술치료에서 치료 과정 중 그리고 치료 종결 후에 전문적 · 정서적 · 물리적 경계를 유지하는 것은 내담자의 심리적 안정과 치료적 효과를 보장하는 데 필수적이다. 초기에 치료사와 내담자의 역할과 책임을 명확히 설명하며, 치료 시간 관리, 비밀 유지 등을 구조화한다. 감정적 거리를 유지하고, 치료사의 개방, 물리적 접촉 등에서 적절함을 유지한다. 종결 시, 종결 과정과 후속 지원에서 경계를 설정하고 윤리적 고려점을 준수한다.
- **인터넷상의 경계:** 화상 플랫폼(Skype, Zoom, Metabus 등)을 통해 온라인 공간에서 만나는 비대면 원격 미술치료는 COVID-19 팬데믹 기간 동안 현장 실습에 도입되었

다. 대면 상담에 비해 접근성이 높고 유연하게 적용될 수 있다는 점에서 긍정적이지만 개인정보 등 노출에 대한 보안성, 기술지원, 시간 엄수와 응급상황 대처를 위한 준비가 필요하며, 비밀 유지, 동의서 확인 등 윤리적인 면에서 치료사의 교육이 필수적이다. 채팅, 음소거, 비디오 고정, 미러링, 가상 배경 설정, 셀카 모드 끄기, 화면 공유 및 전송, 기록 등의 기능과 개인 설정이 가능하며, 컴퓨터상에 암호화하여 저장하거나 USB, 포털사이트 클라우드 등에 안전하게 저장한다.

- **미술작품의 경계**: 미술작품의 소유권은 내담자에게 있다. 첫 회기에서 작품 보관 방법/기간, 작품 사진 촬영 및 공유 등의 작품 활용에 대한 규칙을 정한다. 작품 사진은 작품 전체가 보일 수 있도록 초점을 잘 맞추고 높은 화소로 촬영한다. 미술작품 원본의 보관과 폐기는 실습기관에 따라 정한다. 종결 후 내담자에게 개인정보가 드러난 부분 또는 이미지는 떼어 내고 폐기하는 등 작품의 보관과 공유, 폐기 방법을 안내한다.
- **치료 환경(물리적 환경)의 경계**: 대상의 치료 목적에 따라 활동이 달라지기 때문에 치료사는 주어진 상황 안에서 대상의 특성, 집단의 크기, 사용 매체 등을 고려하여 유연하고 창의적으로 치료실 환경을 구성할 수 있어야 한다. 돌발 상황을 마주하거나 움직임이 어려운 내담자도 적절한 상호작용을 경험하며 안전하게 자신의 내면을 표현할 수 있도록 치료실의 위치, 내부 시설, 비품, 가구, 실내 디자인 등 공간을 구성한다.

3. 미술치료 현장의 이해

미술치료 현장실습은 내담자와의 만남을 '어디서' '어떻게' 할지 선택하는 것에서부터 시작해서, 예비치료사의 태도와 역할, 책임에 대해서 준비하고 역량을 키우는 과정이다.

미술치료 현장 이해를 위한 구체적인 내용에 들어가기 앞서 필자를 미술치료로 이끌었던 두 사례를 소개하고자 한다.

[그림 1-2]는 도록 『우리들의 눈』에 실린 시각장애 여아(13세)의 〈팔 대신 날개를〉이라는 제목의 작품이다. 팔을 만들기를 어려워하는 시각장애 아동에게 선생님이 "팔 대신 다른 것을 만들면 어떨까?"라고 제안하였고, 결국 이렇게 아름답게 완성되었다. [그림 1-3]은 Lowenfeld(1957, p. 471)가 소개한 미술의 치료적 효과(art therapeutic education)

[그림 1-2] 팔 대신 날개를(13세 시각장애 여아)
출처: 우리들의 눈.

[그림 1-3] 점토작품(11세, 시청각중복장애 여아)
출처: Lowenfeld (1957).

를 보여 주는 청각 · 시각장애 11세 여아의 작품이다. '(a) 앉아 있어요' '(b) 나는 손에 사과를 놓았어요' '(c) 매우 피곤해요, 졸려요' '(d)하품하고 있어요' '(e) 사탕을 먹어요' '(f) 책을 읽어요'라는 제목을 가지고 있다. 소근육 기능뿐 아니라 아동의 적극적인 정서 표현에서도 의미 있는 변화를 볼 수 있다. 두 아동에게는 공통적으로 한 사람과의 만남이 있었고, 그 시간은 좋은 경험을 할 수 있는 환경(holding environment)이 되었다. 선생님에게도 한 사람의 일생이 통째로 다가오는 경이로운 경험이었을 것이다.

[학습과제 1-1]은 임상실습기관을 정하기 전에 미리 알아보아야 할 기본 정보 항목이다(미국 LIU 대학 실습 자료 참조). 임상실습기관을 찾는 중이라면 다음 순서대로 정보를 수집하여 작성해 보자.

학습과제 1-1 임상실습 전 임상실습기관을 조사해 보자.

- 기관명/주소/대표번호
- 기관 담당자 이름/자격(전공/자격증)/연락처(전화번호/이메일 주소)
- 희망 실습생(대학생/대학원생)/인원 수
- 미술치료 프로그램명
- 미술치료 프로그램 목표/접근 이론(개입 전략)
- 미술치료 대상
- 미술치료 형태: 집단치료/개인치료/집단, 개인 비율, 인원 수
- 기관 내 다른 치료 유무 및 내용
- 미술치료 관련 활동(전시 등)
- 특이사항

[학습과제 1-1]의 내용을 모두 작성하였다면 다음 좋은 치료 환경에 관한 질문을 통해 해당 기관에서의 임상실습이 '나에게 좋은 실습'이 될지 확인해 보자.

좋은 치료 환경에 대한 질문
1. 치료적 전문성: 해당 기관은 전문성과 능력을 갖춘 치료사들로 구성되어 있는가?
2. 다양한 내담자: 해당 기관은 다양한 연령, 인종, 문화적 · 신체적 · 정서적 배경을 가진 내담자들에게 적절한 서비스를 제공하는가?
3. 치료적 접근: 해당 기관은 종합적인 치료 접근을 통해 심리, 정신, 신체의 건강을 고려하고 개입하는가?
4. 환경적 지원: 해당 기관은 다양한 내담자 기능과 필요에 따라 안전하게 치료에 참여할 수 있도록 고려하는가?
5. 치료 프로그램 지원: 해당 기관은 다양한 치료 프로그램과 환경(시 · 공간)을 지원하는가?
6. 연구 및 교육 지원: 해당 기관은 연구 교육을 위한 자원을 제공하고, 전문가들이 교육 프로그램을 운영할 수 있도록 지원하는가?

1) 미술치료 실습 현장에 따른 유형 분류

미술치료에서 실습 현장은 치료 장소와 그에 따른 대상, 치료 형태로 구분한다. '임상 실습 및 슈퍼비전 1'의 교육과정(한국장애인개발원, 2024)과 김정애, 송은경, 이지영, 문주(2023)의 기준을 참고로 하여 치료 장소를 병원, 학교, 복지관, 심리치료센터, 바우처 기관으로 분류하고, 치료 대상을 유아, 아동, 청소년, 특수아동, 성인, 노인, 장애인, 부부/가족으로 구분하였다. 미술치료의 강조점이 미술과 심리치료 중 어디에 있는지, 그리고 운영하는 미술치료 프로그램을 어떻게 명명할지는 각 기관에 따라 다를 수 있다.

미국미술치료학회(AATA)는 미술치료사들의 임상 현장과 직업명(직무), 전문 분야를 설문 조사하여 다음과 같이 보고하였다(Elkins & Deaver, 2018). 임상 현장([그림 1-4 참조])은 아트센터/스튜디오, 기업/산업체, 클리닉/정신과 외래, 대학/대학교, 커뮤니티 서비스 에이전시, 교정시설, 상담센터, 주간치료센터, 약물/알코올 중독 프로그램, 교육, 노인기관,

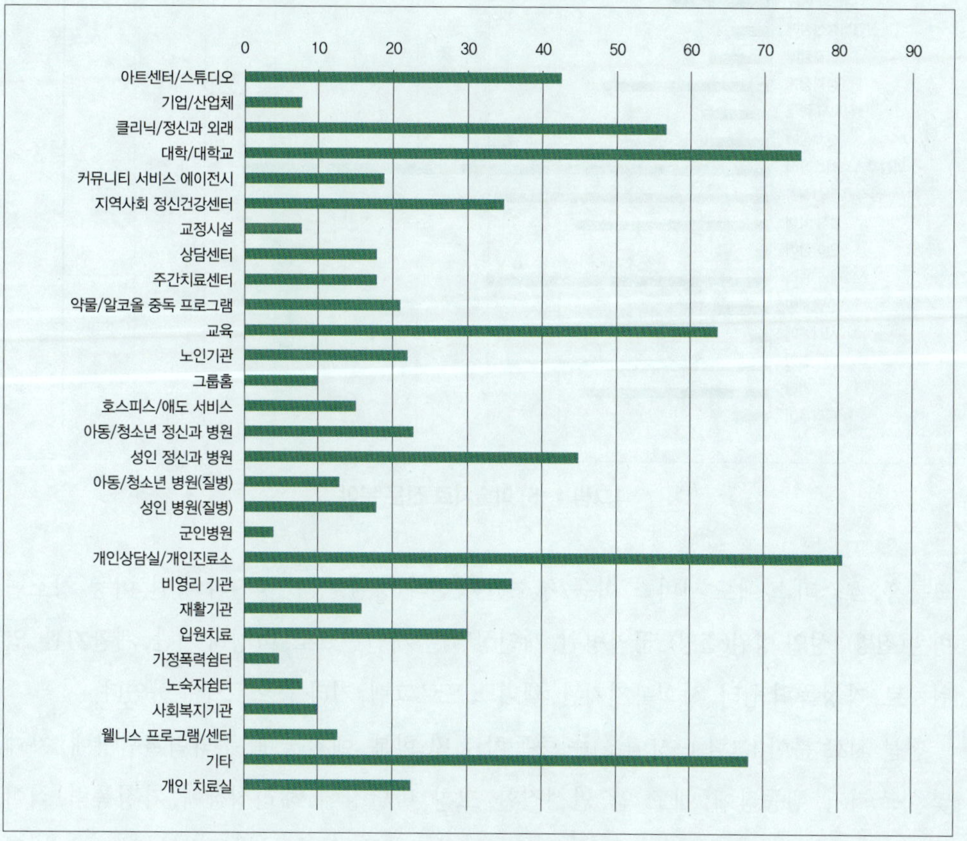

[그림 1-4] 미술치료 임상 현장

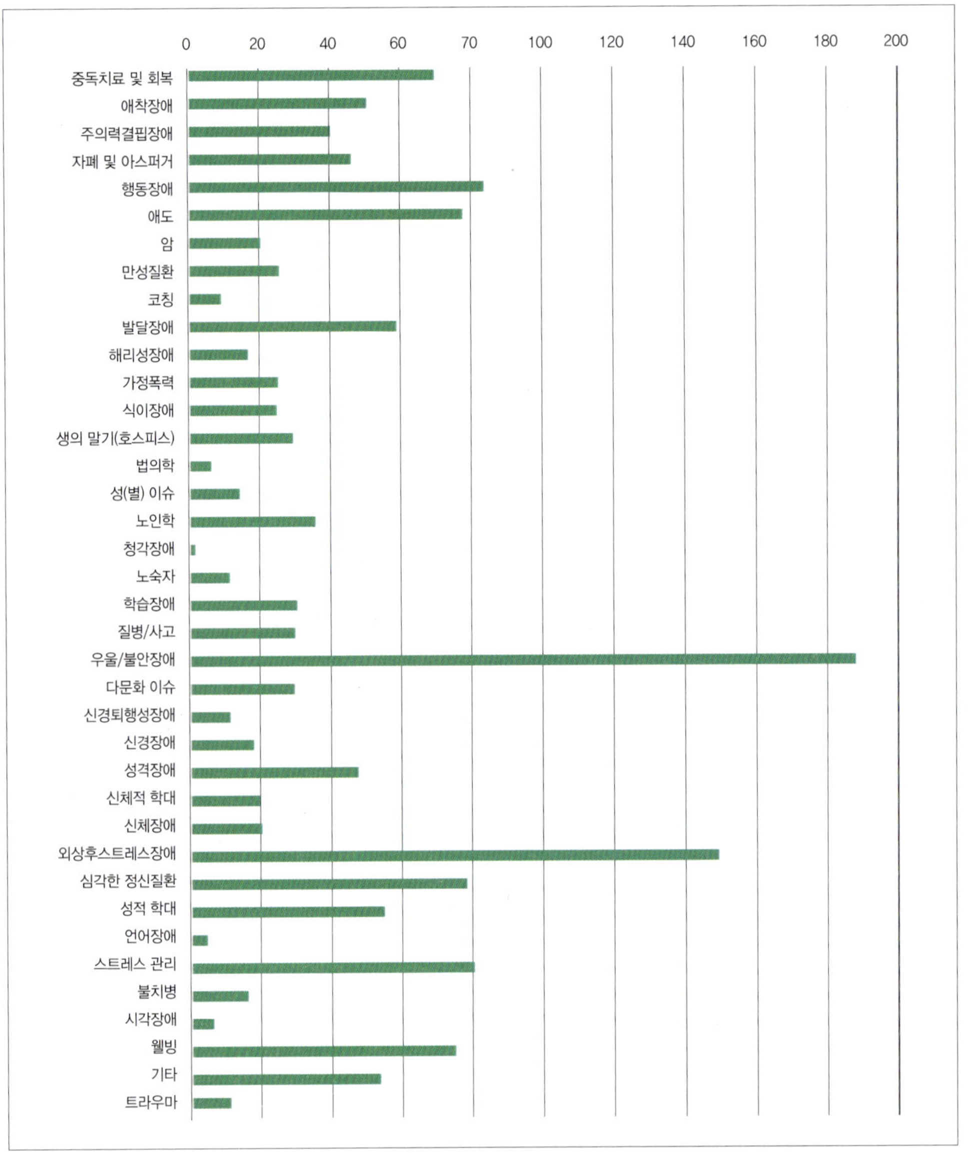

[그림 1-5] **미술치료 전문 분야**

그룹홈, 호스피스/애도 서비스, 아동/청소년 정신과 병원, 성인 정신과 병원, 아동/청소년 병원(질병), 성인 병원(질병), 군인병원, 개인상담실/개인진료소, 비영리 기관, 재활기관, 입원치료, 가정폭력 쉼터, 사회복지기관, 웰니스 프로그램, 기타 등으로 구분하였다.

전문 치료 분야([그림 1-5] 참조)는 중독치료 및 회복, 애착장애, 주의력결핍장애, 자폐 및 아스퍼거, 행동장애, 애도, 암, 만성질환, 코칭, 발달장애, 해리성장애, 가정폭력, 식이장애, 생의 말기(호스피스), 법의학, 성(별) 이슈, 노인학, 청각장애, 노숙자, 학습장애, 질병/사고, 우울/불안장애, 다문화 이슈, 신경퇴행성장애, 신경장애, 성격장애, 신체적 학대, 신체장애, 외상후스트레스장애, 심각한 정신질환, 성적 학대, 언어장애, 스트레스 관리, 불치병, 시각장애, 웰빙, 기타, 트라우마 등으로 구분하였다.

이렇게 미술치료사의 역할은 장소와 대상에 따라 다양하게 분류할 수 있다. 필자는 임상실습 및 슈퍼비전 교과목 내 분류(〈표 1-1〉 참조)에 따라 기관 유형을 병원, 학교, 복지관, 심리치료센터로 구분하고, 치료 대상을 생애주기별 연령 기준에 따라 유아동, 청소년, 특수아동 및 청소년, 성인, 노인, 부부 및 가족으로 분류하였다. 자세한 내용은 이 책 2장에서 소개하고자 한다.

(1) 병원

의료 전문가와 정신보건 전문가가 협력하여 의료적 상태를 다루거나 신체적 치료를 받는 모든 환자를 대상으로 신체적 질병, 외상, 장애 등과 관련된 스트레스와 정서적 어려움을 완화하는 데 중점을 둔다. 병원 미술치료의 장점은 미술치료를 통해 스트레스를 해소하고 긍정적인 감정을 증진하여 전반적인 행복감을 회복(re-building sense of well-being)하고, 자신의 문제를 해결하는 방법을 발견하는 데 있다. 또한 미래에 대한 희망과 자신감을 갖는 것(creating hope), 치료 과정에서의 새로운 경험을 통해 성취감과 자존감을 회복(give sense of mastery)하고, 신체적 · 정신적으로 편안한 상태를 경험(relaxation)하며, 관계 경험을 통한 소속감 경험(diminish feeling of isolation)하는 것 등도 포함한다.

종합병원, 정신건강의학과 전문병원, 소아청소년정신과 병원, 재활병원, 재활센터, 특수목적병원, 클리닉, 의료기관 등에서 실습을 진행한다. 실습을 위해 준비해야 하는 다양한 서류와 준비 방법 등 내용은 이 책 2장에서 보다 자세히 안내한다.

아동 생활 전문가

아동 생활 전문가(Child Life Specialists: CLS)는 미국 병원에서 아동과 그 가족이 삶의 어려운 사건을 극복할 수 있도록 돕는 전문 지식을 갖춘 전문가이다. 공인 아동 생활 전문가 자격과 미술치료사 등록(ATR) 자격을 요구한다. CLS의 치료 목표는 다음과 같다.

- 놀이로 병원 치료에 대한 예행연습, 교육과 자기표현을 통해 대처 기술을 길러 준다.
- 병원의 낯설고 두려운 환경에서 어린이의 발달이 지연되지 않도록 돕는다.
- 환자뿐 아니라 어린이의 형제, 자매, 가족들의 병원 생활 이해를 돕는다.
- 환자의 스트레스를 줄이기 위해 어린이의 관점에서 병원 생활을 돕는다.

(2) 학교

학생들의 부적응 행동, 정서, 증상 감소나 완화, 적응 행동 양식의 습득, 적절한 대인관계 학습, 자아실현(이현주, 2021), 정서 지원, 문제해결 및 대처 기술 강화, 소통 및 관계 개발, 자이인식과 자아존중감 증진을 목적으로 한다. 창조적 미술치료, 진단적 미술치료, 심리지원을 위한 미술치료 등 예방, 진단, 진로상담, 자기관리(self-care, well-being) 등을 위한 개별 또는 집단 미술치료를 제공한다. 학교 내의 다양한 프로그램과 협력하여 진행될 수 있으며, 학교의 교육 목표와 학생들의 발달 수준과 필요에 따라 맞춤형으로 제공된다. 학생과 학부모의 동의를 통해 지정된 위클래스, 상담실, 미술실, 특별활동실 또는 일반 교실에서 실습을 진행한다.

(3) 복지관

심리적 · 사회적 어려움을 겪는 노인, 장애인, 정신건강 문제를 겪는 개인, 가정폭력 피해자 등 다양한 사회적 서비스가 필요한 개인을 대상으로 미술치료를 제공한다. 정서적 지원, 소속감 강화, 자아 신장, 재능 개발을 통한 자립 지원을 통해 정서적 지원과 사회적 참여를 촉진한다. 종합사회복지관, 노인복지관, 청소년복지관, 여성복지관, 지역아동센터, 다문화가족지원센터 등에서 실습을 진행한다.

바우처 기관

바우처 기관은 정부 또는 공공기관이 특정 서비스나 혜택을 제공하기 위해 바우처를 발급하고, 이를 통해 서비스 제공자에게 비용을 지급하는 시스템을 운영하는 기관이다. 바우처 사업은 지역 시 · 군 · 구 맞춤형 사회서비스 개발을 통한 복지 사각지역을 해소하기 위해 시행하며, 해당 바우처 자격을 갖춘 치료사가 서비스를 제공할 수 있다. 발달재활서비스(미술심리재활)를 제외하고 지역별로 다양한 바우처 프로그램과 서비스가 운영되는데, 아동 · 청소년 심리, 청년, 가족 등 다양한 연령을 대상으로 기준에 따라 선정한다. 사업 운영 기관은 심리상담센터, 종합사회복지관, 정신건강복지센터, 아동발달지원센터, 학교, 여성가족지원센터, 장애인복지관, 다문화가족지원센터 등이 있다. 다양한 미술매체를 이용하여 자유로운 창의적 표현과 더불어 자존감 향상 및 감각 발달 향상을 위한 미술(치료) 프로그램, 부모상담, 사회성 향상 프로그램을 운영한다.

(4) 심리치료센터

다양한 정신적 · 정서적 문제를 겪는 개인을 대상으로 정신건강 상담 및 치료, 상담서비스, 위기 관리(자살, 트라우마, 상실 등), 평가와 진단, 신체적 질환 및 장애 정서적 지원, 사회적 문제, 치료 계획 및 관리, 정신건강 교육 및 예방 프로그램 등 개인/집단치료를 운영한다. 일반 심리상담센터, 정신건강의학과 병원 및 클리닉, 학교 상담실, 지역사회 복지관 및 상담센터, 특수 상담센터(중독, 트라우마, 성폭력, 가정폭력 등) 등에서 실습을 진행한다.

3) 생애주기별 대상 분류

생애주기에 따른 일반적인 특성과 발달과업을 이해할 수 있도록 아동과 청소년, 성인과 노인 대상을 두루 경험하여 각 대상의 특성과 대상에 대한 중재 방법과 미술치료적 접근을 학습한다.

특히, 전통적으로 심리치료에서 다루지 않았던 지적장애, 신경발달장애(자폐스펙트럼 장애) 아동, 치매 노인 등을 치료 대상에 포함하여, 미술이 가진 감각적 구체성과 비언어적 의사소통의 통로, 시각적 사고(visual thinking) 등의 특성과 함께 '발달'이라는 목표를 포함하게 되었다(주리애, 2021, p. 26). 실습생은 선행교과목에서 학습한 아동, 청소년, 성인 및 노인, 장애 등의 대상과 발달에 대한 기초적 이해를 바탕으로 실습 과정에서 사례를 진행하며 치료적 적용을 연습하고, 미술치료 전문가의 지도감독을 통해 자질을 갖춘다.

다음 [그림 1-6]은 미국 미술치료학회에서 미술치료 평가도구로 소개한 마리 그림 검사(Mandala Assessment Research Instrument: MARI)의 위대한 일원상(Greate Round-The Cycle of Life)이다. Kellogg는 융의 분석심리학에 근간을 두어 수천 장의 만다라 그림을 분석하여 형태, 기호, 움직임 및 색상을 기반으로 과학적이고 체계화된 해석 틀인 MARI를 개발하고 매뉴얼화하였다. 126개국 예술치료 임상 현장에서 인정받아, 미술치료와 음악치료(Guided Imagery and Music Therapy: GIM) 분야에서 활용된다. 위대한 일원상에 삶의 중요한 사건과 관련된 이슈들을 내적인 심상 이미지로 시각화하는 과정에서 정신적으로 성장하는 삶의 주기를 빠르고 정확하게 진단하고 치유적 경험을 한다(김현경, 김지은, 2020). MARI의 위대한 일원상은 씨앗부터 성장하는 나무의 모습으로 표현되었으며 생명력(life-force)에 따라 1단계인 '진입(entry)'에서 시작하여, '축복(bless)' '에너지/경로(energy/path)' '시작(beginning)' '목표(target)' '투쟁(struggle)' '독립(independent)' '정체성(identity)' '자신/타인(self/others)' '종결(endings)' '해체(disintegration)' '변형

(transformation)' '재진입(re-entry)'의 과정을 순환한다고 하였다. 이는 인간의 생애주기 과업과 매우 유사하다.

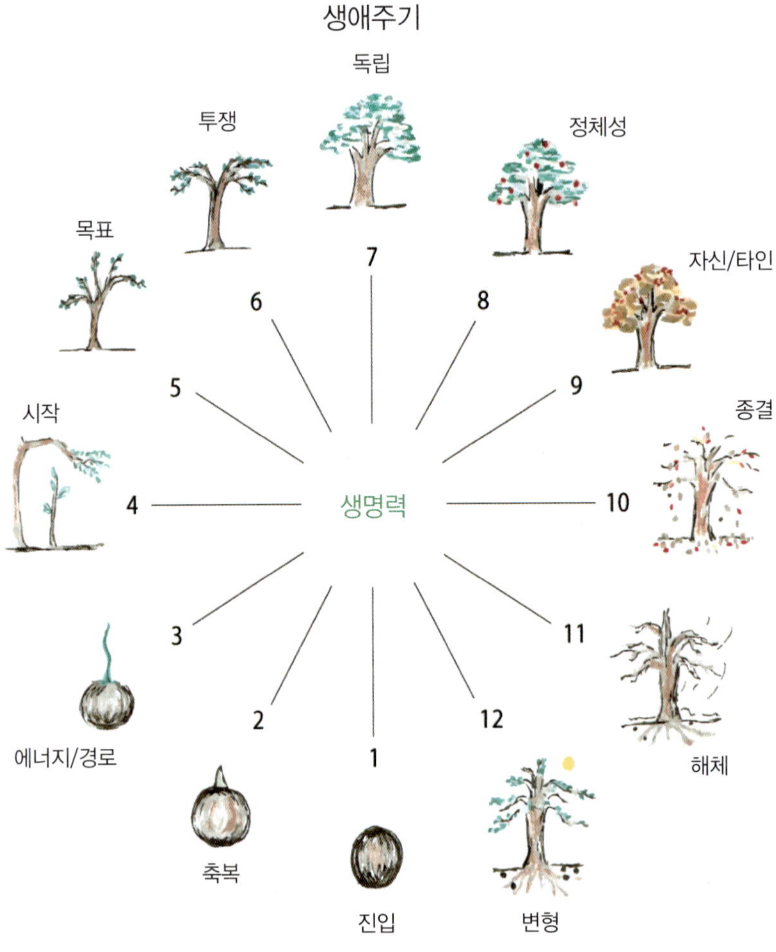

[그림 1-6] 위대한 일원상
출처: https://www.maricreativeresources.com.

(1) 유아동(유아, 아동)

유아동 대상 미술치료는 유아동의 발달을 촉진하고 정서적인 지원 및 심리적인 치유를 도모한다. 유아동의 창의성, 자아개념, 감정 표현, 사회적 상호작용, 문제해결 능력 등 발달을 지원하여, 정서적 안정성을 촉진하고 자아 신장을 돕는다. 실습은 유아동 교육 및 보육시설, 초등학교, 아동 정신건강기관, 사회복지기관, 병원 및 의료기관 등에서 진행한다. 실습생은 실습 과정에서 아동의 신체, 정서, 행동, 사회성 발달, 미술 발달 단계와 발달 단계에 따른 매체 및 활동, 발달적 측면에서의 인지, 협응, 언어, 표현 능력 등을 분석하고, 경우에 따라 부모상담을 진행한다.

(2) 청소년(중학생, 고등학생)

청소년 대상 미술치료는 자아탐색과 정체성 형성 시기 청소년의 정서적 · 사회적 · 정신적 문제를 다루고 지원한다. 실습은 교육기관(학교 내 상담센터), 정신건강기관(병원, 상담센터, 정신건강복지센터 등), 사회복지기관, 미술치료센터 등에서 진행한다. 실습생은 청소년의 우울, 불안 등 정서적 문제, 자살 위험, 자해 행동 등의 심리적 어려움, 질병, 부상, 장애 등 건강 문제, 가정 내 폭력, 학교 폭력, 친구 간 갈등 등 대인관계 문제, 학습 및 진로 문제, 가출, 음주, 흡연, 약물/마약, 게임, 도박, 인터넷 중독, 성 관련 문제, 절도, 스트레스, 자기관리, 예방 등 다양한 문제를 다룬다.

(3) 특수 아동과 청소년

특수 아동과 청소년 대상 미술치료는 발달장애(지적장애, 정신지체, 정서행동장애, 학습장애, 자폐장애) 감각 장애(시각장애, 청각장애, 언어발달지체), 신체장애 아동 청소년 대상으로 발달과 정서적 지원, 사회적 상호작용, 자아 신장, 재활 및 자립을 목적으로 한다. 특수 아동 청소년 대상 미술치료 활동은 대상의 기능, 나이, 발달 단계와 집중 정도에 따른다. 실습은 특수교육기관, 상담센터, 복지관, 미술치료센터, 특수 아동과 청소년 시설 등에서 진행한다.

(4) 성인

성인 대상 미술치료는 성인들의 정서, 심리, 건강, 사회 문제, 다양한 어려움과 스트레스, 청년기부터 중년기까지의 단계별 주요 과업을 다룬다. 실습은 정신건강센터, 상담센터, 미술치료센터 등에서 진행한다. 실습생은 성인의 정서적 지원, 자아 신장과 성장, 스트레스 관리, 관계 개발, 투병 또는 수감 등 특수한 상황으로 인한 고립 상태에서 벗어나 사회 복귀, 사회 적응 등 정신적 · 신체적 재활을 돕는다.

(5) 노인

노인 대상 미술치료는 노인들의 인지 영역, 정서 영역, 감각 및 운동 영역, 사회 영역의 요구 충족하기 위해 노인들의 노화, 우울, 인지적 감소, 사회적 고립 등 다양한 문제를 다룬다(정현희, 이은지, 2017). 실습은 노인거주시설, 노인복지센터, 병원 및 의료기관, 사회복지기관, 치매안심센터 등에서 진행한다. 실습생은 정서적 지원, 인지기능 향상, 사회적 상호작용 촉진, 자아 신장, 삶의 정리 등 신체적 · 심리적 재활을 목표로 한다.

(6) 부부 및 가족

부부 및 가족 대상 미술치료는 내담자의 문제가 내담자 자신의 문제라기보다는 전 가족의 문제라는 전제하에 가족 구성원 모두가 참여하는 경우도 있지만, 한부모 가정의 부 또는 모와 아동처럼 부분으로 참여하는 경우도 있다(이근매, 2008). 상호작용을 증진하고, 감정 표현과 소통을 촉진하며, 갈등을 해결하는 것을 목표로 한다. 미술활동을 통해 가족 내 갈등과 문제를 시각화하고, 이를 통해 해결 방안을 모색하며, 창의적 표현을 통해 개인과 가족의 심리적 치유와 정서적 성장을 촉진한다. 실습은 심리상담센터, 병원 및 클리닉, 복지관 및 지역사회센터, 학교 및 교육기관 등에서 각 기관의 특성과 목적에 따라 진행한다.

제2장

미술치료사의 임상실습 준비와 시작

이 장에서는 첫 임상실습을 앞둔 실습생들이 막막하고 조급한 마음에 충분한 고려 없이 실습기관과 대상을 선택하거나 사전 준비가 미비한 상태에서 임상에 투입되지 않도록 도움이 될 만한 지침을 안내하고자 한다. 모두가 희망하는 '훌륭한 미술치료사'로 성장할 수 있는 임상실습은 어떻게 시작해야 할지, 미술치료 임상실습의 단계별 준비, 실습생의 태도와 임무, 슈퍼바이저의 임무 등에 대해 차근차근 살펴보도록 하자.

실습을 처음 시작하며 가장 큰 바람은 나와 함께하는 시간이 내담자들에게 조금이라도 의미가 있었으면 하는 것이었다. 하지만 '내가 과연 치료사의 역할을 수행할 수 있을까?'라는 불안감과 실습 상황에서 마주치는 다양한 어려움은 항상 스스로를 고민하고 점검하게 만들었다. 그럼에도 내담자들과의 만남에서 내담자가 조금씩 변화하는 모습을 발견한 그 시간이 나 자신도 함께 성장하는 과정이었음을 느낄 수 있는 소중한 경험이었다. 그리고 계속 공부하고 경험하여 더욱 전문성을 갖춘 치료사로 성장하고 싶다는 욕심도 생겼다.

– 첫 미술치료 실습을 마친
실습생의 경험 이야기와 반응 작품(2021년)–

첫 실습에서 경험한 어려움은 노력과 성장의 동력이 된다. 어려움을 피하지 말고 자기점검과 슈퍼비전, 동료 슈퍼비전 등을 통해 그 안에 숨은 문제들을 꼼꼼히 점검하고 답을 찾는 것이 중요하다. 경험이 쌓이면서 돌발상황에 유연하게 대처하게 되고, '내가 잘하고 있는 것인가?' '어떻게 대처해야 했는가?'라는 꼬리를 물던 질문에 스스로 답을 찾게 된다.

1. 임상실습 준비하기

1) 임상실습 단계 및 내용

치료 환경은 무엇보다 내담자들이 치료에 집중하면서 자유롭게 자신을 표현할 수 있는 안전한 환경이어야 할 것이다. 여기에 전문가들이 협력하여 최상의 결과를 달성할 수 있도록 충분한 지원이 뒷받침되어야 한다. 미술치료 임상실습의 이상적인 환경 또한 크게 다르지 않다. 무엇보다 내담자의 치료를 위한 안정성이 확보되고, 적절한 재료와 용품 제공, 훈련된 전문가의 지원, 상호 존중과 이해와 협력적 분위기가 필요하며, 내담자에게는 개인 맞춤형 치료가 치료사에게는 지속적인 전문적 성장의 기회가 제공되어야 한다.

임상실습을 준비 단계, 초기 단계, 중기 단계, 평가 및 종결 단계로 구분하여, 각 단계별 주요 내용을 [그림 2-1]과 같이 소개한다.

준비 단계
- 실습 선수과목 이수 여부 확인
- 실습기관에 대한 정보 수집
- 학교와 실습기관의 정보 교환
- 실습기관 선정: 실습기관별 실습생 확정 및 통보
- 기관 실습 오리엔테이션(실습 기준 및 지침 안내, 기관 안내)
- 윤리강령 확인
- 현장 업무 이해
- 실습 사례 선정

↓

초기 단계
- 실습생과 슈퍼바이저 관계 형성
- 실습생과 내담자 접촉을 위한 준비
- 내담자 초기면담, 사례개념화
- 실습 슈퍼비전 목표 수립
- 실습 전반에 대한 사전 교육

↓

중기 단계
- 미술치료 실습(내담자 사례) 진행
- 실습 중간 평가
- 정기적인 슈퍼비전 및 교육

↓

평가 및 종결 단계
- 사례 평가, 종결 준비
- 종결 보고서 작성
- 실습 평가(기말 평가/실습기관 평가)

[그림 2-1] 임상실습 단계 및 내용

실습은 학문의 이론적 지식이나 기술을 현장에서 확인하고 전문가의 자질을 향상 시키는 직접적인 체험과 학습의 기회가 된다. 실습생은 실습에 임하며 배운 내용을 적용하여 자신의 적성과 부족한 부분을 발견하고, 실습 후에는 전체 과정을 숙지하고 진지하게 점검하여 자기발전의 자료로 삼는다.

학습과제 2-1 **임상실습 준비와 실행을 위한 자기점검표를 작성해 보자.**

구분	세부 지침	자기점검
실습	실습 교과목별 이수 시간 확인: 임상실습(3학점) 기준 40시간, 미술재활현장실습 100시간	
	실습 전 이수과목 확인	
	수강신청 확인	
	실습과목 평가	
실습기관 선택	실습기관 확인, 신청, 선택/확정	
담당교수와 의논할 사항	실습기관 확정 후 공문 발송 등(실습 운영, 인정)	
	실습기관 변경, 포기 등 문제	
	의사소통 및 윤리적 쟁점	
	실습확인서, 실습기관 현장 방문 지도계획, 실습학기 시간표	
면접 준비	실습기관에 따른 주의점, 이론적 지식 확인/복장/이력서	
사전방문 시 확인	제출 서류, 일지 등 문서, 담당자, 슈퍼비전 여부, 실습 시의 복장, 실습 매체, 실습 장소	
실습 현장에서의 기본예절	성실성(근무 태도): 시간(지각, 조퇴, 결근), 약속 지키기	
	적극성(직무에 대한 책임감)	
	휴대전화 사용	
	기관 내 관계(기관 직원, 내담자, 실습생)	
	복장 및 주의점(용모, 언행, 태도)	
	교육에 대한 신념 등	
	과제 제출	
실습 평가 내용	기관: 출석부, 일지, 임상평가서 대학: 계획서 및 일지, 평가서, 실습 실행 결과 발표(중간, 기말)	

[학습과제 2-1]은 임상실습 전 준비를 위한 실습생의 자기점검표이다. 실습생은 임상실습과 실습기관에 대하여 전반적인 임상 경험, 슈퍼바이저와 슈퍼비전의 전문성, 팀 회의 참여 등의 학습 기회 여부, 팀원으로서의 수용, 실습기관 내 교육, 미술치료에 대한 가치 평가 및 이해 정도, 일정의 유연성, 작업 공간의 가용성, 안전한 치료 환경, 의사소통, 미술매체 제공, 분위기, 전문성 및 개인적 성장의 기회가 충분히 제공되는지 등을 평가한다.

(1) 실습 선수과목 이수 여부 확인

임상실습은 앞서 이수한 기본 과목에서 습득한 지식을 현장에서 직접 적용하는 것이다. 선수과목은 대학마다 정해져 있으며, 미술치료학 개론, 아동 및 청소년 미술치료, 장애아동의 이해, 미술치료 매체 연구, 미술치료 진단기법, 미술치료 프로그램 개발 등을 권장한다. 실습기관에 따라 오리엔테이션을 통해 실습에 필요한 의학용어, 관련 약물, 부모상담, 호신술 등을 안내하거나 추가로 교육한 후 실습에 투입한다. 실습 대상에 따라 성인 및 노인 미술치료, 장애아동 미술재활, 부모상담 등의 교과목 이수가 도움이 된다. 실습생은 실습기관 신청 전에 어떤 교과목을 이수하였는지 확인해 두는 것이 좋다. 특별히 희망하는 실습기관이 있다면 신청 기간에 앞서 확인하고 준비한다.

(2) 실습기관에 대한 정보 수집

임상실습은 미술치료의 실제를 이해하는 관점을 배우고, 졸업 후 취업을 연계하는 징검다리 역할을 하기도 한다. 임상실습 신청 전에 앞서 임상실습을 마친 선배나 동기, 전공 교수 등과의 면담을 통해 구체적인 경험을 수집해 각 기관의 장점과 단점을 확인한다. 특히 자원봉사형, 방임형, 잡무형 임상실습으로 시간 때우기 식으로 운영하는 기관은 아닌지 잘 알아보아야 한다. 대학 학과 사무실 또는 담당 교수가 제공하는 실습기관 정보를 바탕으로 우선순위를 정하고, 기관의 변경사항을 직접 확인하여 선정에 참고한다.

기관에 대한 추가 정보(설립법인, 운영 목적, 조직도, 각종 사업 내용, 운영 활동, 전공 담당자 유무)는 기관 홈페이지나 현장 실습 발표회, 사례 발표 등을 통해 얻을 수 있다. 실습생 본인이 특정 대상에 대한 선호를 가지고 진로를 계획하고 있더라도 임상 역량을 높이기 위해 아동-청소년, 성인-노인 대상으로 다양하게 실습하여 생애주기별 인간 발달과 관계를 충분히 이해하는 것을 권장한다. 실습에 앞서 실습생은 실습에서 직책(job title)

과 직무(job description)가 무엇인지, 실습에서 슈퍼비전과 준비 시간을 포함한 임상 시간과 대면 임상 시간(client direct contact hour)이 실습 기준에 맞는지 반드시 확인한다. 직무 기술서는 실제 실습에서 무엇을 하는지, 행정적 · 임상적 책임을 구체적으로 적어 실습확인서, 이력서, 자기소개서, 포트폴리오에 적용할 수 있으며, 자신이 실습한 근거 자료로서 추후에 실습 능력을 증명하는 데 도움이 된다.

실습을 준비하며 기관을 선택하기 전에 다음 질문에 답해 본다.

실습기관 선택 시 질문
1. 기관에서는 미술치료의 고유한 전문성을 이해하는가?
2. 기관에서는 자원봉사와 구분하여 미술치료 실습생을 존중하는가?
3. 기관에 상주하는 전문 미술치료사(슈퍼바이저)가 있어서, 슈퍼비전을 실시하고 있는가?
4. 기관에는 독립된 치료실이 있는가, 치료 환경은 어떤가?
5. 기관에서 무엇을 배울 수 있는가?
6. 기관은 나의 집, 학교와 얼마나 떨어진 지역에 있는가?

(3) 실습기관 선정

미술치료 실습기관은 실습생이 신청하고, 해당 기관에서 선발하여 선정된다. 대학에 따라 지도 교수별로 운영하는 기관과 학생 수를 정하여 배정하기도 한다. 기관 신청 시 이력서, 자기소개서, 추가로 건강기록이 필요할 수 있다. 이력서에는 연락처(이메일, 전화번호), 경력사항(취업, 실습, 봉사, 전공 동아리, 공모전 활동, 수상경력 등의 기간, 총 활동 시간)를 반드시 기입한다. 미술치료 관련 경력에서 실습(치료사로 임금을 받지 않았으나 슈퍼비전을 이수한 미술치료)과 봉사, 취업(치료사로 임금을 받은 미술치료)은 반드시 구분하여, 각각 주요 업무 내용을 상세히 작성한다. 제출 전 반드시 변경사항을 확인하여 최근 연락처(이메일, 전화번호)나 자격 등을 수정하고, 제출 후 변경사항이 생겼을 경우 담당자에게 알린다. 이력서용 사진이 필요하다면 제출일 3개월 이내, 정면 사진을 준비한다. 제출 전에 오탈자, 명칭 등을 확인한다.

미리 이력서를 작성해 보면서 임상실습 현장에서 필요로 하는 경력을 확인하고 준비할 수 있다.

다음 양식([학습과제 2-2])을 참고하여 이력서를 미리 작성해 보자.

학습과제 2-2 이력서를 작성해 보자.

이력서(부분)

사진	실습생명		성별		생년월일	
	소속	대학교(대학원) 전공 학년(학기)				
	현주소					
	연락처		이메일			

학력	
	20 년 월 일 고등학교 졸업
	20 년 월 일 대학교 학과(재학/졸업)
	20 년 월 일 대학원 전공(재학/졸업)

경력	기관명	임상 기간(총 시간)	세부 내용

자격증	자격증명/자격번호	발급 기관	취득일

(4) 실습기관별 실습생 확정 및 통보

실습생 선정이 완료되면 대학의 실습지도 교수는 대학 행정실을 통해 실습을 운영하는 기관별로 실습생 수를 확정하여 실습기관에 공문과 실습 관련 행정 서류를 보낸다. 미술치료 실습 의뢰서에 학생 명단과 실습 관련 서류(실습 매뉴얼, 출석부, 평가표, 실습확인증, 실습일지 양식), 비상연락처를 전달하고 실습을 공식화한다. 실습기관에 따라 임상실습 지원비(교육비용)가 요구될 경우 사전 협의가 필요하다. 대학의 임상실습 학점 인정 시행세칙 및 학과 전공별 운영세칙을 확인한다.

(5) 실습 목표 수립

임상실습은 교육과정의 일부로, 실습 교육에 대한 기관–대학의 협약 과정에서 실습 교과목에 대한 기준과 교육 목표를 기관에 전달한다. 〈표 2–1〉은 미국 롱아일랜드대학교에서 실습기관 슈퍼바이저에게 전달하는 문서로, 학사 과정과 대학원 과정의 실습 목표가 명확하게 구분되어 있다. 다음 〈표 2–1〉에서 두 과정의 실습 목표를 비교해 보자.

〈표 2–1〉 학사과정–대학원 과정 미술치료 임상실습 목표 비교

학사과정	대학원 과정
기관에 대한 책임 • 정해진 시간 안에 성실하게 정확히 보고한다. • 기관에서 정해진 태도와 규칙을 지킨다. • 실습생의 역할을 수용하고 치료 환경을 이해한다. • 필요 시 차트를 작성한다. • 헌신을 보여 준다.	기관에 대한 책임 • 정해진 시간 안에 성실하게 정확히 보고한다. • 기관에서 정해진 태도와 규칙을 지킨다. • 실습생의 역할을 수용하고 치료 환경을 이해한다. • 차트를 작성한다. • 임상적 · 행정적 책임을 받아들인다. • 치료 공간을 청결하고 안전하며 위험 없이 유지한다.
직원 간 관계 • 회의에서 참관하여 의사소통 능력을 기른다. • 청렴한 구조를 이해하고 자신의 업무에 미치는 영향을 이해한다. • 팀원이 되려는 능력과 의지를 보여 준다. • 개인 및 전문적인 관계에서 객관성을 보여 준다.	직원 간 관계 • 회의에서 전문적으로 비공식적인 의사소통 능력을 보여 준다. • 청렴한 구조를 이해하고 자신의 업무에 미치는 영향을 이해한다. • 팀원이 되려는 능력과 의지를 보여 준다. • 개인 및 전문적인 관계에서 객관성을 보여 준다. • 직원 교육에 주도적으로 참여한다.
슈퍼비전 • 슈퍼비전을 요청하고 효과적으로 활용한다. • 작업에 반영된 이론적 · 개인적 문제를 이해하기 시작한다. • 적극적으로 질문하는 태도를 갖춘다. • 관찰하고 처리하며 관찰된 것과 처리한 것을 명확하게 표현한다. • 자주 자신을 평가하려는 의지를 보여 준다. • 슈퍼비전을 견디고 매개변수를 이해하는 능력을 기른다.	슈퍼비전 • 슈퍼비전을 요청하는 능력을 갖춘다. • 작업에 반영된 이론적 · 개인적 문제를 이해한다. • 위임된 책임을 받아들인다. • 다가가는 능력을 보여 준다. • 임상 및 행정적 문제를 해결하려는 의지를 보인다. • 슈퍼비전을 효과적으로 활용한다. • 슈퍼비전의 매개변수를 이해하는 능력을 기른다. • 피드백을 받아들이고 활용한다.

이론적 개념	이론적 개념
• 치료의 매개변수(시간, 경계, 일관성)를 이해한다. • 미술과 정신역학의 상호관계를 이해하기 시작한다. • 언어적 · 비언어적 모드에서 전이 및 역전이 개념을 이해하기 시작한다. • 정상적인 발달과 관련된 범주와 정신병리학을 이해하기 시작한다. • 언어적 · 비언어적 의사소통을 식별하고 이해한다.	• 치료의 매개변수(시간, 경계, 일관성)를 이해한다. • 미술과 정신역학의 상호관계를 이해한다. • 언어적 · 비언어적 모드에서 전이 및 역전이 개념을 이해하기 시작한다. • 정상적인 발달과 관련된 범주와 정신병리학을 이해한다. • 언어적 · 비언어적 의사소통을 식별하고 이해한다.
미술치료 기술	**미술치료 기술**
• 불안을 견딜 수 있는 능력을 갖춘다. • 관찰 능력을 발달시킨다. • 관찰한 것을 설명하고 표현할 수 있다. • 개인치료에서 관찰자에서 보조치료사, 주치료사로 발전한다. • 미술에서 창의적이고 즉흥적으로 활동할 수 있다. • 미술적 기술과 한계에 대한 지식을 얻는다. • 강점과 단점에 대한 지식을 얻는다. • 자신을 표현하는 방법과 이로 인한 타인의 영향에 대해 지식을 얻는다. • 치료 목표를 염두에 두고 미술치료 기술 및 재료를 활용한다. • 미술을 치료로 이해한다.	• 불안을 견딜 수 있는 능력을 갖춘다. • 참여와 관찰을 동시에 할 수 있다. • 관찰한 내용을 문서화하고 설명할 수 있다. • 집단치료에서 관찰자에서 보조치료사, 주치료사로 발전한다. • 미술에서 창의적이고 즉흥적으로 활동할 수 있다. • 미술적 기술과 한계에 대한 지식을 얻는다. • 강점과 단점에 대한 지식을 얻는다. • 자신을 표현하는 방법과 이로 인한 타인의 영향에 대해 지식을 얻는다. • 치료 목표를 염두에 두고 미술치료 기술 및 재료를 활용한다. • 치료 전체 회기를 진행할 수 있다. • 미술치료 평가기술과 도구를 활용할 수 있다.

일반적으로 임상실습의 목표는 슈퍼바이저(실습 담당자/지도교수)와 실습생이 치료 대상을 평가한 후 선정한다. 반면에 기관에서 기관 대상에게 필요한 목표를 미리 정하고 실습생을 모집하는 경우에는 미술치료의 목표가 추후에 반영된다.

예시

1. 청소년의 사회성 향상을 위한 집단 미술치료
2. 아동의 건강한 애착 형성을 위한 개인 미술치료
3. 청소년의 자기 탐색을 통한 진로 역량 개발을 위한 청소년 미술치료

기관에 따라 기관 담당자의 보조치료사로 실습에 참여하여 담당자가 세운 목표에 따라 수동적으로 참여하는 경우가 있다. 이때 실습기관의 상황과 특성이 반영된 내용을 중심으로 실습에서 배우고 싶은 것을 명확히 표현하고 기술한다. 실습 목표 작성 시 해당 기관의 특수성을 고려해서 배울 수 있는 내용으로 설정하고 결과를 평가할 수 있도록 구체적으로 작성한다.

예시

○○○ 중학교 특수반 사회성 집단 미술치료 실습을 통해,

1. 장애 청소년의 특수성을 이해한다.
2. 다양한 장애군 집단 미술치료를 위한 미술매체를 적용한다.
3. 기관(학교 환경) 특성에 맞는 미술치료 프로그램을 개발한다.

학습과제 2-3 **임상실습을 시작하며 다음 질문에 답해 보자.**

1. 미술치료 임상실습이란 무엇이라고 생각하는가?

2. 미술치료 임상실습의 특수성은 무엇이라고 생각하는가?(일반 상담과의 차이점)

3. 미술치료 임상실습 시 다음 상황에서 고려해야 할 점은 무엇인가?
   ① 회기 계획 시 ② 관찰/기록 시 ③ 종결 시 ④ 관계에서 ⑤ 안전과 관련하여

4. 미술치료 임상실습에서 치료사의 중요한 역량은 무엇인가?

(6) 실습 전반에 대한 교육

임상실습은 미술치료사의 자질 향상을 위한 중요한 과정으로 실습생, 실습기관 담당자, 대학의 지도교수가 적극적으로 협력하여 실습생의 실습 경험을 극대화한다. 대학은 실습에 대한 교과목을 개설, 운영하는 주체로 수강하는 학생들의 사전 교육과 실습 내 교육(이론교육, 실무 슈퍼비전)을 통해 실습을 지원한다. 실습생들의 수강신청은 학기별로 진행되고 평가되는데 기관에 따라 실습 기간에 차이가 있어 때로는 정규 수업 전에 오리엔테이션을 실시하고 미리 진행한다(예시 참고). 실습생들은 기관 선택에 앞서 해당 기관에서의 실습 경험이 있는 선배나 지도교수에게 문의하고 시간표 등을 미리 조정한다.

예시

1. A 중학교 특수학급 미술치료의 경우, 각 학년의 인원이 적어 1, 2, 3학년 합반으로 미술치료를 진행한다. B 중학교와 C 고등학교 특수학급 미술치료의 경우, 1, 2, 3학년이 독립 반에서 진행한다.
2. ○○ 어린이병원의 경우, 1학기(3월부터 8월 말), 2학기(9월부터 2월 말까지) 6개월씩 실습생의 학사일정보다 길게 진행한다.
3. ○○ 대안학교의 경우, 소속 학교에서 해당 대안학교로 이동한 후인 4월부터 7월(1학기)와 8월부터 12월(2학기)에 각각 1개월 늦게 진행한다.

실습 오리엔테이션

실습 오리엔테이션의 주요 내용은 실습생의 준비 상태 점검, 실습기관의 정보 제공 및 접촉 방법 탐색, 주의사항 파악, 실습 교과목 수강신청과 슈퍼비전(슈퍼바이저와 슈퍼비전 방식 및 시간 정하기) 등이다.

기관에 따라 기관 내 오리엔테이션을 통해 기관의 특수한 내용(시설, 치료실 환경 및 대상 이해, 일지 및 문서 작성, 복장, 윤리적 특수성, 의료 용어, 약물, 호신술, 실습 보험 등)을 사전 학습한다.

예시

○○병원의 경우, 제출 서류 확인, 실습생 등록 및 범죄경력회보서 발급, 병원 및 치료실 라운딩, 기관 직원 인사, 타 대학 실습생과 상견례, 매체실 탐색, 치료 참관, 교육, 내담자 소개, 시간표 작성을 한다.

(7) 실습 진행과 슈퍼비전

미술치료 임상실습이 진행되는 동안 실습생은 실습 시간표에 따라 실습지에 출근하여 기관 슈퍼바이저의 지도하에 실습을 진행하고, 학교 수업 슈퍼비전에 참여한다. 지도교수는 매주 실습생의 일지를 확인하고 사례에 대한 슈퍼비전을 통해 실습 전반을 지도한다.

지도교수는 정기적으로 기관에 방문하여 실습 일정 및 진행사항을 확인하고, 실습 참관 후 문제점을 검토하고 분석하여 개선책을 강구한다. 임상실습은 시행 후 문제점을 발견하고 수정, 개선하며 차후에 더 나은 개입을 할 수 있는 역량을 가진 치료사로 성장하기 위한 것이기 때문에 실습 진행 과정에서 슈퍼비전은 매우 중요하다.

임상실습의 단계별 내용은 다음과 같다.

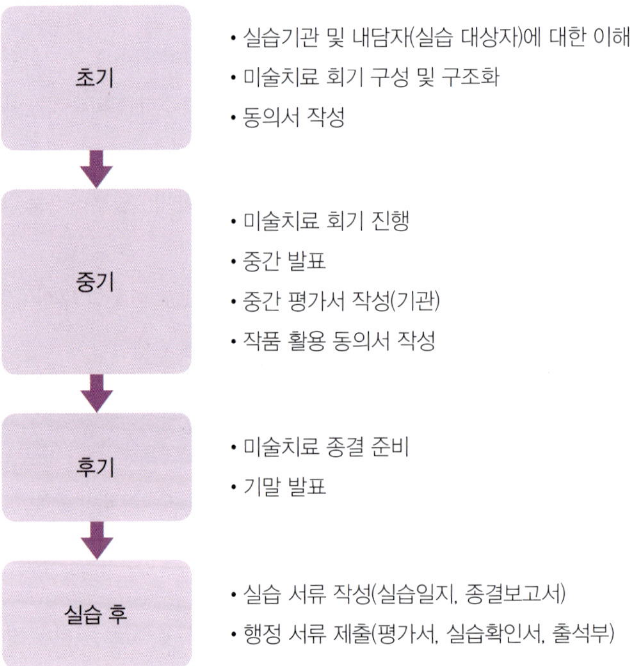

[그림 2-2] 실습 진행 순서

다음 [참고자료 2-1]과 [참고자료 2-2]는 실습기관에서 작성하는 출석부 예시이다. [참고자료 2-1]은 총 임상 시간과 간접실습 시간, 슈퍼비전 시간, 담당자 서명으로 이루어진 간단한 양식이며, [참고자료 2-2]는 개인실습과 집단실습이 구분되어 있다. 실습생은 실습기관의 실습지침을 따르며, 실습 시간은 실습기관과 학교의 실습인정 지침에 따라 직접실습 시간(사례 진행 시간)과 간접실습 시간(준비 시간)으로 구분하여 꼼꼼하게 작성한다. 출석부는 실제 임상에 대한 중요한 자료이기 때문에 사실을 기반으로 상세히 작성하고, 담당자의 확인(인)을 포함하여 반드시 원본을 보관한다.

참고자료 2-1 **실습 출석부 1. 날짜 중심 간편형**

미술치료학과 임상실습 출석 현황

실습생 학번: 이름:

날짜	실습 시간	총 임상 시간(직접실습 시간)	슈퍼비전 시간	담당자 서명
년 월 일	~			
년 월 일	~			
년 월 일	~			
년 월 일	~			
년 월 일	~			
년 월 일	~			
년 월 일	~			
년 월 일	~			
년 월 일	~			
년 월 일	~			
년 월 일	~			

위와 같이 임상실습 출석 상황을 확인합니다.

20 년 월 일

기관명:

기관 담당자: (인)

참고자료 2-2 **실습 출석부 2. 실습 내용 중심 상세형**

실습 출석부

실습생 이름: 지도교수(슈퍼바이저):

기관명: 기관 슈퍼바이저:

1주차(20 / /)	개인 미술치료	집단 미술치료	총 시간
직접실습 시간			
간접실습 시간			
기관 슈퍼비전 시간			
기관 슈퍼바이저 사인			

2주차(20 / /)	개인 미술치료	집단 미술치료	총 시간
직접실습 시간			
간접실습 시간			
기관 슈퍼비전 시간			
기관 슈퍼바이저 사인			

3주차(20 / /)	개인 미술치료	집단 미술치료	총 시간
직접실습 시간			
간접실습 시간			
기관 슈퍼비전 시간			
기관 슈퍼바이저 사인			

4주차(20 / /)	개인 미술치료	집단 미술치료	총 시간
직접실습 시간			
간접실습 시간			
기관 슈퍼비전 시간			
기관 슈퍼바이저 사인			

기관 슈퍼바이저: (인)

지도교수(슈퍼바이저): (인)

(8) 종결

미술치료 임상실습에서 종결은 대부분 교과목 운영에 따른 실습 기간과 기관의 일정에 맞춰 정해지며 계획대로 명료하게 진행된다. 내담자의 갑작스러운 상황에 따라 치료 종료나 종결이 이루어지는 경우도 있다. 해당 사례를 마무리하고 수업 이수 조건 실습 시간을 확인한다.

종결 후 실습 관련 서류는 기관에서 평가하고 서명 후 대학으로 직접 보낸다.

종결 준비
종결 판정 → 사례 정리
사례 평가(사전–사후)
보고서 제출 → 사후 관리
사후 계획 → 종결 후 행정
서류 제출
지도교수 확인

실습생은 종결 후 실습기관과 슈퍼바이저가 확인한 최종 서류를 모두 정리해 임상수련 사실을 증빙할 수 있는 자료로 보관한다. 실습 확인증, 슈퍼비전 확인증을 포함한 모든 실습 관련 서류는 원본을 스캔해 파일로 보관하고, 실습기관 담당자의 명함, 실습기관 안내서, 최근 이력서 등 원본 서류는 포트폴리오로 만들어 보관한다.

2. 미술치료 실습생의 태도와 임무

"나는 어떤 치료사가 되고 싶은가?"

필자의 지도교수이기도 한 미국 레슬리대학교(Lesley University) Shaun McNiff 교수는 『미술치료 실습생에게 전하는 편지』(Junge & Newall, 2021)를 통해 미술작업의 기반을 유지할 것, 미술작품을 단순하게 정형화된 것으로 명명하는 데 주의할 것, 어려움에서 배울 수 있다는 것을 잊지 말고 도전할 것, 기본을 지키며 모든 것의 기반에 예술, 사람, 작품에 대한 사랑을 유지할 것, 전문가가 되더라도 자신과 타인의 고통에 대한 수용과 연민을 잊지 말고 늘 초심자의 입장에서 깊이 숙고해 볼 것을 제안한다.

미술치료 훈련 과정의 목표는 이론과 실습을 통합하는 것이다. 미술치료 임상실습에서 훈련 과정은 그동안 학습한 다양한 이론을 내담자에게 적용하며 풍부한 전문성을 갖추어 가는 과정이다. 특히 실제 치료 환경에서 다양한 내담자와 상호작용하면서 치료 기술을 적용하고 연습하여 전문적인 치료 능력과 대처 능력을 향상시킬 수 있다. 자신의 감정적 · 윤리적 · 문화적 배경을 인식하고 임상실습 지도자와 전문가들의 지도와 슈퍼

비전을 통해 전문가로서 성장을 이루게 된다. 이렇게 현실적이고 실용적인 실습 경험을 통해 실습생들은 치료사로서의 자신감을 갖게 된다.

1) 실습생의 태도

미술치료사는 미술, 심리, 미술치료 전반에 대한 이론적 지식과 기술 못지않게 치료사로서의 태도를 갖추어야 한다. 예비 미술치료사로서 더욱 발전하고 성장하기 위해 요구되는 중요한 태도로는 열린 마음과 호기심, 존중과 이해, 포용성과 다양성, 자기인식과 성장, 윤리적 행동, 책임과 신뢰 등을 꼽는다. 실습생은 실습을 학교 교육과 임상수련 과정의 연장임을 명심하여 실습 기간 동안 맡은 업무를 성실하게 수행하고, 실습기관의 규정을 준수한다. 출퇴근 시간을 정확히 지켜야 하며 부득이한 사유를 제외하고 결석이나 조퇴는 허용하지 않는다. 무단결석 등 불성실한 태도로 실습 운영에 차질이 발생하는 경우, 실습 계획에 따른 지도에 불응하는 경우 등은 기관에서 실습을 중단, 취소할 수 있다. 실습생으로서 품위를 손상하지 않는 언어, 복장, 태도 등에도 주의한다. 실습생은 실습 학점 인정에 불이익이 없도록 각 대학의 실습 관련 시행세칙을 확인한다.

(1) 복장

실습생은 내담자와의 상호과정에서 신뢰감과 안정감을 주기 위해 실습 환경에 맞는 전문적이고 편안한 복장을 갖춘다. 다음은 학생들의 실습일지에서 발췌한, 복장에 대한 질문이다.

주요 질문

1. 실습에서 피해야 하는 복장이 있나요?
   미술치료사는 흰 가운을 입나요? 운동화를 신어도 되나요?
2. 머리 스타일에도 제한이 있나요?
   방학 동안 밝은색으로 염색했는데 다시 검은색으로 바꿔야 할까요?

- 청바지, 무릎 위 짧은 반바지, 짧은 스커트, 몸에 너무 꼭 맞는 옷 등은 피한다.
- 주의를 끄는 장신구, 화려한 색상, 고급 옷 등은 피하고, 필요시 앞치마, 팔토시를 사용한다.
- 긴 머리는 묶고, 모자, 문신, 밝은색 모발 염색, 진한 향수, 긴 손톱, 화려한 매니큐어

는 피한다(정신과 실습의 경우, 손에 잡히는 장신구, 묶음 머리 주의).

- 장시간 서서 작업할 수 있으므로 굽이 낮아 편안하고 깨끗한 신발과 양말을 착용한다(병원 실습의 경우, 감염에 노출되거나 휠체어 이동 시 바퀴에 다치는 위험을 고려하여 앞이 막힌 신발 착용을 권함).
- 신발 굽 소리가 나지 않게 주의한다.

(2) 실습 전 자기점검

다음 [학습과제 2-4]는 실습생의 '자기점검 질문지'이다. 실습 시작 전과 후에 스스로 점검하여 변화와 필요한 역량을 확인한다.

학습과제 2-4 실습 전 자기점검 질문지를 작성해 보자.

자기점검 질문지

점검 내용	실습 전	실습 후
1. 나는 대인관계를 중요하게 생각하고 적극적으로 참여할 수 있는가?		
2. 나는 미술매체와 치료 과정에 관한 지식을 가지고 있는가?		
3. 나는 미술을 사용한 의사소통과 자기 표현적 측면을 적절하게 활용할 수 있는가?		
4. 나는 자신의 예술에 대한 창의적인 대화에 참여할 수 있는가?		
5. 나는 미술활동 경험을 통해 얻은 자기성찰과 자기 평가적 능력을 갖추고 있는가?		
6. 나는 학습과 발달과정에 관심을 가지고 있는가?		
7. 나는 모순적 상황과 모호함을 견딜 수 있는가?		
8. 나는 개인적인 불안을 관리할 수 있는가?		
9. 나는 개인적인 감정을 통제하고 다스릴 수 있는가?		
10. 나는 광범위한 지식 영역을 인지적으로 통합할 수 있는가?		
11. 나는 사회적 및 환경적 단서를 인식하고 적용할 수 있는가?		
12. 나는 개인과 문화적 다양성을 존중할 수 있는가?		
13. 나는 책임감 있게 명확한 판단력을 발휘할 수 있는가?		
14. 나는 학문적 능력과 소질을 나타낼 수 있는가?		
15. 나는 미디어를 다루는 능력(기술)과 소질을 나타낼 수 있는가?		

(3) 미술치료 임상실습 기대와 목표

- 실습생의 개인적 · 전문적 성과에 대한 기대(*는 대학원생 기준)
  - 신뢰를 형성하고, 책임감을 가지며, 독립적으로 일할 수 있는 능력
  - 효율적 시간 관리 훈련을 통해 정확하고 신속하게 평가하며 문서 작성을 정해진 시간 내에 완료하는 능력
  - 직업적 정체성, 직업적 역할, 가치, 윤리, 지식, 기술을 이해하고 내면화하는 능력*
  - 실습생으로 책임과 기대를 명확히 이해하고 효과적으로 수행하는 능력*

- 실습생의 다른 동료와 직업적 대인관계 기대
  - 자기비판 능력, 자신의 작업을 모니터링하는 능력
  - 치료팀의 구성원으로서 기능할 수 있는 능력
  - 기관 내 직원 서비스에서 교육과 전문성 개발에 기여할 수 있는 능력

- 임상에 대한 기대
  - 내담자와 민감하고 효과적으로 상호작용하고 의사소통하는 능력
  - 내담자를 치료적 관계에 참여시키는 능력
  - 전이와 역전이를 인식하고 해결하는 능력
  - 인간 발달에 대한 지식
  - 정신병리학에 대한 지식
  - 정확한 정신의학 언어를 사용하는 지식
  - 이론적 접근에 대한 지식
  - 미술치료를 실제 적용하는 지식

(4) 실습생의 전문적 태도

실습생은 임상실습을 시작하기 전에 자신의 이론, 기술, 태도 역량을 평가하여, 기초 역량을 점검하고 실무를 준비한다.

다음 [학습과제 2-5]는 미술치료 슈퍼바이저가 소개하는 실습생(슈퍼바이지)의 전문적 태도에 대한 자기평가 항목이다. 실습 시작과 진행 과정에서 점검해 보기를 권한다.

학습과제 2-5 **전문적 태도 자기점검 질문지**

전문적 태도 자기점검 질문지

점검 내용	전	후
1. 나는 미술치료 실습생으로서의 실습기관의 규칙과 질서를 성실하게 준수하는가?		
2. 나는 실습기관에서 실시하는 미술치료에 대해 이해하고 존중하며 더 발전적인 미술치료 프로그램을 모색하는가?		
3. 나는 개인 및 집단 미술치료에서 내담자에게 적절하게 반응하는가?		
4. 나는 슈퍼비전을 적극적으로 활용하며 슈퍼바이저의 제안을 발전적으로 받아들이는가?		
5. 나는 미술치료 과정의 힘든 부분과 성공적인 부분 모두를 슈퍼바이저에게 분명하게 설명하고 표현할 수 있는가?		
6. 나는 일하면서 다른 직원이나 전문인들과 적절하게 소통하는가?		
7. 나는 미술치료 실습생으로서의 정체성을 가지고 적절한 경계를 유지하기 위해 노력하는가?		

2) 실습생의 임무

임상실습에 참여하는 실습생의 주요한 임무는 임상 대상자의 치료를 위해 책임을 가지고 행동하며, 기관 담당자/치료사들과의 협력을 통해 치료 과정을 지원하는 데 있다. 미술치료 활동을 통해 임상 대상자를 심리적 · 정서적 · 신체적으로 지원하고 치료 과정을 문서화하고 기록하여 변화 과정과 결과를 추적하며 슈퍼비전을 통해 치료 전반을 확인하고 효과적인 치료가 되도록 한다. 그 과정에서 다양한 의료 전문가들과 보호자와 협력하여 종합적인 치료의 지원과 복지(well-being)에 힘쓰며, 미술치료사로서의 기술과 전문 지식 및 능력을 향상시키기 위해 노력해야 한다. 특히, 임상 대상자의 치료 환경을 안전하게 유지하는 윤리적 태도가 중요하다.

실습생은 미술치료 이론과 기술을 치료에 적용하며 치료 준비부터 종결 후 인수인계 과정까지 임상 대상자들의 치료를 극대화하고 성공적인 경험을 할 수 있도록 돕는다. 현장에서 지식과 임상적 기술을 습득하고, 미술치료사로서의 적성을 확인하며, 시설 및 기관, 대상을 이해한다. 사례 회기 시작 전에 주치료사와 보조치료사가 분명한 역할을 인지하고 서로의 방법을 존중하며 역할을 한다.

다음은 학생들의 실습일지에서 발췌한, 치료사로서 역할의 어려움에 대한 질문이다.

주요 질문

1. 특수학교 실습이 거의 끝나 갈 때 한 학생이 가정폭력에 노출되어 있다는 것을 알게 되었습니다. 실습생 보조치료사가 어떤 도움을 줄 수 있는지 궁금합니다.
2. 주 치료사와 보조치료사의 역할은 어떻게 배분하나요?
3. 주 치료사와 보조치료사 간 의견이 다를 때, 어떻게 하나요?

실습에서 각 실습생은 미술치료에서 주치료사, 보조치료사, 관찰자의 역할을 담당한다. 각자 맡은 책임을 다하며 서로 협력하며 한 팀으로 치료를 지원한다.

(1) 주치료사

주치료사는 사전 면접, 사례개념화, 치료 목표에 따라 미술치료 프로그램을 계획하고 구조화하여 운영한다. 치료실 내 책임자로 보조치료사와 협력하여 안전한 치료 환경을 만든다. 일지를 작성하며 슈퍼비전에 참여한다.

(2) 보조치료사

보조치료사는 주치료사를 지원하는 조력자의 역할과 정서적 지지자의 역할을 한다. 치료사를 도와 일지를 작성하며 슈퍼비전에 참여한다.

(3) 관찰자

관찰자는 치료 상황의 전반적인 과정을 확인하고 객관적으로 기록한다. 치료실 안에서 치료 진행에 방해가 되지 않도록 주의하며, 회기 종료 후 미술작품 사진을 촬영하고 보관한다.

3. 슈퍼바이저의 임무

슈퍼바이저는 내담자 돌봄의 질을 관리하고 초보 치료사의 전문성을 촉진하는 문지기이며 안내자 역할을 한다. 미술치료 슈퍼바이저의 주된 역할은 임상과 행정이며, 기관 슈퍼바이저와 대학 슈퍼바이저가 역할을 담당한다. 업무를 지도하고 평가하며, 확실한 실습을 보장하고, 치료 일지 등 문서를 슈퍼비전한다. 슈퍼바이저는 전문적인 기준을 준수하면서 지원, 지침 및 평가를 제공한다. 기관 내 초보 치료사를 지지하고 옹호하는 동료가 된다(Fish, 2017).

1) 기관 슈퍼바이저 임무

임상실습에서 기관과 기관 슈퍼바이저(실습 담당자)의 임무는 자극과 도전 및 발전 계기 제공, 내담자에 대한 서비스 영역 확장, 미술치료 실천의 질적 수준 향상, 실습생 소속 교육기관(대학) 과의 관계를 지속하는 것이다. 기관 슈퍼바이저는 정보전달에 중점을 두며, 전문적인 실무 기준과 기관의 정책 및 절차를 준수하는지 확인하여 기관 업무 관계를 지원하고 갈등을 조정하며, 타인과 성공적인 협력을 촉진하는 데 있어 중심적인 역할을 한다. 직업 선택과 전문자격에 관한 조언을 하며, 자격인증을 위한 임상 실적을 문서화하는 공식 업무를 수행한다(Fish, 2017).

- 기관 슈퍼바이저의 자격은 심리학, 사회복지, 상담, 정신의학, 표현예술치료 등 관련 분야의 미술치료사 또는 석사 이상 미술치료 전문가여야 한다(미국). 미술재활현장실습의 경우, 기관 슈퍼바이저는 미술치료 전문가 이상이어야 한다. 기관 슈퍼바이저가 미술치료 전문가가 아닌 경우, 미술치료 지도감독이 제공되지 않을 수 있어 교수 슈퍼바이저의 현장 지도책임과 중재/협력이 매우 중요하다.
- 실습생들이 기관의 규칙과 규정을 이해하고 미술치료 경험에 집중하여 임상실습 시간과 일정을 수립하는 데 도움을 주어야 한다. 실습에 따라 실습 시간과 내담자를 직접 만나 치료적 개입을 하는 시간을 조정하며 최소 50% 이상이 되도록 한다.
- 실습 규정에 따라 실습 시간 중 현장 슈퍼비전을 제공한다(미국 기준: 10시간 실습 중 1시간).
- 실습의 전문성 개발, 슈퍼비전의 효과적 활용, 이론적 지식 습득 또는 미술치료 기술 개발과 관련된 기관별 교육 목표를 개발하기 위해 학생과 협력한다. 이러한 목표와 관련해서 실습생의 프로그램을 모니터한다.
- 근접성을 가지고 실습을 직접 관찰할 수 있으며, 기관 실습 현장의 안전 및 비상시 절차에 대한 자세한 오리엔테이션과 각 상황에서 실습생의 역할에 대해 철저한 설명을 제공한다.
- 현장의 정책에 따라 실습 현장에서 실습생이 교육 기회를 가질 수 있도록 내담자의

기록, 직원 회의, 기관 내부 프로그램, 학회, 그리고 슈퍼비전을 위한 내담자 회기의 오디오 또는 비디오 녹화와 같은 사항을 포함하여 지원한다.

- 실습생의 학교 실습 교육 또는 연구(논문) 과정에서 요구되는 내담자의 작품 등 관련 자료를 사용할 수 있도록 지원한다. 내담자의 비밀을 유지하고 내담자 또는 내담자 보호자의 서명된 동의서를 받기 위한 지침을 제공한다.
- 실습생의 실습과 연결된 전시회와 관련된 임상적·윤리적 의미를 고려하는 지침을 제공한다.
- 매주 실습생의 임상 및 슈퍼비전 시간 기록을 검토하고 기록하며 매월 서명한다.
- 실습 평가는 학생들의 학점을 받기 위한 필수 과정이다. 실습생과 협력하여 실습생의 중간 및 최종 평가를 정해진 시간 내에 정확하고, 신중하며, 공정하게, 건설적으로 작성한다.
- 현장 방문 일환으로 대학 슈퍼바이저가 한 학기에 최소 한 번 이상 현장을 방문하여 실습생이 회기를 진행하는 것을 관찰할 수 있도록 기회를 제공하고 실습생의 진행 상황에 대해 논의한다.
- 실습생과 관련하여 문제가 발생하면 즉시 대학 슈퍼바이저에게 알리고, 매뉴얼에 따른다.

다음은 학생들의 실습일지에서 발췌한, 슈퍼바이저에 대한 질문이다.

주요 질문

1. 기관 슈퍼바이저가 미술치료를 이해하지 못하고 슈퍼바이저로서 역할을 못할 때 어떻게 하나요?
2. 기관에서 슈퍼비전을 받지 못한다면 어떻게 하나요?
   기관 슈퍼바이저와 교수 슈퍼바이저의 의견이 다를 때는 어떻게 하나요?
3. 비전공 담당자(담임교사, 복지사 등)가 참관하면서, 치료에 방해될 때 어떻게 하나요?
   (예: 내담자의 행동에 주의를 주고 통제해서 내담자들이 선생님의 눈치를 볼 때)

다음 [참고자료 2-3]은 미술치료 실습기관 평가표이다(미국 SAIC 실습 자료 참조). 실습생은 임상실습을 마친 후 자신의 실습 경험을 평가하여 진솔하게 보고함으로써, 다음 실습생들이 실습기관을 선택하는 데 실질적인 도움이 되도록 한다.

참고자료 2-3 **실습을 모두 마친 후에 실습기관을 평가해 보자.**

미술치료 실습기관 평가서

학생 이름: ____________________ 실습 대상: ____________________
기관 슈퍼바이저: ____________________ (이름 / 학위 / 직위 / 자격)
실습 시작일: ____________________ 종료일: ____________________

1. 임상 경험은 어땠는가?

2. 슈퍼비전의 수준은 어땠는가?

3. 학습 기회는 충분히 제공되었는가?

4. 기관의 일원으로서 수용되었는가?

5. 기관 내 교육은 충분히 제공되었는가?

6. 기관은 미술치료에 대한 가치를 인정하는가?

7. 실습 일정은 유연성이 있었는가?

8. 실습 공간은 이용 가능하였는가?

9. 실습 공간은 적절하였는가?

10. 의사소통은 원활하였는가?

11. 실습에 필요한 자료 및 미술용품은 충분히 제공되었는가?

12. 실습 분위기는 어땠는가?

13. 전반적으로 전문적 및 개인적 성장 기회가 충분하였는가?

14. 추가 의견을 작성하시오.

2) 교육기관 및 대학 슈퍼바이저의 임무

임상실습에서 대학 등 교육기관 슈퍼바이저(교수)의 주된 임무는 이론과 실천의 교량 역할, 실무 현장과의 연계 지속, 미술치료 교육의 효과성을 평가하고 간접 경험을 극대화하는 것이다. 좋은 교육과정은 지지받고 격려받는 환경에서 학생들이 보호받으며 성장 할 수 있는 기회와 보듬어 주는 환경(holding environment)을 제공한다. 실습 전반에 관련된 내용을 지도, 관리, 평가함으로써 실습생과 내담자의 안녕을 보장해야 하는 책임은 대학 슈퍼바이저에게 있다.

- 실습 교육과정의 교과목을 개설한다. 이때 교육기관의 학칙 마련하고 교육과정으로 편성한다. 우리나라의 경우 교육과정으로 편성된 현장학습은 「고등교육법 제22조(수업)」의 영역으로 구분된다.
- 선정된 교육 목표, 내용, 역량 및 유형별 성과에 따라 교육방식을 정하여 강의계획서를 작성한다. 관련 자격증의 자격 기준에 부합되는 조건을 확인하고 임상실습 교육과정 교육 목적/기대 효과, 내용, 평가 방식 등을 반영한다.
- 각 미술치료 임상실습 교과목 목표에 적합한 실습기관을 조사하고, 직접 방문하여 실습 환경을 확인, 기관 담당자와 실습조건 협의 후 실습지도자(on-site supervisor)를 선정, 프로그램 운영 계획 및 교육 협약을 진행한다.
- 임상실습 관련 행정 서류(실습 공문)를 구성하고 제공 전에 점검한다. 실습 공문은 대학/학과에서 기관에 보내는 공식 서류로 학교 및 대학 슈퍼바이저(담당교수), 실습생, 기관, 기관 슈퍼바이저 간의 협력관계를 명확히 하고, 실습 기간, 실습 내용과 절차, 기관 슈퍼바이저, 대학 슈퍼바이저, 실습생의 정보와 실습 목적, 조건, 평가 양식, 출석부 등을 포함한다.
- 실습간담회 및 오리엔테이션에서 충분한 실습기관 소개, 임상실습 교과목 이론강의 및 실습에 대한 피드백 슈퍼비전을 제공하고, 과정의 실습일지 및 결과를 평가(중간/기말)하여 최종 학점을 부여한다.
- 기관 방문 현장 슈퍼비전을 실시하여 실무를 확인하고 학업 내용에 반영한다.

제3장

미술치료 초기면담의 이해와 실제

이 장에서는 미술치료 초기면담에 대해 이해하고, 면담에서 미술치료사의 역할과 상담신청서 작성법에 대해 구체적으로 살펴보고자 한다.

한 청소년 내담자가 첫 만남부터 4회기가 지나도록 고개를 들지도 않았다.
망했구나! 무엇을 잘못했을까?
임상 전날부터 배도 살살 아프고, 머리도 지끈거리고,
'차라리 오지 않았으면…….' 하는 생각도 들었다.
그러던 내담자가 5주째 되었을 때 조금씩 손가락을 움직여
지우개를 조각내어 웃는 표정으로 종이 위에 그림 그리듯 표현했고,
그 이후 종결까지 우리는 멋진 팀이 되었다.

이것은 필자가 직접 경험한 사례이다.

초기면담은 치료사와 내담자가 만나 첫 단추를 끼우는 매우 의미 있는 시간이다. 슈퍼비전 에서도 실습 전에 내담자의 정보가 아무것도 없어서 조심스러웠다는 질문을 자주 만난다. 그렇다면 첫 만남은 어떻게 해야 할까? '좋은 치료'를 만들기 위해 어떤 정보가 필요할까?

1. 초기면담의 이해

1) 초기면담의 의미와 개념

초기면담은 내담자를 처음 만나는 시간을 의미하며, 첫 상담, 첫 면접, 첫 대면, 접수 면담, 접수 면접 등을 포함한다. 이때 치료사와 내담자가 대면하여 관계를 형성하고, 상담 의뢰, 신청, 그리고 상담과 진단까지 이르는 포괄적 활동이 이루어진다.

치료사는 초기면담을 통해 치료 대상자의 현존 문제, 발달력과 건강 상태, 양육환경과 가족관계, 의학적 진단 및 결과, 사회적 관계, 사회문화적 요인 등을 파악하고 상담 과정에서 치료 대상자의 행동을 관찰함으로써 다양한 정보를 얻는다. 먼저 치료사는 내담자가 왜 지금 문제를 해결하려고 하는지와 면담에 대한 동의 여부, 의뢰 경로, 주 호소문제, 기능과 수준/정도, 치료를 통해 기대하는 것, 치료 경험, 가족의 지지 정도와 면담 가능한 가족 등에 대해 파악하고 준비한다. 미술치료사는 그림검사, 미술활동과 작품의 평가를 통해 내담자에 대한 이해를 더한다.

- 심리검사의 활용: 배터리 검사의 구성(설문지 검사, 투사 검사, 그림진단 검사)
- 미술치료사의 이론적 배경, 임상 경험을 근거로 문제 성격과 원인에 따른 가설 수립
- 치료 대상자의 강점 파악
- 미술치료의 목표, 전략, 기법, 미술매체 및 미술활동 계획
- 종결 시 미술치료의 평가, 치료 대상자에 대한 제언(인수인계 내용)을 포함한다.

2) 내담자의 첫 방문과 접수 면담

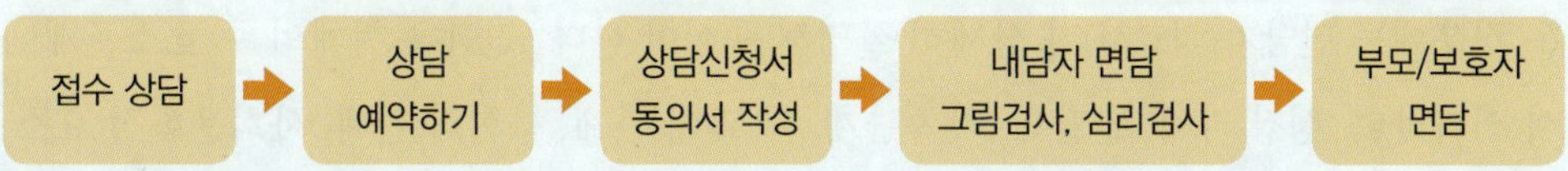

(1) 첫 만남

내담자는 치료사와의 첫 만남에서 받은 인상으로부터 신뢰 관계를 발전시키고 상담으로 이어 갈 수 있기에 큰 의미를 갖는다.

(2) 접수 면담

전화 또는 온라인, 소셜미디어(SNS) 등을 통한 문의나 접수로 상담을 의뢰받을 수 있다. 상담 신청 과정에서 치료 대상자의 이름, 성별, 생년월일, 문의 혹은 접수자(부모나 보호자)의 이름, 대상자와의 관계, 연락처, 상담 이유(현존 문제), 신청한 경로 등의 정보를 수집하며, 상담 희망 일자를 정하고 상담 방법과 절차, 대략적인 치료 기간, 예약과 시간, 비용 등의 추가 정보를 수집한다. 비대면의 경우 비밀 보장 등 윤리적 고려사항을 준수한다.

3) 면담(초기상담)

내담자는 첫 방문 또는 전화, 온라인 접수 후에 치료실에 방문하여 한 시간 정도 면담을 진행한다. 상담 전에 내담자는 상담신청서를 작성하고, 개인정보 수집 및 이용 동의서에 서명한다. 치료사는 적절한 공간에서 내담자를 만나 평가하고 관찰하며, 충분한 정보를 수집하여 치료 목표와 치료 계획의 기초를 마련해야 한다. 이 시기는 초기상담과 심리검사(그림검사)를 통해 사례개념화를 진행하고, 내담자가 기대하는 치료 목표를 수립하는 시간으로 앞으로의 치료 진행에 있어 매우 중요한 단계이다. 치료사는 상담을 구조화하고, 내담자와의 상담 관계를 형성하여 신뢰를 쌓는다. 또한 이전 기관의 심리평가 보고서나 현재 치료 중인 내용에 대한 자료(상담의뢰서, 종결 보고서, 진단서, 의무기록 사본, 처방전 등)를 함께 검토한다.

(1) 면담 시 얻어야 할 정보

면담에서는 치료 대상자뿐 아니라 가족과 주변 환경에 대한 구체적인 자료 수집이 필요하며, 자료 수집을 위한 대상 연령 별 면담 신청서(유아동용, 청소년용, 성인용, 부모용)를 작성할 필요가 있다([참고자료 3-1]~[참고자료 3-4] 참조). 수집하는 정보 중 본인이 알 수 없는 내용은 미리 가정에서 보호자가 작성하도록 하며, 기록지의 내용을 이해하기 어려운 경우에는 면담자(치료사)가 상세히 설명해 주어야 한다. 면담은 현재의 주 호소문제에서 시작하며, 성장 과정, 발달력, 가족관계, 학교 내 관계, 사회적 관계, 사회문화적 요소, 행동 관찰, 흥미 또 취미, 건강 문제, 앞으로의 계획 등으로 확장한다.

- 현재 문제: 내담자가 '왜 치료실에 오게 되었는지'에 대한 정보를 얻는다. 주 호소문제, 추천인(의뢰인), 언제, 왜, 누구와 함께 있을 때 어떤 문제가 얼마나 지속적으로

일어나는지, 그때 느끼는 정서는 어떠한지, 자신의 문제를 지각하는지, 지각한다면 어떻게 지각하는지, 부정적 감정을 이야기하고 스스로 문제를 줄이는 방법에 대해 생각할 수 있는지, 적극적으로 치료에 참여할 의사가 있는지 등을 묻는다. 현재 시점에서 적응이 어려운 점과 구체적인 이유에 대해서도 질문한다.

- 발달력과 건강 문제: 내담자의 적응과 관련된 발달력 및 건강 문제에 대한 정보를 얻기 위해 출생 전 어머니의 임신 상태, 출생 시 문제, 유아기 건강 상태, 문제행동과 처음 발견한 시기 등 치료 대상의 선천적 장애의 유무를 포함한 전반적인 발달 관련 정보를 수집한다. 특히, 유아동의 경우 주 양육자로부터 어린 시절의 중대한 사건, 병력, 자주 아팠던 가벼운 질환, 사소한 상처 등의 정보를 얻는다([참고자료 3-1], [참고자료 3-3] 참조). 만약 치료 대상자가 학대나 방임 관련 증상을 보이거나 적절한 발달 과제를 수행하지 못하는 경우, 방임 가능성을 확인하고 평가한다. 가족 내 유사한 증상이나 다른 증상을 보인 형제자매 또는 부/모가 있다면, 내담자의 증상과 관련하여 기록한다.
- 양육환경 및 가족관계: 내담자의 가족 분위기와 양육환경에 관한 정보를 얻기 위해 부모의 원가족의 내력, 부부관계, 형제관계, 가족의 기능 수준, 가족의 문제들, 부모의 사회적 지위, 교육 수준, 정신적 건강 내력 등을 포함한 다양한 요소를 조사한다. 또한 정신병력, 물질 남용, 약물 의존, 학대, 부적절한 대우(maltreatment), 정신적 외상, 의료 병력 등과 같은 가족 내 스트레스 요인이 있는지 추가 질문을 진행한다.
- 의학적 진단 결과: 내담자의 의학적 진단 결과에 대한 질문으로, 과거 내담자가 이와 관련해 방문한 기관이 있었는지, 현재 다른 기관에 다니고 있는지 질문한다. 부모의 양육 태도, 교육 수준, 치료 대상자의 문제에 대한 인식 정도를 파악할 수 있으며, 이는 심리검사 분석에도 영향을 미친다.
- 사회적 관계: 교우 관계, 사회적 관계에 대한 정보로 성격 특성과 문제행동을 암시하며, 현재 문제를 평가하는 중요한 척도가 된다. 특히 친한 사람과의 관계나 함께하는 활동 등에 대해 다양한 방법으로 알아본다. 이때 투사검사, 질문, 질문지 등을 활용할 수 있다.
- 사회문화적 요인: 가족의 분위기뿐 아니라 치료 대상자에게 영향을 끼치는 사회문화적 배경을 이해함으로써 치료 대상자와 그가 속한 가정이 사회문화적 준거와 충돌하지 않는 문제해결을 위한 전략과 치료 개입 방법을 모색한다.
- 행동 관찰: 면담 중 내담자의 신체적 특성, 외모, 복장, 예의, 의사소통 양식, 인지적

능력, 언어적 기술, 자발성, 정서, 치료에 대한 태도, 흥미, 호기심 수준, 자신감, 검사에 임하는 태도, 특별한 습관, 특이행동 등을 관찰한다. 이러한 관찰 결과는 심리검사의 결과를 해석하는 데 중요한 자료로 활용되며, 면담에서 제공된 정보의 신뢰성을 확인하는 자료로 사용될 수 있다.

4) 면담에서 미술치료사의 태도 및 역할

(1) 면담에서 치료사의 태도

치료사는 면담을 통해 정보를 수집하고 내담자와의 신뢰 관계를 형성하는 것이 중요하다. 이를 위해 내담자와 보호자에게 적합한 면담 기술을 능숙하게 사용할 수 있어야 하며, 내담자의 발달 수준과 기능을 고려한 면담을 진행해야 한다. 첫 면담에서 치료사는 비지시적이고 수용적인 태도로 임하며, 내담자가 스스로 말하지 않은 내용을 먼저 질문하지 않는다. 이를 통해 치료사는 내담자와 보호자가 존중감, 공감, 진실함을 느끼고 자신의 어려움을 솔직하게 이야기할 수 있는 환경을 조성한다. 치료사는 내담자가 호소하는 문제를 정확히 파악하여 소견을 밝힐 수 있어야 하며, 내담자의 사례를 효과적으로 관리하는 능력을 갖추어야 한다. 또한 내담자의 상담 의지와 동기를 확인하는 것이 필요하다. 임상실습 과정에서는 전문적인 이론과 기술뿐만 아니라 창의적이고 안전한 상호작용을 할 수 있도록 인간적이면서도 전문적인 자질과 수용적 태도를 갖추어야 한다.

질문은 어떻게 하나요?

Delano(2001)는 "가장 직접적이고 효율적인 정보 수집 방법은 질문하는 것이다."(p. 62)라고 하였다. 이상적인 질문은 상대방의 참여를 유도하고, 직접적이고 명확한 대화를 하는 데 기여하기 때문에 질문하는 것이 권장된다. 상대방이 질문을 받는 상황을 긍정적인 '초대'로 받아들일 수 있도록 하는 것이 무엇보다 중요하다(Awais & Blausey, 2021, p. 74).

질문 유형은 직접 질문, 폐쇄형 질문, 개방적 질문, 검증 질문이 있으며, 질문은 뚜렷하고 초점이 맞아야 하고, 모호하지 않은 분명한 말투로 상대방의 어휘 수준과 기준에 적절해야 한다(오승진, 류정미, 2023).

(2) 면담에서 미술치료사의 역할

면담에서 미술치료사는 구조적 검사와 비구조적인 검사를 시행할 수 있다. 평가에 대한 자세한 내용은 이 책 5장에서 자세히 다룬다.

- 구조적 검사: 구조적 검사는 진단을 위한 면담과 특정 목적을 위한 평가(객관적 검사, 그림검사)를 포함한다. 투사 검사(주관적 검사)는 질문지 검사(객관적 검사)로 보충한다.
- 비구조적 검사: 비구조적 검사는 관찰, 면담, 질문, 검사와 과정 내 평가를 포함한다.
- 부모상담(면담): 접수 상담은 대상에 따라 구별된다. 아동·청소년의 경우 언어 능력과 자발성이 부족할 수 있고 대부분의 결정을 부모가 대신하기 때문에 치료에서의 신뢰 관계 형성을 위해 부모상담에서의 치료사 역할이 더욱 중요하다.
- 면담 시 주의사항: 면담 전후 시간을 여유 있게 확보하고, 보호자에게 면담 시간의 한계를 정확하게 전달한다. 내담자의 정보를 구분하여 질문을 준비하여 심층적 면담을 진행한다. 면담 전에 접수 기록지 및 개인정보보호법에 의거하여 정보 수집 동의서를 작성한다(박성혜 외, 2022). 개인정보 수집 및 이용 목적, 수집하려는 개인정보의 항목(일반정보, 사회정보, 통신정보), 개인정보의 보유 및 이용 기간, 작성 날짜와 내담자와 보호자의 서명이 포함된다.

2. 상담신청서 작성

1) 기록과 보관

초기면담은 내담자에 대한 정보를 수집하고 이해를 통한 계획을 세우는 준비 과정으로 상담 내용과 신청서의 내용을 토대로 의미 있는 내용을 기록하는 일은 매우 중요하다. 치료사는 기록을 통해 내담자의 치료를 구조화하고, 치료 계획을 계획하고 자료로 사용하며, 치료사의 전문적인 소견을 작성하여 근거로 사용한다(박성혜 외, 2022).

주요 질문

1. 내담자가 무엇을 적냐고, 보여 달라고 하면 어떻게 하나요?
2. 기록 내용은 요약해서 작성해도 되나요?

치료사가 자신에 대해 기록하는 것을 불편하게 느끼고 답을 꺼리는 내담자도 있고, 내담자가 하는 이야기의 흐름이나, 내담자의 표정, 몸짓, 특별한 행동과 같이 비언어적인 단서를 치료사가 알아차리지 못하는 경우도 종종 있다. 정확한 기록을 위해서 처음에는 요약하려 하기보다는 수집된 정보를 그대로 기록하는 것이 좋다. 그러나 면담자가 너무 기록에만 몰두하면 내담자가 불편하거나 흥미를 잃을 수 있다. 내담자가 너무 성의 없이 답하는 경우는 그 상황을 함께 기록한다(정현희, 2017). 기록은 대부분은 수기 형식으로 자유롭게 작성하지만, 내담자의 정보 보호와 문서 관리를 위해 상담 데이터베이스로 전산화하여 관리하기도 한다. 이 경우에는 면담을 마치고 정해진 시간 안에 일지를 작성해야 한다는 것에 유의한다. 또한, 내담자의 상담 보고서나 소견서와 같이 행정 및 법률 서류로 작성하는 경우, 평가보고서나 상담보고서를 작성하여 상담확인서와 함께 제출한다. 모든 자료는 안전한 보관이 중요하다. 자세한 내용은 이 책 8장에서 다시 소개한다.

2) 상담신청서 작성

상담신청서는 내담자의 정보를 간편하게 수집하도록 상담 관련 어려운 전문 용어는 피하고 쉽고 간결한 질문으로 구성한다(박성혜 외, 2022). 신청서 내용은 내담자의 기본 정보와 주 호소 내용에 대해 자유롭게 기술하며, 기관, 대상, 치료의 종류에 따라 조금씩 차이가 있다(박성혜 외, 2022). 기본 정보는 상담 날짜, 상담 시간, 상담자 명, 상담 신청경로, 상담자 분류번호 등이 포함된다. 상담 신청경로는 전화 신청, 내방 또는 홈페이지나 SNS 접수, 소개자(이름/관계) 등 의뢰 과정과 관련된 내용을 표시한다. 학교폭력이나 아동학대 등 특정 사고로 부모(보호자)가 아닌 다른 경로로 의뢰된 경우 이를 기록한다. 상담신청서는 개인정보가 많이 포함되어 있으므로 사전에 작성 목적과 내용을 충분히 설명하고 정보 수집 동의서를 작성한다. 상담 의뢰 과정에서 수집한 기본 인적사항 외에 첫 대면에서 내담자에게 상담신청서를 작성하도록 하여 추가적인 정보를 얻는다.

아동의 경우, 보호자/부모가 대신 작성하기 때문에 자녀의 발달에 대한 정보나 추가 서류를 상담자에게 전달하기도 한다. 또한 부와 모가 다르게 이해하는 부분을 확인하기도 한다([참고자료 3-3] 참조). 부모가 사용한 어휘나 문장 등을 통해 부모의 교육 수준, 성향이나 가치관뿐 아니라 부모-자녀 관계, 가족 분위기 등 내담자의 환경과 자녀 양육 방법, 상담에 대한 기대를 짐작할 수 있다.

3) 관찰과 정보 수집

내담자의 초기상담에서 첫인상 관찰은 매우 중요하다. 첫인상은 내담자의 용모와 신체적 · 정서적 변화를 통해 파악할 수 있으며, 목소리, 말투, 어조, 옷차림 등 한눈에 보이는 개인적 특성과 독특한 버릇이나 행동, 주변 사람이나 환경과의 관계 등을 살펴보고 기록한다. 초기면담에서 내담자의 정서 상태를 관찰하는 것은 상담을 어떻게 느끼는지를 이해하는 데 도움이 된다.

- **체격(키, 몸무게)**: 내담자의 건강 상태와 기능 수준, 신체적 신경학적 발달, 운동 발달의 이상 유무, 평상시 활동 수준을 평가한다.
- **외모(옷차림, 두발 상태, 위생 상태 등)**: 개인적 성향과 상태, 보호자(부모)의 돌봄과 보호 상태(환경)를 이해한다.
- **목소리(크기, 음색, 높낮이, 발음, 말투, 떨림, 조절 능력 등), 어휘 수준, 반응 시간, 주제와의 관련성**: 발달 정도와 경험 수준을 파악한다.
- **눈 맞춤, 시선**: 사회성, 정서 상태를 이해하는 데 중요한 단서를 제공한다.

(1) 관찰 연습

'본다'는 것은 대상에 눈길을 주어 발견하고, 발견하여 알게 된 것들을 연결하여 전체로 바라보고 이해하는 과정이다. Yalom(2015)은 개개인들은 서로 다른 내적 세계를 가지고 있으며, 자극은 각자에게 다른 의미를 지닌다. 그 때문에 내담자들이 한 가지 자극에 대해 보이는 '지금-여기' 다양하고 복잡한 반응들을 이해하기 위해 '토끼처럼 귀를 쫑긋하게' 발달시켜야 각각의 의미를 이해하려 노력해야 한다고 한다(pp. 52-53). 당연히 관찰에는 연습이 필요하다.

앞의 요소들을 적극적으로 관찰함으로 치료사의 객관적 관찰과 정서적인 거리를 유지하는 법, 객관적 관찰을 마친 후에 '~it may suggest'를 활용하여 추론하는 과정을 단계별로 연습한다.

다음 [학습과제 3-1]에서 순서에 따라 관찰 연습을 해 보자.

학습과제 3-1 **다음 순서에 따라 관찰 연습을 해 보자.**

관찰 연습

1. 한 명을 대상으로 선택하여 최소 40분 이상 관찰한다.
2. 관찰한 대상의 외견상 모습, 행동과 반응 등을 시간에 따라 꼼꼼히, 객관적으로 적는다.
3. 관찰 내용 작성이 끝난 후에 관찰 기록에 근거하여(it may suggest~) 대상에 대한 개인적 해석을 적을 수도 있다.
4. 작성한 내용을 바탕으로 인상적인 장면을 선택하여 시각적으로 묘사한 반응그림을 그린다.

※ 관찰 대상은 모르는 대상으로 한정한다.

※ 작성 형식은 없으며, 5장 내외로 작성한다.

(2) 유아용 상담신청서

유아용 상담신청서는 보호자가 작성하라는 안내문이 있다. 정보 제공자를 포함한 아동의 기본 정보와 주양육자, 가족 사항, 치료 경험과 발달 상태(언어 및 인지발달, 사회 및 정서 발달), 내담자의 특징, 출생 전후 특이사항과 보호자로서 희망하는 치료 목표를 작성한다. 치료 경험은 치료기관, 기간 치료사항을 작성하며, 발달 상태에는 언어(언어 수준, 언어 표현)와 인지(읽기, 수) 수준을 포함한다. 사회 및 정서 발달은 유아의 눈맞춤, 낯가림, 부모와 애착 모습, 좋아하는 놀이와 사물, 부모, 형제, 또래와의 관계를 작성한다.

[참고자료 3-1]은 유아용 상담신청서 양식 예시이다.

(3) 아동 · 청소년용 상담신청서

보호자가 작성하도록 안내문이 있으며, 기본 정보와 가족 사항으로 간단하게 구성되었다. 부모용 질문지([참고자료 3-3])를 추가하여 치료에 필요한 정보를 얻는다.

[참고자료 3-2]는 아동 · 청소년용 상담신청서 양식이다.

(4) 부모용 질문지

자녀의 인적사항, 자녀의 증상 및 이상행동, 가족관계 사항으로 구분되며, 자녀에 대한 가족 개개인의 반응과 대처 상황 등 내담자의 가족 환경과 이해 정도를 구체적으로 알 수 있다.

[참고자료 3-3]은 자녀 상담을 위한 부모용 질문지 양식이다.

참고자료 3-1 유아용 상담신청서 양식

유아용 상담신청서

안녕하세요!
이 질문지는 자녀분의 문제를 정확하게 진단하고 효과적인 치료 상담 계획 및 진행을 위하여 실시하는 것입니다. 자세하게 적어 주시기 바랍니다.

이 름		성별/연령		생년월일	
정보 제공자		연락처		상담 날짜	
주 소					
1. 진단명					
2. 가족력				3. 주 양육자	

4. 가족사항	이름	관계	성별	나이	학력	직업	동거 여부	종교

5. 치료 경험	치료 기관		치료 기간	
	치료 사항			

6. 발달 상태

언어 및 인지 발달	언어 수준	언어 수준					언어 표현				
	인지 상태	읽기									
		수									

사회 및 정서 발달	눈맞춤	낯가림	부모와의 애착		좋아하는 놀이	좋아하는 사물
	부모와의 관계					
	형제와의 관계					
	또래와의 관계					

7. 내담자 특징	내담자의 장점	내담자의 단점

8. 특이사항/주의사항	(* 출생 전/당시/후, 동생 출생, 이사, 충격사건, 특이행동, 아이 면역 등의 특이사항)
9. 원하시는 치료 목표	1. 2.

참고자료 3-2 아동 · 청소년용 상담신청서 양식

아동 · 청소년용 상담신청서

안녕하세요!

이 질문지는 자녀분의 문제를 정확하게 진단하고 효과적인 치료 상담 계획 및 진행을 위하여 실시하는 것입니다. 자세하게 적어 주시기 바랍니다.

신청인		성별	남/여	휴대폰	
				집전화	
상담 대상인		성별	남/여	생년월일	(만 세)
				휴대폰	
주 소					
이메일 주소					

가족사항							
이름	관계	성별	나이	학력	직업	동거 여부	종교

상담 의뢰 내용				
상담 경험	상담 기관		방문 시기	
	방문 이유		상담 기간	
	상담 만족도		진행한 심리평가	
희망 상담 시간	월 화 수 목 금 토		오전/오후	시
기타				

참고자료 3-3 **부모용 질문지 양식**

부모용 질문지

Ⅰ. 자녀의 인적사항

학교			
형제관계	남 녀 중 째	이메일	
장점/특기		취미활동	
교우관계		교사와의 관계	

Ⅱ. 자녀의 증상 및 이상 행동

1	자녀의 증상 및 문제 행동은 무엇입니까?
2	자녀의 증상 및 문제 행동은 언제부터 시작하였습니까?
3	자녀의 증상 및 문제 행동은 어떻게 알게 되었습니까?
4	자녀의 증상 및 문제 행동을 보고 어떻게 생각하고 느껴집니까?
5	자녀의 증상 및 문제 행동을 보고 어떻게 반응, 대처하셨습니까? 아버지: 어머니: 형제자매:
6	자녀의 증상 및 문제 행동의 원인이 무엇이라고 생각합니까? 아버지 의견: 어머니 의견:
7	상담을 통해 어떤 결과를 원하시나요?
8	상담자에게 하고 싶으신 말씀이 있으시다면 무엇입니까?

Ⅲ. 가족관계 사항

가정	부모 결혼 관계	연애, 중매, 친구 소개, 결혼정보회사, 국제결혼, 기타		
	혼인 지속기간		계획된 임신 여부	
	현재 양육자		자녀가 어릴 때 주 양육자	

결혼상태	미혼, 기혼, 별거, 이혼, 사별, 재혼, 동거, 조부모 동거, 기타
부모의 현재 관계	
환경	유아 아동기에 가족의 커다란 환경 변화가 있었다면 구체적으로 적어 주세요.
스트레스 요인	현재 우리 집에 문제가 될 만한 스트레스 요인이 있다면 구체적으로 적어 주세요.
가족 내력	자녀의 부모, 형제자매나 친척 중 현재 자녀가 보이는 증상과 비슷한 문제를 겪은 사람이 있나요? 혹은 정신과적 질환을 앓은 사람이 있습니까?
영향력	가족 이외에 자녀에게 중요한 영향을 끼친 사람은 누구이며, 어떠한 영향을 주었다고 생각합니까?

자녀와 가족의 관계		의뢰한 자녀와 어떻게 지내는지요?
	부	
	모	
	형제자매	
	조부모	

(5) 성인용 상담신청서

[참고자료 3-4]는 성인용 질문지 양식이다. 신청인의 기본 정보를 포함한 상담신청서와 상담을 위한 질문(인적사항, 증상 및 이상 행동, 가족관계 사항)으로 구분하여 작성하도록 한다.

참고자료 3-4 성인용 상담신청서 양식

성인용 상담신청서

안녕하세요!
이 질문지는 문제를 정확하게 진단하고 효과적인 치료 상담 계획 및 진행을 위하여 실시하는 것입니다. 자세하게 적어 주시기 바랍니다.

<table>
<tr><td rowspan="2">신청인</td><td rowspan="2"></td><td rowspan="2">성별</td><td rowspan="2">남/여</td><td>휴대폰</td><td></td></tr>
<tr><td>집전화</td><td></td></tr>
<tr><td rowspan="2">상담 대상인</td><td rowspan="2"></td><td rowspan="2">성별</td><td rowspan="2">남/여</td><td>생년월일</td><td>(만 세)</td></tr>
<tr><td>휴대폰</td><td></td></tr>
<tr><td>주 소</td><td colspan="5"></td></tr>
<tr><td>이메일 주소</td><td colspan="5"></td></tr>
</table>

<table>
<tr><th colspan="8">가족사항</th></tr>
<tr><th>이름</th><th>관계</th><th>성별</th><th>나이</th><th>학력</th><th>직업</th><th>동거 여부</th><th>종교</th></tr>
<tr><td></td><td></td><td></td><td></td><td></td><td></td><td></td><td></td></tr>
<tr><td></td><td></td><td></td><td></td><td></td><td></td><td></td><td></td></tr>
<tr><td></td><td></td><td></td><td></td><td></td><td></td><td></td><td></td></tr>
</table>

<table>
<tr><td>상담
의뢰 내용</td><td colspan="4"></td></tr>
<tr><td rowspan="3">상담 경험</td><td>상담 기관</td><td></td><td>방문 시기</td><td></td></tr>
<tr><td>방문 이유</td><td></td><td>상담 기간</td><td></td></tr>
<tr><td>상담 만족도</td><td></td><td>진행한 심리평가</td><td></td></tr>
<tr><td>희망 상담 시간</td><td colspan="2">월 화 수 목 금 토</td><td>오전/오후</td><td>시</td></tr>
</table>

상담을 위한 질문지

Ⅰ. 인적사항

직업			
형제관계	남 녀중 째	이메일	
장점/특기		취미활동	
교우관계		중요한 관계	

Ⅱ. 증상 및 이상 행동

1	나의 증상 및 문제 행동은 무엇입니까?
2	나의 증상 및 문제 행동은 언제부터 시작하였습니까?
3	나의 증상 및 문제 행동은 어떻게 알게 되었습니까?
4	나의 증상 및 문제 행동을 보고 어떻게 생각하고 느껴집니까?
5	나의 증상 및 문제 행동을 보고 어떻게 반응, 대처하셨습니까? 아버지: 어머니: 형제자매:
6	나의 증상 및 문제 행동의 원인이 무엇이라고 생각합니까? 아버지 의견: 어머니 의견:
7	상담을 통해 어떤 결과를 원하시나요?
8	상담자에게 하고 싶으신 말씀이 있으시다면 무엇입니까?

Ⅲ. 가족관계 사항

<table>
<tr><td rowspan="3">가정</td><td>부모 결혼 관계</td><td colspan="3">연애, 중매, 친구 소개, 결혼정보회사, 국제결혼, 기타</td></tr>
<tr><td>혼인 지속기간</td><td></td><td>계획된 임신 여부</td><td></td></tr>
<tr><td>현재 양육자</td><td></td><td>자녀가 어릴 때
주 양육자</td><td></td></tr>
</table>

결혼상태	미혼, 기혼, 별거, 이혼, 사별, 재혼, 동거, 조부모 동거, 기타
부모의 현재 관계	
환경	유아 아동기에 가족의 커다란 환경 변화가 있었다면 구체적으로 적어 주세요.
스트레스 요인	현재 우리 집에 문제가 될 만한 스트레스 요인이 있다면 구체적으로 적어 주세요.
가족 내력	나의 가족, 친척 중 현재 내가 보이는 증상과 비슷한 문제를 겪은 사람이 있나요? 혹은 정신과적 질환을 앓은 사람이 있습니까?
영향력	가족 이외에 나에게 중요한 영향을 끼친 사람은 누구이며, 어떠한 영향을 주었다고 생각합니까?

<table>
<tr><td rowspan="5">자녀와
가족의
관계</td><td></td><td>나와 어떻게 지내는지요?</td></tr>
<tr><td>부</td><td></td></tr>
<tr><td>모</td><td></td></tr>
<tr><td>형제자매</td><td></td></tr>
<tr><td>조부모</td><td></td></tr>
</table>

4) 서약서 및 동의서 작성

다음은 학생들의 실습일지에서 발췌한, 동의서 작성에 대한 질문이다.

주요 질문

1. 내담자가 이해하는 것과 글 쓰는 것 모두 어려워해서 동의서 작성에 시간이 오래 걸렸습니다. 다른 집단원들이 기다리면서 힘들어했고, 지쳤을까 봐 걱정되어 날짜를 잘못 적은 것이나 적지 않은 것을 수정해 달라고 말하지 못했습니다. 만약 다음에 틀리게 적으면 수정을 요청해도 될까요?
2. 미술작품 활용 동의서를 받지 못한 경우 어떻게 슈퍼비전을 받나요?

(1) 종류

미술치료에서 사용하는 주요 동의서는 미술치료를 시작 전에 작성하는 서약서(치료 동의서)와 미술작품 및 정보 사용 동의서이다.

- 서약서(치료 동의서): 내담자가 치료실 또는 기관에 방문하여 치료를 시작할 때 작성하는 동의서로, 해당 치료 전반(치료사 정보, 치료 목적, 기간, 비용 등)에 대한 이해와 치료 과정에 성실하게 참여하겠다는 내용을 포함한다. 기관에 따라 초기면담에서 작성하거나 미술치료사가 작성할 수도 있다([학습과제 3-2] 참조).
- 미술작품 및 정보 사용 동의서: 치료 기간 중 완성한 치료의 결과물인 미술작품을 특정한 목적이나 조건 하에 치료사가 사용할 수 있음을 허가하는 내용을 포함한다. [학습과제 3-3]의 '미술작품 및 정보 사용 동의서'를 받지 못했거나, 작품 사진을 찍지 못한 경우, 작품 사진 대신 내담자의 미술작품을 직접 모사하여 일지에 기록한다([학습과제 3-3] 참조).

(2) 작성법

일반적으로 실습기관의 양식을 사용하지만 미술치료 슈퍼비전, 사례 발표, 전시 등에서 내담자의 미술작품을 활용하기 위해 추가 동의서를 사용한다.

동의서에는 치료사와 내담자, 법적 대리인(보호자)과 증인의 이름, 서명, 서명 날짜(동의서 작성 날짜), 제공되는 치료/방법, 비밀 유지와 제한점, 정보 사용 및 공개 목적(슈퍼비전, 발표, 논문, 강의, 출판, 전시, 홍보 등), 수집 및 사용 기간, 수집 형태와 내용(녹음, 사진/비디오 촬영, 미술작품, 글 등) 등을 포함한다.

내담자가 동의서의 내용을 정확히 이해하고 자발적으로 동의하는 것이 필요하며, 내담자가 치료와 동의 내용을 철회할 수 있다는 내용, 동의하지 않는 부분(제한)이 철저히 비밀이 보장된다는 점도 포함되어야 한다.

치료사는 동의서를 내담자와 필요에 따라 법적 대리인/보호자(미성년, 장애인)에게 상세히 설명하고 자발적으로 동의하고 서명할 수 있도록 하며, 동의하지 않는 경우에도 치료에 불이익이 없음을 고지하여야 한다.

(3) 실습 동의서 작성 및 수집 연습

실습을 시작하기 전에 기관의 동의서 양식을 미리 확인하고 필요에 따라 수정하여 사용한다. 동의서 작성 시 주의사항과 예외사항을 확인한다. 내담자에게 동의서의 목적과 각 내용을 설명하고 서면 동의서를 받는다. 법적 효력을 위해 미술치료 시작 전에 자발적 참여의사에 따른 동의서를 작성하고, 동의서에는 날짜와 서명을 포함해야 한다.

다음 [학습과제 3-2]와 [학습과제 3-3]을 연습해 보고, 실습에 참여하는 내담자의 미술치료 동의서와 정보사용 동의서를 직접 만들어 작성해 보자.

학습과제 3-2 **다음 미술치료 동의서를 작성해 보자.**

미술치료 동의서

내담자 ___________은/는 미술치료사 ___________에게 미술치료를 받는 것에 동의합니다.
이 동의는 내담자의 서명으로 취소될 때까지 유효합니다.

미술치료 윤리강령에 따라 개인면담 과정부터 시작되는 치료 과정에서 내담자의 정보 및 회기 기록에 대한 비밀 보장을 약속하며 절대 외부로 유출되지 않습니다. 그러나 다음과 같이 예외적인 경우에는 비밀 유지가 파기될 수 있음을 알려 드립니다.

- □ 내담자가 자살이나 자해 등을 생각하고 있을 경우
- □ 내담자가 다른 사람이나 기물에 심각한 해를 끼칠 것으로 판단되는 경우
- □ 내담자가 범죄를 행할 의도를 공개한 경우
- □ 내담자가 방치되거나 학대받는다고 의심되는 경우
- □ 법원으로부터 정보 공개를 요구받을 경우

위의 사항에 대해 동의하며, 이 동의는 내담자가 서명으로 취소할 때까지 유효합니다.

작성일 20 . .

내담자 ______________ (서명)
보호자 ______________ (서명)
미술치료사 ______________ (서명)

학습과제 3-3 **다음 미술작품 및 정보 사용 동의서를 작성해 보자.**

미술작품 및 정보 사용 동의서

본인 ____________은 자원하여 미술치료에 참여하였으며, 전 과정의 설명을 듣고 이해하였습니다. 또한 본인의 의사에 따라서 동의사항이 변화하거나 철회될 수 있음을 이해합니다. 이에 본인은 비밀보장 원칙에 의해 보호되는 한 다음의 목적하에 미술치료 과정의 결과물인 미술작품, 대화 내용, 녹음(사진) 등의 사용을 동의합니다.

본인의 작품이 사용되는 목적은 다음으로 제한합니다. (해당란에 ☑)

□ 치료 팀의 치료 계획의 논의 및 자문, 슈퍼비전의 목적
□ 인터넷 등을 통한 교육 및 전시의 목적
□ 논문, 강의, 학회 발표 등의 교육적인 목적

기타 제한점(없을 경우에는 '없음'이라고 적습니다.) ________________________________

위의 사항에 대해 동의하며, 이 동의는 내담자가 서명으로 취소할 때까지 유효합니다.

작성일 20 . .

내담자 ______________ (서명)
보호자 ______________ (서명)
미술치료사 ______________ (서명)

제4장

미술치료 사례개념화

이 장에서는 미술치료 사례개념화 방법을 학습하고 실제 사례를 통해 구체적인 작성법을 연습한다.

출처: 필자의 내담자 G와의 실습 후 반응 작품(2007).

"미술치료 사례개념화가 무엇인가요? 너무 어려워요. 꼭 해야 하나요? 해야 한다면 어떻게 시작하나요?"

사례개념화의 시작은 '질문'이다. 그 질문은 꼬리에 꼬리를 물고 다시 질문으로 이어진다.

내담자에게 무슨 일이 일어났는가?
내담자에게 그 일이 왜 일어났는가?
내담자는 그 일에 대해 무엇을 할 수 있는가?

내담자에 대한 여러 질문과 내담자 행동을 객관적으로 관찰하고 기술하는 것을 통해 치료요인과 현상의 원인을 찾고, 이론적 배경을 토대로 신중하게 가설을 세우고 방법을 찾는다. 명료하다. 그다음에는 미술치료에 적용한다.

미술치료사는 내담자가 치료실 문을 열고 온 순간부터 그의 사례 안에서 함께 살아간다.

1. 미술치료 사례개념화의 이해

1) 사례개념화의 정의

사례 연구(case study)란 사건이나 상황으로 경계가 지어지는 개인이나 소수집단을 시간의 경과에 따라 심층적으로 탐색하는 것을 의미한다. 특정 대상에 대한 모든 자료를 종합적으로 수집하여 포괄적이고 다각적인 이해와 더불어 개별적이고 변별적이며, 깊이 있는 기술을 가능하게 한다(Morriam, 1988: 정현희, 2017, p. 461에서 재인용).

사례개념화(case conceptualization)는 내담자의 문제에 대한 다양한 정보를 종합하여, 복잡한 문제의 원인을 가설적으로 설명하고 이를 해결하기 위한 상담 목표와 전략을 구상하는 역동적인 과정이다(이수현, 최인화, 2020; Sperry & Sperry, 2022). 미술치료는 인간의 적응과 발달을 목적으로 하기 때문에 생물학적 · 인지적 · 사회 · 정서적 영역과 그 내용을 이해하고 치료에 반영하는 것이 중요하다(정현희, 2017). 치료사는 내담자의 과거와 현재를 연결하여 문제의 원인과 결과를 이해하고, 이론적 가설을 도출하여 문제해결 방향(치료적 개입)과 전략을 수립한다.

좋은 사례개념화는 일회적이고 단정적인 것이 아니라 추가 정보 수집과 판단에 따라 지속적으로 수정과 보완이 이루어지는 잠정적이고 연속적인 설명이나 추론을 포함한다. 사례개념화 과정에서 치료사의 목표는 단순히 가설을 입증하는 것이 아니라 내담자의 문제를 정확히 이해하고 해결을 돕는 것이고, 이것이 결국 치료사의 전문성을 평가하는 중요한 기준이 된다(박성혜 외, 2022, p. 96).

2) 사례개념화의 주요 기능

Sperry와 Sperry(2022)는 다음 다섯 가지 사례개념화의 주요 기능을 소개한다.

(1) 모아서 조직화하기

내담자의 첫 면담을 시작으로 내담자의 호소와 기대 및 역동에 관한 잠재적 가설을 세운다. 내담자의 현재 및 과거 삶에서 촉발 요인, 유발 요인과 유지 요인에 관한 패턴을 찾기 위해 종합적인 평가를 수행하면서 지속적으로 검증한다.

(2) 설명하기

내담자의 부정적 패턴을 파악하고, 진단적 · 임상적 · 문화적 공식화를 통해 패턴의 원인과 치료적 개입을 수립하는 근거를 설명한다.

(3) 안내하고 초점 맞추기

치료 개입 공식화를 통해 치료 목표와 전략을 구체화하고, 치료의 실행 과정을 안내하여 치료 효과를 극대화한다.

(4) 도전과 장애 예상하기

효과적인 사례개념화는 치료 과정에서 발생할 수 있는 도전과 장애를 예측하고 대비하여 효과적인 치료를 진행할 수 있도록 지원한다. 치료 과정에서의 적극적인 관여와 헌신, 집착, 저항, 양가감정, 동맹의 결렬, 전이 재현, 재발, 종결 등이 포함된다.

(5) 종결 준비하기

치료 목표 달성 후 내담자의 특성에 따른 종결 반응을 예상하고, 종결 과정을 계획할 수 있도록 도와준다. 의존적인 내담자, 거절에 민감한 내담자, 부정적인 분리 경험이 있는 내담자에게는 종결 과정이 상당한 스트레스가 될 수 있다(Sperry, 2010).

3) 사례개념화 구성 요소

임상적으로 유용한 사례개념화는 치료 과정을 효과적으로 계획하고 안내하도록 호소문제에 대한 설명과 치료의 성공과 관련된 요인들의 예측을 포함한다. 사례개념화는 내담자의 호소문제, 촉발 · 유발 · 유지 · 보호 요인 등을 포함하며, 문화적 요인과 적응적 패턴 등을 고려한다. 또한, 치료 목표와 전략, 개입 방법, 예상되는 도전과 치료 결과를 예측하는 요소와 내용들로 구성된다(Sperry & Sperry, 2022).

사례개념화는 다음 18개 요목(〈표 4-1〉 참조)을 포함하지만, 실제 사례에서는 아동 K의 사례([사례 4-1] 참조)와 같이 모든 사례개념화 요목을 포함하지 않을 수도 있다.

〈표 4-1〉 사례개념화의 요소

요소	내용
1. 호소문제	호소하는 문제 그리고 촉발 요인에 대한 특징적인 반응
2. 촉발 요인	패턴을 활성화하여 호소문제를 일으키는 자극
3. 부적응 패턴	지각, 사고, 행동의 경직되고 효과가 없는 방식
4. 유발 요인	적응 또는 부적응적 기능을 촉진하는 요인
5. 보호 요인	임상적 문제의 발병 가능성을 감소시키는 요인
6. 유지 요인	내담자의 패턴을 지속적으로 활성화하여 호소문제를 경험하게 하는 자극
7. 문화적 정체성	특정 민족집단에 대한 소속감
8. 문화적 스트레스/문화 적응	주류 문화의 적응 수준, 심리 사회적 어려움 등을 포함한 문화적으로 영향을 받는 스트레스
9. 문화적 설명	고통, 질환, 장애의 원인에 대한 신념
10. 문화 그리고 (또는) 성격	문화와 성격 역동 간의 상호작용 정도
11. 적응적 패턴	지각, 사고, 행동의 유연하고 효과적인 방식
12. 치료(상담) 목표	단기-장기 치료(상담)의 성과
13. 치료(상담)의 초점	적응적 패턴의 핵심이 되는 치료(상담)의 방향성을 제공하는 중요한 치료적 강조점
14. 치료(상담) 전략	보다 적응적인 패턴을 달성하기 위한 실행 계획 및 방법
15. 치료(상담) 개입	치료(상담) 목표와 패턴 변화를 달성하기 위해 치료(상담) 전략과 관련된 세부 기법 및 책략
16. 치료(상담)의 장애	부적응적 패턴으로 인해 상담 과정에서 예상되는 도전
17. 문화적 치료(상담) 개입	해당사항이 있을 경우 문화적 개입, 문화적으로 민감한 치료(상담), 개입의 구체화
18. 치료(상담)의 예후	치료(상담)를 하지 않을 경우, 정신건강 문제의 경과, 기간, 결과에 대한 예측

출처: Sperry & Sperry (2022), p. 366.

4) 사례개념화의 체계적 접근 방식(구성 요소)

사례개념화는 내담자의 문제를 종합적으로 이해하기 위해 다양한 공식화 과정을 거친다. 진단적 공식화, 임상적 공식화, 문화적 공식화, 치료 개입의 공식화로 구성(이영옥, 2022; Sperry, 2005/2010)되며, 각 구성 요소는 다음과 같다.

(1) 진단적 공식화

내담자의 호소문제, 촉발 요인 또는 유지 요인을 기본적인 성격 패턴과 함께 기술한다. 이 과정은 '(내담자에게) 무슨 일이 일어났는가?'에 대한 답을 제공하며, 일반적으로 DSM(정신질환 진단 및 통계 편람) 진단이 포함된다. 심리검사와 그림검사를 포함한다.

예시 내담자가 불안장애를 겪고 있다면, 언제부터 증상이 시작되었고, 어떤 상황에서 더욱 심해지는지, 증상을 유지시키는 요소가 무엇인지 등을 파악한다. 이를 통해 불안장애라는 진단을 내린다.

(2) 임상적 공식화

내담자의 문제 발생 패턴을 설명하며 '왜 그것이 일어났는가?'에 대한 답을 제시한다. 이는 사례개념화의 중심 요소로, 진단적 공식화와 치료 개입 공식화를 연결하는 역할을 한다.

예시 내담자의 증상이 과거의 특정 경험에서 기인하였을 수 있으며, 현재의 생활 스트레스와 상호작용하여 지속되고 있다는 설명을 제공한다. 이를 통해 내담자의 증상을 유지하는 심리적·환경적 요인들을 이해하게 된다.

(3) 치료(상담) 개입 공식화

치료 개입 계획을 위한 명확한 청사진을 제공한다. 이는 진단적 · 임상적 · 문화적 공식화의 논리적 확장으로, '어떻게 하면 그것이 변화할 수 있을까?'에 대한 답을 제시한다. 이 과정에서 치료 목표, 치료의 초점, 전략과 구체적 치료 개입, 목표 달성 과정에서 예상되는 도전과 장애들이 포함된다.

치료 접근별 치료의 초점
• 생리심리사회적 접근: 생리적 · 심리적 · 사회문화적 취약점에 의해 촉발되거나 악화된 문제적 상황
• 인지행동적 접근: 부적응적 신념과 행동에 의해 촉발되거나 악화된 문제적 상황
• 단기역동 접근: 순환적 부적응 패턴에 의해 촉발된 문제적 대인관계 상황
• Adler 접근: 잘못된 신념과 좌절로 촉발되거나 악화된 문제적 상황
• 수용전념 접근: 유연성 과정을 탐색하고 행동 목록을 확장하여 지속적인 회피와 심리적 경직성

출처: Sperry & Sperry (2022), p. 115.

예시 내담자의 증상을 줄이기 위한 구체적인 상담 목표를 설정하고, 치료적 전략을 활용한다. 내담자가 문제 상황에서 대처할 수 있는 기술을 배우고, 문제가 유발될 수 있는 상황에 점진적으로 노출되어 증상을 관리하는 방법을 익힌다. 이 과정에서 예상되는 어려움과 이를 극복하기 위한 계획도 포함된다.

(4) 문화적 공식화

내담자의 문제를 사회문화적 맥락에서 '문화가 어떤 역할을 하는지' 설명한다. 이는 내담자의 문화적 정체성, 문화 적응 정도, 스트레스, 문화적 설명, 문화적 역동과 성격 역동 간의 상호작용을 구체화한다.

예시 내담자가 가리고 있는 특정한 문화적 배경이 현재의 문제에 어떻게 영향을 미치는지 분석한다. 예를 들어, 이민자로서 겪는 문화적 스트레스와 정체성 혼란이 증상에 기여할 수 있다.

5) 사례개념화의 평가

Eells(2010)는 다음과 같이 사례개념화 평가 기준을 제시하고, 추가적인 기준으로 포괄성, 일관성, 언어의 정확성, 공식화의 주제와 치료(상담) 계획의 정교화 정도, 공식화의 복합성, 임상적 공식화와 치료(상담) 개입 계획 간의 연계성을 소개하였다. 또한 치료사(상담자)가 사례개념화를 할 때 체계적 과정을 적용한 범위를 소개하였다.

사례개념화 평가 기준
• 치료(상담) 이론이 문제와 증상을 얼마나 잘 설명하고 있는가?
• 이론이 일관성 있게 구체화되어 있는가?
• 선택한 이론의 핵심 구성 요소가 포함되어 있는가?
• 이론이 호소문제를 충분히 설명하고 있는가?
• 진단적 공식화와 임상적 공식화의 모든 요소가 치료(상담) 개입 공식화와 치료(상담) 계획에서 논리적으로 연결되고 있는가?
• 치료(상담) 개입 공식화와 치료(상담) 계획이 진단적 공식화 및 임상적 공식화와 논리적으로 일관되게 이어지고 있는가?
• 치료(상담) 계획에는 단기 및 장기 목표가 명확하게 포함되어 있으며, 잠재적 위험 신호와 치료사(상담자)가 제공할 수 있는 것 외의 자원이 포함되어 있는가?

높은 수준의 사례개념화는 포괄성, 일관성, 언어의 정확성, 공식화, 주제와 치료(상담) 계획의 구체화(Sperry & Sperry, 2022)와 같은 특성을 가지고 있으며, 이러한 특성은 상담과 치료 계획을 효과적으로 수립하고 집행하는 데 필수적이다. 이는 다양한 사례를 접하고 꾸준히 모범사례를 분석하고 연습하고, 집중적이고 체계적인 훈련, 피드백을 통해 발전시킬 수 있다. 특히 통합적 사례개념화 방법을 연습하여 여러 상황에 대응할 수 있는 능력을 키우는 것이 중요하다.

성공적인 사례개념화(Needleman, 1999)는 개입에 대한 이유를 설명하고 내담자를 이해할 수 있도록 도와준다. 처치에서 잠재적 장애요인을 예측할 수 있으며, 내담자의 동기를 증가시킨다. 또한 치료사와 내담자의 효과적인 치료 관계를 형성하며, 관련된 질문을 통해 과학적 치료 모델을 전개해 나갈 수 있도록 도와준다.

사례개념화에 앞서 아동기부터 청소년, 성인, 노인까지 전 생애에 걸친 전반적인 발달특성과 성장 단계를 이해하는 것이 필수적이다. 사례개념화의 수준별 차이와 특성은 다음 〈표 4-2〉와 같다.

〈표 4-2〉 사례개념화의 수준 차이 및 특성

높은 수준	중간 수준	낮은 수준
진단적 · 임상적 · 문화적 그리고 상담 개입의 공식화를 통해 상담 과정을 진행할 때 '무슨 일이 일어났는가?' '왜 그런 일이 일어났는가?' '무엇을 할 수 있는가?' '문화가 어떤 역할을 하는가?'라는 핵심 질문들에 답한다.	진단적 · 임상적 · 문화적 그리고 상담 개입의 공식화 질문을 다루며 일관성 있는 보고서를 제시한다.	주로 임상적 자료의 확대된 기술로 구성되어 있어 상담 목표가 명확하지 않거나 상담 과정에서 예측력이 부족할 수 있다.
장애물을 예측하고 상담 초점과 전략을 분명히 정의하여 상담처리를 지침하며, 효과적인 치료적 동맹을 유지하고 종결 이슈를 계획하고 예상하는 근거가 된다.	일반적으로 상담 목표는 포함되지만, 상담 초점과 전략이 뚜렷하지 않을 수 있으며, 내담자의 장애물을 충분히 고려하지 못할 수 있다.	보고서의 일관성이 부족하며, 치료적 동맹의 문제로 상담이 조기 종결될 수 있다.

2. 미술치료 사례개념화 내용 및 기술

1) 미술치료 사례개념화

미술치료 사례개념화는 일반적인 사례개념화와 비교했을 때 어떤 차이가 있을까?

미술치료 사례개념화 방법은 다른 정신의학, 사회복지, 임상심리, 상담심리 등의 학문 분야의 사례 연구 방법론과 근본적으로는 큰 차이가 없다. 다른 학문 분야에서 이미 채택한 방법을 미술치료에 적합하도록 수정, 보완하여 사용한다. 예를 들어, 심리학의 실험연구 방법, 사회학의 조사 연구, 인류학의 사례 연구 방법을 활용하며, 미술치료 회기 진행에서 연구 대상의 행동 변화에 대한 연구는 인류학의 사례 분석과 아동학의 관찰 분석, 심리학의 축어록 분석 등을 활용한다. 특히 미술치료는 일반적인 실험, 사례 분석, 관찰 분석, 축어록 분석에 추가적으로 미술활동, 미술작품을 분석하고 해석하는 과정이 매우 중요하게 다루어진다(정현희, 2017).

미술치료 사례개념화는 다음 네 가지 기초 질문을 적용하여 작성할 수 있다.

첫째, 무엇이 내담자를 위한 미술치료에서 가장 좋은 결과인가?

둘째, 만약 미술치료 과정에서 최상의 성과를 거둔다면, 내담자의 현재 생활이 어떻게 더욱 나은 쪽으로 바뀔 것인가?

셋째, 만약 미술치료가 끝날 때 내담자가 현재 문제에 대한 가장 좋은 해결책을 얻는다면 그 해결책은 무엇일까?

넷째, 만약 미술치료에서 내적 자원, 개인적 역량, 사회적 상황을 가장 잘 활용하도록 도울 수 있다면 내담자의 삶의 환경이 어떻게 향상될 수 있을까?

2) 미술치료 사례개념화 요소 분석

다음 아동 K의 사례에서 sperry와 Sperry(2022)의 18개 사례개념화 요소(〈표 4-1〉)에 따라 찾아 그 내용을 분석해 보자.

[사례 4-1] 아동 K

K는 만 9세의 남아로, 일반 초등학교 3학년생이다. K는 최근 학교 수업에서 소리를 지르고 규칙을 따르는 것을 거부하고 또래 학생들과 대화 중 자신의 의사가 반영되지 않으면 폭력적인 언어와 공격적인 행동을 자주 보여 학교 상담교사를 통해 미술치료에 의뢰되었다. K의 학교생활에서 보이는 공격적이고 폭력적인 문제는 1학년 입학 초기부터 시작하여 3학년에 진급하는 시점에서 점차 증가되었다. K는 학교뿐 아니라 집에서도 형제자매와 잦은 다툼을 벌이고, 공부를 시키려는 부모와 갈등(학교, 학원 숙제)을 겪으며, 등교 거부로 자주 결석하며, 학교생활과 학업에 흥미를 잃어 가고 있다.

K의 가족은 맞벌이를 하는 부모와 조모, 그리고 형(15세)과 누나(14세)로 구성되어 있는데, 회사원인 아버지(47세)는 조용하고 자상한 성격으로 K가 2세 때까지 육아휴직을 하여 자녀들의 주 양육을 맡아 왔던 만큼 아이들과 애착 관계가 깊다. K도 아버지와 함께하는 시간을 좋아한다고 한다. 어머니(45세)는 변호사로 외향적인 성격이며 K가 생후 3개월일 때 복직하여 아이와 함께 보낸 시간이 적어 현재 K와의 대화에 어려움을 겪는다고 한다.

K는 어릴 적부터 밝고 외향적인 성격으로 승부가 걸린 일에 흥미를 갖고 특히 아버지와 함께하는 야외운동을 좋아하였는데, 지금은 아버지가 여러 번 권유해야만 겨우 운동을 같이 할 수 있고, 운동 규칙을 지켜야 하는 것을 힘들어하며 집중 시간이 짧아 이내 흥미를 잃는다고 한다.

K는 아버지와 함께 치료실에 방문하였다. 미술치료 첫 면담에서 동적가족화(KFD), 동적학교생활화(KSD)와 동적 집-나무-사람 그림검사(KHTP)를 시행하였고, K는 총 4분여 동안 집중해서 그림을 그렸는데 인물을 표현하며 "죽어." "죽어." "죽어."라고 반복적으로 말하였다. 이후 하기 싫다고 하며 자신이 그린 그림 위에 강한 선으로 X자를 그리며 훼손하는 모습을 보였다. K는 선생님과 부모님에 대해 항상 자기가 하고 싶은 것만 못하게 하고 하기 싫은 것만 시켜 자신을 화나게 하는 사람들이라고 말하고, 형과 누나는 자기를 속이고 짜증나게 해서 없어져 버려야 할 사람들이라고 말하였다. K는 현재의 기분과 도움을 받고 싶은 것에 대한 질문에 '모름' '없음'이라고 짧게 말하고 눈 맞춤을 피하고 아버지에게 가고 싶다고 말하였다.

〈사전 검사〉

KFD

KSD

KHTP

앞의 〈표 4-1〉의 사례개념화 분석 요소에 따라 아동 K 사례 내용을 다음과 같이 요약할 수 있다. K의 사례에서 문화적 정체성(7번), 문화적 설명(9번), 문화적 치료(상담) 개입(17번)은 드러나지 않으므로 빈칸으로 남겨 두었다.

요소	내용
1. 호소문제	폭력적이고 공격적 행동, 학교와 학업의 흥미 감소
2. 촉발 요인	규칙과 규범을 지켜야 하는 학교생활(현재의 촉발 요인), 자신의 말이 수용되지 못한다고 여겨지면 폭력적인 모습을 보임(지속적인 촉발 요인)
3. 부적응 패턴	또래 학우들과 선생님의 거절로부터 자신을 보호하려고 과잉된 행동으로 맞섬, 선생님과 부모님의 통제를 거부하려고 타인을 부정함
4. 유발 요인	관계 기술 부족, 분노 관리 부족, 충동 관리 부족, 자기표현 부족
5. 보호 요인	아버지와 애정이 있음, 활발한 활동의 운동
6. 유지 요인	규칙을 지켜야 하는 학교생활, 통제하는 선생님과 부모님, 낮은 집중력
7. 문화적 정체성	–
8. 문화적 스트레스/ 문화 적응	대인관계, 학교와 학업 스트레스
9. 문화적 설명	–
10. 문화 그리고 (또는) 성격	문화와 성격 역동 간의 상호작용 정도
11. 적응적 패턴	타인과의 관계 맺는 능력 향상, 사회기술 능력 향상, 학교생활 적응
12. 치료(상담) 목표	부적응적 신념과 행동의 감소, 긍정적 신념개발, 공격성과 폭력적인 행동의 감소
13. 치료(상담)의 초점	부적응적 신념과 행동으로 인해 촉발되는 문제적 상황, 타인에게 보이는 적대감으로 인해 촉발되는 문제적 상황
14. 치료(상담) 전략	사회기술 훈련, 학교 적응 훈련, 인지적 재구조화
15. 치료(상담) 개입	가족 상담, 미술치료, 인지행동치료, 정서 중심의 EFT, 강점 강화, 부적응적 사고와 행동 대체
16. 치료(상담)의 장애	개인 상담과 치료에 저항할 가능성 있음, 치료 과정에서 거부 가능성 있음, 자기 노출 어려움, 낮은 집중력, 충동적 행동
17. 문화적 치료(상담) 개입	–
18. 치료(상담)의 예후	보호요인들을 상담에 포함

3. 미술치료 사례개념화의 실제

1) 사례 연습

다음 청소년 A의 사례를 분석하고, 종합적 사례개념화의 열여덟 가지 구성요소에 따라 [학습과제 4-1]과 [학습과제 4-2]를 연습해 보자.

[사례 4-2] 청소년 A

A는 만 16세, 중학교 2학년 여학생으로 학교 적응과 또래관계 문제로 교내 전문상담 교사에 의해 미술치료에 의뢰되었다. A는 현재 맞벌이를 하는 부모와 남동생(5세)과 함께 살고 있는데, 아버지(40세)는 화물차 운전을 하여 잦은 출장으로 A와 정서적 교류가 적었으며, 베트남계인 어머니(38세)는 자기주장이 강한 편으로, 남동생 출생 이후 A에 대한 따뜻한 돌봄이 부재한 상태이다. A는 의존적인 모습이 보였는데 발달 과정에서 욕구가 자주 좌절되면서 주 양육자와 안정된 애착 관계를 형성하지 못한 것으로 보였다.

A는 초등학교 5학년 때 교내 집단 따돌림과 괴롭힘으로 인해 교내 전문상담교사와 상담을 받았다. 중학교에 입학 후, 밤에 잠을 잘 자지 못하고 등교 시간이 되면 복통이나 두통을 호소하며 등교를 거부하여 조퇴와 결석이 잦아 정신과 전문의와 상담하고 우울증 진단을 받은 후, 약물 처방을 받았다.

A의 주 호소문제는 학교에 대한 생각(등교, 학급 아이들)을 하면 예전의 상황이 반복될 것 같아 머리가 아파 밤에 잠을 자지 못하고 음식을 잘 소화하지 못한다는 것이다. 아무도 도와줄 수 없다는 생각과 신체화 증상이 심해지면서 자신이 정상이 아닌 것 같아 눈물이 나고 심장이 터질 것 같다고 보고하였다. 학교생활에 대한 심리적 어려움을 해소하기를 바랐다.

치료사는 사전 면담에서 그림검사로 동적학교생활화(KSD), 집-나무-사람 그림검사(HTP)와 동적가족화(KFD)를 실시하였고, 심리검사로 또래관계검사와 자기효능감 척도를 실시하였다.

KSD를 시작하며 고민하는 모습을 보였고, 수학시간 교실을 사실적으로 완성하였다. 정면 교탁 앞의 수학 선생님(교생 선생님)과 자리에 앉은 학생들을 책상의 개수를 세어 가며 사실적으로 묘사하였지만 자신은 포함시키지 않았다(총 15분 소요). A는 어디 있는지에 대한 치료사의 질문에 자신은 그림 밖의 뒷자리에 앉아서 보이지 않는다고 대답하였다. HTP 그림은 작은 크기로 각 A4 용지의 30%가량 사용하여, 여러 번 지우개를 사용하여 완성하였는데 KSD보다 쉽게 완성하였다(총 10분 소요). KFD는 집 안의 모습을 그렸으며 자신을 제외한 가족들이 거실에서 과일을 먹으며 TV를 보고 있으며, 자신은 방에서 공부를 하고 있다고 보고하였다(총 6분 소요). 치료사의 질문에는 작은 목소리로 답하였고, 눈맞춤을 피하였으며 어려운 질문에는 머리가 아프다고 피곤해하여 검사를 마무리하였다.

학습과제 4-1 **청소년 A의 사례를 바탕으로 다음 구성 요소를 찾아 본문에 표시하고 그 내용을 작성해 보자.**

• 의뢰 과정

• 진단적 기술

• 임상적 설명

• 치료 개입의 방향성

• 치료 개입의 중요성

학습과제 4-2 청소년 A 사례를 바탕으로 다음의 사례개념 분석 연습지를 완성해 보자.

유목 명	개념화 내용	추가 탐색 질문
1. 내담자의 현재 문제 및 관련 증상		
2. 문제와 관련된 역사적 배경		
3. 문제 관련 내담자의 개인적 요인		
4. 문제 관련 내담자의 외적 요인		
5. 내담자의 대인관계 특성		
6. 내담자의 자원 및 취약성		
7. 문제와 내담자에 대한 종합적 이해		
8. 치료 목표 및 계획		

2) 사례개념화 작성 연습

사례개념화는 내담자가 현재 호소하고 있는 다양한 문제(신체 생리, 인지, 정서, 대처 행동, 대인관계 문제), 문제를 초래하고 지속시키는 근원 및 유지 요인과 현재 상담에 오게 한 결정적인 사건인 촉발 요인에 대해 통합적이고 입체적인 핵심 가설을 수립한다.

다음의 [학습과제 4-3]부터 [학습과제 4-10]은 사례개념화 작성을 위한 연습이다. 청소년 A 사례를 바탕으로 사례개념에 필요한 사항들을 순서대로 학습해 보자.

학습과제 4-3 **청소년 A가 치료를 신청하게 된 결정적인 계기(사건)와 치료 개입 전략을 작성해 보자.**

1) 내담자가 치료(상담)를 신청하게 된 결정적 계기(사건)와 관련된 내용

2) 치료 개입 전략

학습과제 4-4 **청소년 A의 현재 호소문제를 신체 생리적, 인지적, 정서적, 대처 행동적, 대인관계적 측면에서 각각 기술하고 치료 전략을 작성해 보자.**

1) 신체 생리적 측면 주요 내용

치료 개입 전략

2) 인지적 측면 주요 내용

치료 개입 전략

3) 정서적 측면 주요 내용

치료 개입 전략

4) 대처 행동적 측면 주요 내용

치료 개입 전략

5) 대인관계적 측면 주요 내용

치료 개입 전략

학습과제 4-5 **청소년 A의 과거력과 발달사의 주요 내용을 기술하고 그에 따른 치료 개입 전략을 작성해 보자.**

1) 내담자의 과거력과 발달사의 주요 내용

2) 치료 개입 전략

학습과제 4-6 **청소년 A의 인지기능 및 유전적 소인 내용을 기술하고, 그에 따른 치료 개입 전략을 작성해 보자.**

1) 인지기능 및 유전적 소인 주요 내용

2) 치료 개입 전략

학습과제 4-7 **청소년 A의 생활환경과 문화적 배경 특성을 기술하고 그에 따른 치료 개입 전략을 작성해 보자.**

1) 내담자의 생활환경과 문화적 배경 특성 내용

2) 치료 개입 전략

학습과제 4-8 청소년 A의 개인 및 환경의 보호 및 촉진 자원(강점 및 잠재력)과 방해 및 위험 요인을 기술하고, 활용 방안 및 개선 및 조절(제거) 요인을 작성해 보자.

개인적 요인		환경적 요인	
보호 및 촉진 자원	취약 및 방어 요인	보호 및 촉진 자원	취약 및 방어 요인
활용 방안	개선 방안	활용 방안	개선 및 조절 방안

학습과제 4-9 청소년 A에 대한 통합적 이해를 바탕으로 내용을 작성해 보자.

1) 치료(상담) 경위 및 신청 계기(촉발 사건)

2) 촉발 사건과 그 결과(필요시 자세히 기술)

3) 주 호소문제

4) 근본 원인 및 유지 요인과 그로 인해 내담자가 겪는 현재 영향

5) 내담자가 받은 부정적 영향과 관련된 핵심 욕구

6) 내담자 강점 및 활용 방안

7) 내담자 이해를 바탕으로 한 치료 방향성

학습과제 4-10 **청소년 A의 치료 목표와 전략을 생물 영역, 심리 영역, 사회 영역으로 각각 나누어 작성해 보자.**

1) 생물 영역의 목표와 전략

2) 심리 영역의 목표와 전략

3) 사회 영역의 목표와 전략

제2부

임상실습에 들어가며

제5장

미술치료의 평가 및 심리검사

이 장에서는 미술치료의 평가 및 다양한 심리검사에 대해 구체적으로 살펴보고자 한다.

실습 수업에서 학생들에게 "(그림에) 무엇이 보이나요?"라는 질문을 자주 한다.

아직도 꽤 많은 사람이 미술치료사라고 하면, 그림 한 장으로 마법처럼 상대의 마음을 꿰뚫어 알아차리는 사람이라고 여긴다. 하지만 그림은 단지 평가의 수단이 아니다. 그림은 치료사가 내담자의 내면을 민감하게 이해함으로써 내담자의 경험에 관해 질문할 수 있도록 도와준다.

위 그림에는 무엇이 보이는가. 위 그림은 한 아동이 40여 분 동안 정성을 들여 표현한 집(내부) 그림이다. 아이는 충분히 표현하고 말할 준비가 되었을 때 아주 천천히 각각 모서리에 점처럼 보이는 방들을 그렸고, 각 방은 누구의 방인지, 하나하나 방문을 열 듯이 정성을 다해 치료사에게 소개해 주었다.

결국 평가는 내담자를 만나는 그 순간부터 마지막까지 치열하게 계속되는 매우 어려운 과제임이 틀림없다.

이제 다시 질문을 한다.
그림에서 무엇이 보이는가?

1. 미술치료의 평가

1) 평가 종류

미술치료사는 치료의 계획부터 심리검사와 행동 관찰표, 관련인의 보고 등을 포함하여 과제 수행력, 작품과 내용, 상호작용, 미술표현의 발달 등 전 과정을 설계하고 평가한다. 미술치료에서 평가는 크게 '치료의 과정'과 '결과'로 나누어 확인한다. 회기 내 과정 평가는 치료 목표에 따라 회기별 치료를 진행하며 목표의 적절성과 치료 과정에서 내담자의 변화를 확인한다. 결과 평가는 치료의 구조에 따라 초기의 사전 검사, 중기에 중간 평가, 후기 이후 종결 시점에서 사후 평가를 진행할 수 있으며 추후 평가를 추가하여 치료의 효과를 살펴본다.

2) 결과 평가

사전 검사 → 미술치료 〈중간 평가〉 미술치료 → 사후 평가 → 추후 평가

(1) 사전–사후 평가

사전–사후 평가(pre-and post assessment)는 기본 상태, 필요와 요구를 파악하여 치료 목표를 설정하고 그 변화를 측정하기 위해 실시한다. 초기 평가에서 신뢰성을 확보하기 위해 다양한 평가도구와 방법, 환경을 고려한다. 특히 내담자의 기능과 경험, 문화적 배경을 고려하며, 치료사의 주관적 판단이 개입되지 않도록 객관적인 평가기준을 사용한다.

(2) 중간 평가

중간 평가(midterm assessment)는 현재 진행되는 상황을 점검하여 치료 계획을 보완하기 위해 실시한다. 내담자 피드백 반영하기 위해 주기적으로 평가하여 피드백을 수용하는 과정 중심의 평가로 회기 내 과정 평가와 구별된다. 회기가 장기로 진행되는 경우, 회기가 연장되는 경우, 갑작스러운 변화를 보이는 경우, 장기 결석 후 다시 시작하는 경우 또는 실습에서 종강 전에 실시할 수 있다.

(3) 추후 평가

추후 평가(follow-up assesment)는 장기적인 치료 효과 유지 정도를 측정하여 재발을 방지하고, 지속적인 지원 필요성 여부를 판단하기 위해 실시한다. 적절한 시기를 선정하여 내담자의 상태 변화를 반영하는 것과 지속적인 신뢰 관계를 유지하여 추가 상담 및 지원을 제공하는 것이 중요하다.

3) 회기 내 과정 평가

치료사는 치료 결과뿐 아니라 미술치료 회기 내에서 내담자의 과제 수행력, 작품 내용, 상호작용, 미술표현 발달, 창조성을 통해 내담자의 평소 변화 과정을 평가한다.

(1) 과제 수행 능력

통제력, 지시 수행, 정서 안정, 만족감, 자조, 보조 및 도움, 미술 수행, 매체 적용, 집중도, 지속적 수행과 자발적 수행 정도, 가치평가도, 자신감 표현, 창조성을 평가한다.

(2) 작품 내용

작업의 건전성, 결과 만족도, 구성력, 자발성, 유희성, 상징성, 맥락화 등을 평가한다.

(3) 상호작용

적절성, 수용력, 활동성, 반응, 도움 요청 능력, 행동 전환 능력 등을 평가한다.

(4) 미술표현 발달

드로잉(2D 표현), 색채, 점토(3D 표현) 사용에서의 기능과 작업 기술 정도를 평가한다.

(5) 창조성

이미지화 능력, 작품 완성 능력과 작품의 의미를 이해하고 연결하는 작품 소화 능력에 대해 평가한다(주리애, 2021).

다음 〈표 5-1〉은 회기 내에서 활용할 수 있는 평가 항목의 예시이다. 각 항목의 언어적 표현을 숙지하여 일지작성에서 문장으로 활용할 수 있도록 연습한다.

〈표 5-1〉 미술치표 평가

과제 수행력						
1. 최소의 도움으로 자신감 있게 수행함	1	2	3	4	5	실수에 대해 걱정함, 도움과 구조화 필요함
2. 침착하게 집중하여 지시를 기다림	1	2	3	4	5	충동성, 불안정, 불안함
3. 참여하고 유지함	1	2	3	4	5	이탈하는 모습을 보이고 쉽게 포기함
4. 성과(성취)를 중요시함	1	2	3	4	5	성과를 평가 절하함
5. 다양한 매체에 적응함	1	2	3	4	5	적응하지 못함
작품/내용						
1. 현재 감정과 상황을 이미지에 반영함	1	2	3	4	5	반영하지 못함
2. 이미지가 긍정적 자기진술을 반영함	1	2	3	4	5	부정적 자기진술을 반영함
3. 자신만의 표현적인 언어가 있음	1	2	3	4	5	전형적인 이미지에 의존함
4. 자신에 대해 은유적으로 논할 수 있음	1	2	3	4	5	논의하거나 규정할 수 없음
5. 이미지가 일관되고 통합됨	1	2	3	4	5	이미지가 분리되거나 조각화되어 있음
상호작용						
1. 적절하게 공유함	1	2	3	4	5	다른 사람의 공간에 부적절하게 침범함
2. 독립적으로 활동함	1	2	3	4	5	다른 사람들에게 의존적임
3. 한계에 반응해 극복하려고 노력함	1	2	3	4	5	한계에 부딪혔을 때 어려워함
4. 치료사, 동료에게 적극적으로 반응	1	2	3	4	5	무응답 또는 철회함
5. 치료사를 적절히 활용함	1	2	3	4	5	치료사를 활용하지 못함

앞의 평가 요소를 바탕으로 〈표 5-2〉와 같이 일지 내에 체크형 평가 항목과 서술형 관찰 항목을 만들어 간단한 기록으로 남기고 변화 양상을 평가할 수 있다([그림 8-1] 참조). 문서 작성과 관련된 내용은 이 책 8장에서 보다 자세히 설명한다.

〈표 5-2〉 일지 내 평가 항목

	항목	나쁨 (1)	별로 (3)	보통 (5)	좋음 (7)	최상 (9)
평가 항목	신체적 · 의료적 상태					
	집중 정도					
	활동 이해 및 수행 능력					
	매체 적응 정도					
인지, 신체적 행동 관찰			정서, 미술치료적 관찰			

2. 내담자 평가

1) 내담자의 반응 평가

미술치료사는 내담자에 대한 평가를 설계할 때 구체적인 목표와 기준을 정하고, 필요한 정보를 얻기 위한 방법을 찾는다. 실제 현장에서 자주 접하게 되는 내담자의 매체, 미술치료사, 집단원에 대한 반응과 언어적 표현, 미술작품 표현을 살펴본다.

(1) 내담자의 반응 표현 평가

내담자의 매체, 미술치료사, 집단원에 대한 반응을 확인한다.

• 매체에 대한 반응

다음은 학생들의 실습일지에서 발췌한, 매체 반응에 대한 질문이다.

주요 질문

1. 매체에 따라 집중 정도의 기복이 심한 내담자는 어떻게 대하는 것이 좋을지 궁금합니다.
2. 익숙한 매체만 고집하는 내담자를 위한 매체 접근법이 있을지 궁금합니다.

미술매체에 대한 내담자의 반응은 매우 다양하다. 매체 선택에서 거리낌 없이 주어진 매체를 바로 사용하였는가, 저항이 있었는가, 매체를 무분별하게 선택하거나 자주 바꾸었는가, 그 과정에서 파괴적인 모습이 보였는가. 만약 매체 선택에서 어려움이 있었다면 그 이유가 감각적 · 신체적 문제점 때문이었는가, 심리적 두려움 때문이었는가, 내담자가 보이는 반응의 이유, 빈도와 정도, 예외 상황을 비롯해 시간이 지나면서 변화가 있었는지 등 변화의 이유와 적응 정도를 확인한다.

• 미술치료사에 대한 반응

다음은 학생들의 실습일지에서 발췌한, 미술치료사에 대한 질문이다.

주요 질문

1. 내담자가 의도적으로 칭찬을 요구할 때 어디까지 반응해 주어야 할지 궁금합니다.
2. 모든 활동에서 치료사에게 도움을 청하는 내담자에게 어떻게 대처할까요? 단지 치료사의 관심을 끌고자 도움을 청하는 것인지 판단할 수 있는 방법이 있을지 궁금합니다.

내담자가 치료사에게 눈맞춤을 하는가, 치료사의 승인, 동의, 관심을 끌기 위한 행동을 하는가, 치료사에게 호의적인가, 적대적인가, 무시하는가, 겁내는가, 치료사에게 도움을 요청할 때 적절한(또는 부적절한) 방식을 취하는가, 치료사가 행동에 관심을 보일 때 어떤 반응을 보이는가, 라포형성 후 변화가 있는가 등을 확인한다.

• 집단원에 대한 반응

다음은 학생들의 실습일지에서 발췌한, 집단원에 대한 질문이다.

주요 질문

1. 개인 작업을 할 때와 달리 합동 작업에서 급격히 소극적이고 결정에 어려움을 보이는 내담자는 어떻게 도와줄지 궁금합니다.
2. 인지가 높은 청소년 내담자가 다른 친구들을 가르치려 하는 경우 어떻게 할지 궁금합니다.
3. 많은 사람의 관심을 받고 싶어 작품 활동에 집중하지 못하는 아동의 경우 어떻게 개입할지 궁금합니다.
4. 친한 아이와만 대화하는 아동과 그 사이에서 따돌림을 받는 아동이 있습니다. 어떻게 개입할지 궁금합니다.

내담자가 치료사나 다른 집단원을 인식하고 수용하는가, 눈맞춤이 가능한가, 집단원에게 먼저 접촉을 시도하는가, 집단원의 친절한 제안에 반응을 보이는가, 집단원이나 미술작품에 공격적 · 비판적 태도를 보이는가, 호의적인가, 집단원의 활동 및 작품에 관심을 보이는가 또는 관심을 보이지 않는가, 자신의 생각이나 감정을 공유할 수 있는가, 집단을 주도하는가, 다른 집단원의 말을 가로막는가, 참여나 발표를 어려워하는가, 특정 집단원과만 교류하는가 등을 확인한다. 이를 통해 관계(개방성, 사회성 등), 내면의 강도 등을 관찰하고 파악할 수 있다.

(2) 내담자의 언어 표현 평가

내담자의 언어는 심리적 상태와 방어기제를 반영한다.

다음은 학생들의 실습일지에서 발췌한, 내담자의 언어 표현에 대한 질문이다.

• 과도한 언어 사용

다음은 학생들의 실습일지에서 발췌한, 과도한 언어 사용에 대한 질문이다.

주요 질문

1. 부적절한 언어를 사용하는 내담자의 경우 개인적으로 주의를 주는 것이 맞는지 궁금합니다.

내담자가 너무 많은 말을 하며, 때로는 핵심 주제에서 벗어나거나 부적절한 표현(욕이나 폭력적 · 성적 표현)을 할 수도 있다. 자신의 감정이나 경험을 지나치게 상세하게 설명하려고 하거나, 말을 많이 하지만 정작 중요한 감정이나 갈등을 피하는 경우 등을 들 수 있다. 이렇게 과도한 언어의 사용은 불안이나 회피와 관련 있으며, 중요한 감정의 직면을 회피하는 방어기제로 볼 수도 있다. 치료사는 당황하지 말고 핵심 감정에 대한 대화를 유도해야 한다.

• 언어화 어려움

다음은 학생들의 실습일지에서 발췌한, 언어화 어려움에 대한 질문이다.

주요 질문

1. 내담자의 표현이나 말투가 알아듣기 힘듭니다. 내담자의 말을 이해하지 못해서 다시 한 번 질문했습니다. 하지만 반복해서 질문을 하면 치료사를 빤히 쳐다보며 아무 말도 하지 못하고 굳어 버리는데, 이럴 때 어떻게 이야기를 이어 가게 할 수 있을지 궁금합니다.
2. 내담자가 표현하기 어렵다고 말을 멈추는 상황에서 치료사 판단에 중요한 일, 위험한 일이라는 생각이 들 때는 어떻게 행동해야 할지 궁금합니다.

몇몇 내담자는 자신의 감정이나 경험을 말로 표현하는 데 어려움을 겪으며, 말을 잘하지 못하거나 감정을 묘사하는 데 제한적이다. 대신 비언어적인 몸짓, 표정 등의 표현을 통해 감정을 드러낼 수 있다. 감정을 억제하거나 표현하는 능력(기능)이 부족한 경우, 트라우마나 심리적 충격을 경험한 경우, 감정을 언어로 표현하는 것이 어려울 수 있다. 치료사는 내담자가 편안히 감정을 표현할 수 있도록 안전한 환경을 조성한다. 또한 내담자가 미술치료에서 언어 대신 비언어적 표현인 미술작품을 통해 감정을 표현할 수 있도록 도와준다.

• 일방적인 언어 표현

다음은 학생들의 실습일지에서 발췌한, 일방적인 언어 표현에 대한 질문이다.

주요 질문

1. 한 내담자가 다른 내담자에게 "조용히 해!" 등 강압적으로 짜증을 내거나 비난하는 경우, 일방적으로 치료사나 집단원에게 반응하는 내담자, 타인의 작품을 평가하는 경우 어떤 대처가 적절할지 궁금합니다.

내담자는 대화에서 자신의 이야기만 하고 치료사나 다른 집단원의 질문이나 피드백에 반응하지 않는 경우도 있다. 자기중심적 언어 사용으로, 대화의 흐름이 일방적이며 상호작용이 부족한 경우다. 자기중심적 사고나 타인과의 관계에서 어려움이 있으며, 타인의 의견이나 감정에 관심을 가지기 어려울 수 있다. 집단 미술치료에서 협력적인 활동을 통해 상호작용을 촉진하고, 적절한 피드백과 질문을 통해 자신의 언어 패턴을 인식하도록 돕는다.

• 비언어적 표현

다음은 학생들의 실습일지에서 발췌한, 비언어적 표현에 대한 질문이다.

주요 질문

1. 내담자의 침묵에 어떻게 반응해야 할지 궁금합니다.
2. 내담자의 비언어적 표현에 대해 질문을 해도 대답을 듣지 못했습니다. 추측해도 될까요?
3. 침묵에 대해 일지에 어떻게 작성할지 어렵습니다.

내담자는 직면하기 어려운 감정이나 생각을 피하거나 감추기 위해 몸짓과 자세(팔짱끼기, 의자에서 몸을 젖히거나 물러나는 행동), 얼굴 표정(얼굴을 가리거나, 무표정 등), 눈맞춤 회피나 반복적인 행동(다리를 떨거나 발을 움직이거나, 손톱을 물어뜯는 행동), 과도한 제스처와 손동작 등의 행동, 침묵, 지각이나 결석 등을 보일 수 있다.

(3) 내담자의 작품 표현 평가

• 행동화하는 경우

다음은 학생들의 실습일지에서 발췌한, 행동화하는 경우에 대한 질문이다.

주요 질문

1. 내담자가 다른 주제를 주어도 반복적으로 같은 이미지만 표현합니다.
2. 내담자가 잘 표현하다가도 치료사가 관심을 가지고 질문하면 일부러 망치거나 찢어 버립니다. 그래서 질문을 안 하고 지나가기도 하는데 괜찮을까요?

내적 갈등이나 감정을 색이나 선으로 시각화하여 표현하는 경우, 두려움을 그림자나 괴물 등의 상징으로 표현하는 경우, 억눌린 감정을 종이에 강한 힘을 주어 표현하거나, 구기거나 찢는 등 직접적인 행동으로 표현하는 경우가 있다. 미술매체나 자신 또는 타인의 작품을 함부로 대하거나, 충동이나 욕구가 조절되지 않는 강한 표현, 저항의 모습이 드러나기도 한다. 자기 감정을 충분히 소화하지 못했을 경우 나타나는 행동이다.

• 내용이 빈약한 경우

다음은 학생들의 실습일지에서 발췌한, 내용이 빈약한 경우에 대한 질문이다.

주요 질문

1. 작품 활동에 흥미를 보이지 않고 대충 그린 후 다 완성하였다고 합니다.
2. 활동에 대한 이해가 낮아 수동적인 수행은 가능하지만 자발적인 수행이 이루어지지 않습니다.

무엇을 표현할지 주제를 이해하기 경우, 어떻게 표현할지 방법을 모르는 경우, 참여나 표현에 동기가 없는 경우, 표현을 보여 주고 싶지 않은 경우나 공개할 수 없는 경우에도 아무것도 그리지 않거나, 단순한 이미지로 표현하기도 한다. 또한 이미지 대신 글씨로 쓰거나 "그냥 그렸다." "모른다." 정도의 짧은 설명만 할 수 있다.

• 모방하는 경우

다음은 학생들의 실습일지에서 발췌한, 모방(sampling, copy)하는 경우에 대한 질문이다.

주요 질문
1. 그림검사를 하면서도 휴대폰을 보고 그리겠다고 합니다.
2. 옆자리 친구의 그림을 보고 그려서 자주 다툼이 생깁니다.

좋은 성과를 내고 싶어 하는 경우, 평가(시험)에 대한 불안감이 크거나 자신감이 부족한 경우, 검사/주제의 내용이나 의도를 잘 이해하지 못하는 경우, 친구를 좋아해서 따라하는 경우에도 다른 사람의 그림을 모방하여 보고 따라 그리려고 할 수 있다.

2) 치료 과정 평가

(1) 치료 과정의 평가

치료사는 내담자가 작품을 완성해 가는 과정에서 내담자의 행동, 그림 표현 스타일, 감정적 변화나 의사소통 방식 등을 관찰하여 그들의 창조적인 표현과 상호작용을 이해한다. 그림검사에서 지시를 따르는지, 소요되는 시간, 그림 그리는 순서, 지우개 사용, 특이사항 등을 기록한다. 과제(검사)의 지시가 주어졌을 때 첫 반응부터 매체 선택, 문제해결, 시각화하고 언어화 하는 전 과정을 관찰하여 내담자가 편안하게 검사에 임하는지, 표현력, 창조성, 무의식을 내면화하는 과정과 그 의미 등을 파악한다.

- 작품의 형식적 요소: 미술작품의 형식적인 요소인 선, 모양, 색상, 질감, 균형, 대칭, 전경-중경-배경 등을 주의 깊게 관찰하고 묘사하며 특별한 결손, 능력, 왜곡, 시각 기능, 운동 기능, 개선점, 퇴행 등이 있었는지 관찰한다.
- 작품의 제작: 작품 제작 시 행동 특성, 치료사 또는 다른 집단원과 상호작용, 미술치료사, 집단 구성원, 작품에 대한 언어적인 표현과 함께 문화적 요소가 표현된 상징들을 주의 깊게 관찰한다.
- 작품의 관점: 자아상, 타인, 현실감각, 사고 과정, 방어기제, 태도, 미술치료 적용 가능성, 자기 인정, 창의적 반응, 지적 능력 사용, 문제해결, 자아실현, 활동의 집중력, 자기애적 행동, 의존성, 퇴행적 행동 등을 관찰한다.
- 감각 능력의 변화 및 인지적 상태: 손-눈 협응, 손 조작 능력, 도구와 재료 다루기, 대근육 운동 발달 상태, 소근육 운동 발달 단계, 공감각력, 촉각적 반응을 관찰한다. 시각적 기억력, 자기 의식화, 전체적 파악 능력, 명백한 망상, 시간/시제와 일치, 공간적 관점의 수용, 색채 인식과 형태 분열, 양의 분열, 방향 인식 등을 관찰한다.

• 기타: 지시에 따름, 주의 집중 기간, 과제 기획, 자율적 행동, 집단활동 참여, 준비와 정리, 도구와 미술매체를 관리한다.

(2) 치료사의 개입과 반응

치료사가 질문을 하거나 먼저 말을 걸어야 단답형의 대답만을 하는 내담자가 있다면 치료사가 내담자가 작업에 집중하도록 기다릴 것인가, 아니면 적극적으로 말을 걸며 관계 형성을 위한 노력을 해야 하는 것일까? 치료사는 치료 과정에서 내담자에 대한 적절한 거리를 두는가, 필요한 언어적·방법적으로 적절한 개입을 하는가, 집단원들에게 충분히 공감하는가, 치료사의 자기개방은 적절한가, 침묵을 잘 견디는가, 내담자의 활동이 없을 때 좌절하거나 불안해하는가 등을 살펴본다.

• 공감적 이해

다음은 학생들의 실습일지에서 발췌한, 공감적 이해에 대한 질문이다.

주요 질문

1. 그림 그리는 것을 관찰하면 치료사의 눈치를 보며 긴장된다고 말합니다. 이에 대해 미술치료에서 잘 그린 그림을 점수 매기고 평가하는 것이 아니라는 점을 설명하고, 현재 잘하고 있다고 말해 주었습니다. 이외에 어떤 방법이 있는지 궁금합니다.

내담자에게 집중하여, 현재 감정을 구체적이고 시각적이며 간단하고 정확하게 전달한다. 치료사가 공감과 연민, 역전이를 구분하는 것이 중요하다.

• 침묵

다음은 학생들의 실습일지에서 발췌한, 침묵에 대한 질문이다.

주요 질문

1. 치료 중 침묵이 유지될 때 중간중간 질문을 던지거나 반응을 했는데 내담자가 작업에 집중하도록 침묵을 유지하는 것이 좋을까요, 개입을 하는 것이 좋을까요? 침묵이 어렵습니다.

내담자가 자신을 탐색하고 표현하는 데 필요한 시간은 각각 다르다. 치료사는 침묵의 의미를 이해하고, 내담자가 충분히 더 깊은 수준의 사고와 감정으로 들어갈 수 있도록 동기화한다.

• 명료화

다음은 학생들의 실습일지에서 발췌한, 명료화에 대한 질문이다.

주요 질문

1. 내담자가 더 쉽게 이해하도록 간단하고 명료하게 전달하려면 어떤 연습 방법이 있을까요?

내담자가 자신의 문제를 새로운 관점으로 보고 이해할 수 있도록 내담자의 경험과 기능(수준)에 문제를 경청하고 객관적인 입장을 유지한다. 이때 치료사의 통찰력이 중요하다.

• 대화와 질문

다음은 학생들의 실습일지에서 발췌한, 대화와 질문에 대한 질문이다.

주요 질문

1. 미술활동 중 말을 걸거나 질문을 하면 귀찮아하는 반응을 보일 때 어떻게 접근하면 좋을까요?
2. 작품 설명이 계속 바뀌는 내담자와의 미술작업에서 어떻게 질문해야 하나요?

질문하기 전에 그 이유와 내용, 방법을 깊이 생각해야 한다. 질문의 목적이 치료사의 단순한 호기심인가 아니면 내담자가 그 질문이 의도하는 바를 고민해 보기를 바라는 마음인가? 치료에서 중요한 대화는 내담자가 자신의 작품 사이에 하는 대화이다. 그 과정에서 치료사는 작품에 대한 적절한 질문을 제시함으로써 내담자가 자신의 욕구, 갈등, 사고, 정서, 경험, 시각 등을 외현화하도록 돕고, 대화를 통해 내담자의 내적·외적 현실을 이해하는 동시에 치료적 관계로 연결될 수 있도록 하는 역할을 한다. 대상자의 특성(수줍음이 많은 경우, 라포형성이 되지 않은 경우, 작품을 보여 주기 싫어하는 경우, 언어적 어려움이 있는 경우), 대상자의 문제(학대나 폭력 같은 외상 경험, 가족과 관련된 이야기가 어려운 경우), 문화적 배경(짧고 간결한 대화 문화)에 따라, 그리고 활동에 열중하는 경우에도 대화를 거부할 수 있다. 이때 눈에 띄는 것, 상황이나 사물에 대한 질문, 3인칭 질문 등을 통해 효과적으로 대화를 이끌 수 있다(정현희, 2017). 하지만 내담자의 고통스러운 경험이나 대답하기 어려운 주제에 대한 질문이나 지나치게 대화를 유도하려는 경우, 특정한 요소를 왜 표현했는지에 대한 질문은 내담자가 준비되지 않은 상태에서 매우 어려운 질문이 될 수 있다.

3) 내담자의 미술작품 평가

시각적 이미지의 해석은 작품을 묘사하는 것, 정서적인 특징을 찾는 것, 의미를 추출하는 것에 대한 질문으로 구성된다(Nucho, 2022, p. 223). 미술작품은 작가의 상상력을 통해 내면과 주변 세계를 반영하는 창조적 표현이다. 치료적 맥락으로 바라볼 때, 치료사는 해석에서 발생할 수 있는 주관적 반응을 최소화하고 객관적인 렌즈(관점)로 기준을 세워 작품을 평가하고 추후 변화를 확인할 수 있어야 한다. 과도한 칭찬, 적극적인 관심과 격려, 공격적인 내용에 대한 적절한 반응, 재능과 능력에 대한 반응 등을 주의한다.

(1) 작품에 대한 서술

형식적 관점과 내용적 관점을 통합적으로 이해한다. 일반적으로 작품에 대한 서술은 다음 열한 가지 내용을 다룬다.

- 그림에 대한 간단한 설명(brief description of drawing)
- 색의 사용(use of color)
- 선의 질(line quality)
- 재료 선택(material choice)
- 재료 다루기(handling of materials)
- 화지 구성, 구도 및 스타일(organization of page/composition style)
- 내담자의 이미지 및 내용 설명(client's description of image/content)
- 내담자의 정서 및 태도(client's affect/disposition)
- 내담자의 정서적 및 발달적 수준(client's emotional and developmental level)
- 대처 기술 및 강점(coping skills/strengths)
- 추가 의견(additional comments)

- **형식적 관점**(formal approach): 선, 형태, 색, 질감, 공간, 구도 등 작품의 시각적 요소와 구성적 요소(기술적 측면)에 중점을 두며, 기본적인 구조와 형태를 질적으로 분석한다. 내담자의 감정 상태, 인지능력 등 파악에 유용하다. 내용에는 구도, 상대적 크기, 개인에 대한 상징적 의미, 작업 순서, 수정 방법, 표면적 표현과 방어 등이 포함된다.

• **내용적 관점**(contents approach): 주제, 상징, 감정적 표현, 서사, 개인적 의미 등 내담자가 표현하는 의미와 주제/메시지에 중점을 두며, 내담자가 작품을 통해 표현하는 감정, 이야기, 상징 등을 이해하고자 한다. 형성된 이미지와 투사된 시각적 심상이 무엇인지 단순하게 확인하는 것 이상으로 심리 상태와 개인적 경험을 파악하는 것이 중요하다.

(2) 작품에 대한 내담자의 반응

다음은 학생들의 실습일지에서 발췌한, 질문에 대한 질문이다.

주요 질문

1. 내담자가 그림은 그렸는데 PDI에 대답하지 않거나, 시간 부족으로 질문하지 못한 경우는 어떻게 할지 궁금합니다.
2. 그림 그리는 과정을 보지 않고 완성된 그림만으로 검사 해석이 가능한가요?

미술(작품)은 내담자 스스로 자신의 내면 깊숙한 비언어적 감정을 시각화하고 언어화하여 측정하고 판단, 소통을 가능하게 한다. 감정을 인지한다는 점에서 자폐, 발달장애, 정신병, 우울증, 불안, 스트레스, 학대 등의 진단과 치료에서 사용된다. 치료사는 내담자가 자신의 작품 결과와 내용에 대해 만족하고 적극적으로 설명하는가, 작품의 문제에 대해 의견을 표현하는가, 작품이 자신의 내면의 상황을 반영한다고 인식하는가, 내담자의 설명과 작품 내용 사이에 모순이 있는가, 결과에 불만, 무관심, 혹은 과도한 애착을 보이는가 등의 반응을 살펴보고, 내담자가 자신의 내면을 이해할 수 있도록 다양한 질문을 한다. 질문은 연습이 필요하다. 다음 질문을 연습해 보자.

- 이것은 (그림에서) 어떤 느낌을 주는가?
- 이 그림 다음에 어떤 일이 일어나는가?
- 다음에 어떤 일이 일어나기를 바라는가?
- 지금 어떤 느낌인가?
- (지금 일어나는 일의) 책임은 누구에게 있는가?
- 지금 어디에, 누구와 함께 있는가?
- 무엇이 안전한 느낌을 주는가?
- 무엇이 두려운가?
- 누가(무엇이) 포함되었는가?

- 누가(무엇이) 포함되지 않았는가?
- (표현이 빈약하거나 없는 그림이라면 당신은 어디에 있는가?

내담자의 자기보고

내담자는 작품에 대한 자신의 감정이나 의도, 경험에 대해 보고한다. 미술작품에 담긴 상징적 요소나 패턴을 해석하고 심리적 상태나 의도를 확인하여 자신의 경험과 의미를 이해한다. 내담자는 직면하고 보고하는 과정에서 자신의 경험을 의미화하며 성취감을 경험하고, 치료사는 내담자의 보고 내용을 질적 근거 자료로 기록하여 해석과 평가에서 중요한 자료로 사용한다.

(3) 내담자 작품 평가 및 해석

작품의 평가는 작품 형태와 작품 내용 위주로 평가하며 작품의 해석은 'It may suggest~'의 가설을 제시하고 추가적인 정보나 자료로 가설을 확인한다.

- **작품 표현 과정 해석:** 과정에서 내담자의 행동(방어, 거부, 숨기기, 훼손하기, 자발성, 등)을 확인한다.
- **작품 형태 해석:** 작품의 형태와 인상 등을 해석한다.
- **작품 내용 해석:** 미술활동이 끝난 후 작품을 분석하고 명백한 주제와 문제, 주제 또는 주인공, 관심 있는 부분, 상징 분석 위주로 해석한다.

다음은 치료사와 내담자의 미술작품 이미지와의 대화 단계를 보여 준다.

미술작품 이미지와의 대화(단계)

1단계: 치료에서 방금 만든 미술작품과 창작자인 내담자 사이의 대화를 의미한다.
2단계: 치료사가 제시한 구체적인 절차에 따른 내담자와 치료사의 논의를 통해 대화가 깊어진다.
3단계: 이론적 관점과 경험적 연구로부터 치료사가 도출한 견해와 치료사의 이전 전문적 경험을 더한 보편적 접근으로 치료사의 마음속에서 대화가 이루어진다.
4단계: 치료사는 내담자의 작품을 바라보며 자신의 개인적 삶의 경험에서 비롯된 주관적 메시지와 감정을 떠올리게 된다.

* 이미지와의 대화단계에서 거리 두기는 시각적 언어를 해석하여 언어적 상징 시스템으로 변환하고 그 과정에서 새롭게 얻은 정보를 통합하여 종결을 느낀다.

출처: Nucho (2022), p. 221.

3. 미술치료의 심리검사 및 평가

1) 미술치료 심리검사 및 평가 이해

진단(diagnosis)은 환자의 질병 상태를 판단하는 것으로, 병명을 판정하는 것에서부터 내용을 분류하여 병인과 경중을 평가하고 향후 예후를 예측하는 것까지 포함된다. 이 과정에서 임상심리사, 특수교사, 사회복지사, 미술치료사, 놀이치료사 등 각 분야 전문가들의 의견을 수렴하고 최종적으로 의사가 판정(진단)한다(주리애, 2015).

심리검사는 내담자가 보이는 문제의 상태와 원인, 현재의 심리적 상태, 인지 능력, 감정, 성격 특성 등을 빠른 시간 안에 객관적이고 표준화된 방법으로 측정하여 진단, 분류, 치료, 예후 등의 유용한 정보를 얻기 위해 실시한다. 미술치료에서 대상자의 심리적 상태와 행동 양상을 파악하여 치료 목표를 설정하고 치료 계획을 수립하고 평가하는 데 도움을 받기 위해 다양한 심리검사의 유형과 장단점, 고려사항 등을 이해하는 것이 매우 유용하다.

미술심리평가는 그림과 미술작업 과정을 통해 검사받는 사람의 심리 상태를 평가하는 것으로 진단이라는 용어 대신 미술심리평가, 미술치료평가 등의 명칭을 사용한다. 미술치료 평가는 전문적인 미술치료사가 미술과제와 언어적 말하기 혹은 글쓰기 과제를 결합하여 내담자의 기능 수준을 평가하고 치료 목표를 정하며 내담자의 강점을 평가하여 현재 문제에 더 깊이 이해하고, 내담자의 변화 과정을 평가하는 것이라고 정의한다(AATA, 2018). 미술치료 평가에서는 피검자의 기능 수준이나 문제에 대한 이해, 강점과 치료 목표, 변화 과정에 대한 평가까지 주된 영역으로 포함된다(주리애, 2015, p. 15).

2) 미술치료 심리검사의 목적

- 초기 평가 및 진단
- 진행 상황과 변화 과정 추적
- 치료 목표 설정
- 개인화된 접근
- 자기인식과 자아탐색

3) 미술치료 심리검사 유형

심리검사는 측정되는 내용과 검사 방법에 따라 객관적 검사(objective assessment)와 주관적 검사(subjective assessment)로 구별되며, 다양하게 분류한다. 이 장에서는 미술치료에서 사용되는 주관적 심리검사인 투사검사(projective test), 질문지 검사, 문장완성 검사를 소개한다. 미술치료 검사에서 형식요소 미술치료 척도(Formal Elements Art Therapy Scale: FEATS)와 같이 색채 사용, 선의 종류, 공간 구성 등의 객관적 평가 기준을 적용한 미술 분석 도구를 개발하여 내담자의 상태를 효과적으로 이해할 수 있도록 노력하고 있다. 〈표 5-3〉은 유형별 미술심리검사를 소개한다.

(1) 투사적 그림검사

투사적 그림검사는 내담자의 그림을 통해 심리 상태, 무의식적 욕구, 갈등, 감정 등을 파악하고자 한다. 내담자에게 주어진 특정한 지시나 상황에서 그림을 그리게 하고, 이를 통해 내담자의 내적 세계와 성격 특성 등을 추론한다. 투사검사의 장점으로 반응의 풍부함과 독특성, 방어의 어려움, 무의식적인 내용의 반응으로 언어의 한계를 보완해 준다.

검사의 신뢰도 수준과 타당도 검증 문제, 객관적 해석의 어려움, 상황적 요인의 영향이 있을 수 있어 검사자 간 신뢰도와 재검사간 신뢰도가 낮다는 문제점이 보고된다(오승진, 류정미, 2023). 검사자인 치료사의 검사 수행 및 결과 분석에서의 전문성을 갖추는 것과 독자적인 미술치료 표준화 검사 개발이 필요하다.

(2) 질문지 검사

질문지 검사는 구조화된 객관적 검사로, 평가하고자 하는 내용이 명확하게 매뉴얼로 제시되어 참여자는 정해진 방식에 따라 신뢰도/타당도 있게 반응한다. 개인의 독특성보다 상대적으로 비교하려는 목적을 지닌 규준에 기초한 검사이다. 검사의 시행, 채점, 해석에서의 간편성, 표준화된 검사로서 높은 신뢰도와 타당도, 구조화된 검사의 객관성 면에서 장점이 있다. 반응의 경향성, 문항 내용의 제한, 사회적 바람직성 면에서 단점이 보고되고 있으며 심층적인 심리, 감정, 신념 등은 질문지만으로 확인하기 어렵다. 검사 방법을 선택할 때는 가능한 최근 개발된 검사를 사용하며, 검사 길이(총 문항 수와 예상 시간), 수준 등이 피검자에게 적절한지 확인하여 결정한다. 자아존중감 검사, 불안(back) 척도 검사, 또래관계 검사, 우울 검사 등을 필요에 따라 사용한다.

〈표 5-3〉 유형별 미술심리검사

유형	미술심리검사 도구	채점 체계
기존 투사 검사	인물화 검사(Draw a Man test: DAM, Draw a Person test: DAP)	점수
	인물화 검사(Human Figure Drawing: HFD)	5개 FEATS 척도
	집-나무-사람 그림검사(House-Tree-Person: HTP)	51개 형식요소지표
	동적 집-나무-사람 그림검사(Kinnetic House-Tree-Person: KHTP)	점수
	가족화(Draw-a-Family: DAF)	-
	동적가족화(Kinetic Family Drawing: KFD)	FADS 훈련 매뉴얼
	동적학교생활화(Kinetic School Drawing: KSD)	-
	동적그림체계(Kinetic Drawing System)	-
주제에 따른 그림검사	나무 검사(Tree Test)	-
	동그라미 중심 부모-자녀 그림(Parents-setf-Centered Drawing: PSCD)	-
	사과나무에서 사과 따는 사람 그리기 검사(Person Picking an Apple from a Tree: PPAT)	FEATS 채점 매뉴얼
	형식요소 미술치료 척도(Formal Elements Art Therapy Scale: FEATS)	채점 매뉴얼
	미술치료 꿈 평가법(Art Therapy Dream Assessment: ATDA)	-
	믿음 미술치료 평가법(Belief Art Therapy Assessment: BATA)	-
	좋아하는 날씨 그림(A Favorate Kind of Day: AFKD)	AFKD 공격성채점 도구
	빗속의 사람 그림검사(Person-in the Rain: PITR)	채점 매뉴얼
	다리 그림검사(Bridge Drawing)	
	길 그림검사(Road Drawing)	-
	표현예술치료(Expressive Theraipes Continuum: ETC)	-
여러 장으로 구성된 그림검사	진단적 그림 시리즈(Diagnostic Drawing Serise: DDS)	채점 매뉴얼
	울만성격평가 절차(Ulman Personality Assessment Procedure: UPAP)	채점 매뉴얼
	크레이머 미술치료 평가법(Kramer Art Therapy Evaluation)	관찰적 고려사항
	가족미술평가법(Family Art Evaluation: FAE)	-
	레빅 정서 및 인지 미술치료 평가법(Levick Emotional and Cognitive Art Therapy Assessment: LECATA)	채점 매뉴얼
	동그라미 중심 가족화(Family-Centered Circle Drawing: FCCD)	-
	잡지사진 콜라주(Magazine Photo Collage: MPC)	-
자극활용 검사	얼굴자극 평가법(Face Stimulus Assessment: FSA)	FSA 등급 매뉴얼
	이야기 그림검사(Draw-a-Story: DAS)	채점 매뉴얼
	마리 카드 검사(Mandala Assessment Research Instrument: MARI)	형식요소 채점 매뉴얼
	그려진 감정 도구(Pictured Feelings Instrument: PFI)	순위 매뉴얼

출처: 주리애(2015); Cruz & Feder (2015) 참조.

(3) 문장완성 검사

문장완성 검사(Sentence Completion Test: SCT)는 투사적 검사 중 하나로, 미완성된 문장을 완성함으로써 자신의 성격적 특성이나 갈등, 문제 등이 투사된다고 가정한다. 내담자의 독특성이 반영된 문장을 통해 한눈에 내면의 감정, 태도, 적응 수준에 대한 심층적 정보를 얻을 수 있다. 객관식형 질문에 비해 검사의 목적을 내담자가 의식하기 어려워 비교적 솔직한 답을 얻을 수 있다. 연령대 별로 활용 범위가 넓은 편이며, 다른 투사 검사에 비해 비교적 손쉽게 실시하고 해석하여 사용할 수 있다(이윤주, 2013). 내담자의 언어 표현(작성)이 어려운 경우 도움이 필요할 수 있다.

[사례 5-1] 그림검사와 심리검사 연결하기

미술치료에서 심리검사를 어떻게 선택할 것인가? 다음 사례를 예로 살펴보자.

자유학년제 청소년의 집단 미술치료가 정서지능과 또래관계에 미치는 영향

- 대상: 중학교 1학년, 남자 청소년, 23명
- 미술치료 목적: 집단 미술치료를 통한 청소년의 정서지능과 또래관계 능력 향상
- 집단 미술치료: 2018.4.20.~2018.7.20.(총 10회기, 회기별 90분), 사전-사후 검사 실시
- 검사 내용

	정서지능	또래관계/환경
그림검사	–	• 동적학교생활화 검사(KSD) • 동적 집-나무-사람 그림검사(KHTP) • 사과나무에서 사과 따는 사람 그림검사(PPAT)
심리검사	• 정서지능검사	• 또래관계검사

연구에서 연구자(치료사)는 집단 미술치료가 청소년의 정서지능에 미치는 효과를 양적으로 알아보기 위해서 정서지능검사를 선택하여 사전과 사후 검사로 실시하였다. 그 결과 정서 인식 및 표현, 감정 이입, 사고 촉진, 정서 활용, 정서 조절에서 유의한 효과를 확인하였다. 또한 또래관계에 미치는 효과를 알아보기 위해 학교생활화 검사(KSD)와 또래관계 검사를 실시하였다. 계획 단계에서 연구자는 학교 내에서 또래관계를 확인하는 KSD와 함께 개인의 심리적 정서와 관계에 대한 욕구를 살펴보기 위해 동적 집-나무-사람 그림검사(KHTP)와, 청소년의 성취 욕구를 살펴보기 위해 사과나무에서 사과 따는 사람 그림검사(PPAT)를 고려하였고, KSD로 최종 선택하였다고 보고하였다(이윤희, 2020).

4) 미술치료 심리검사 실시 방법

미술치료에서 심리검사는 치료사가 내담자 면담 후 치료 목표(주 호소문제)에 따른 검사(그림검사, 심리검사)를 선택하여 시행하고, 평가하는 과정을 포함하는 것으로 치료에서 매우 중요한 역할을 한다.

(1) 검사 준비 및 시행

치료사는 편안한 환경과 매체를 준비하고, 검사 수행 능력을 갖추어야 한다. 시작 전에 검사라는 사실과 목적을 분명히 안내하고 준비물과 절차, 소요 시간 등을 소개하고 각 검사의 시행 방식에 따라 차례로 진행한다. 특히 HTP처럼 여러 단계(장)으로 구성된 그림검사의 경우, 내담자가 마지막까지 집중하여 순서대로 완성할 수 있도록 주의한다. 개인과 집단에 따른 차이가 있다. 집단에서 시행하는 경우에는 옆 내담자의 영향을 받지 않도록 테이블 간격을 두고 집중할 수 있도록 한다. 집단에서 다수의 검사를 동시에 진행할 경우 치료사의 검사 시행과정 관찰 및 검사 후 질문(Post Drawing Inquiry: PDI) 등이 어려울 수 있어 비슷한 수준의 전문성을 가진 치료사가 함께 진행하거나, 설문지 형식의 질문지를 준비한다. 실습생은 시행 전에 미리 검사에 대해 이해하고 시범 연습하여, 시행과 평가에 익숙한 상태에서 실행한다.

다음은 학생들의 실습일지에서 발췌한, 검사에 대한 질문이다.

주요 질문

1. 자신의 작품을 자꾸 망가트리는 것이 치료사의 평가에 예민하고 두려움이 있기 때문인지 궁금합니다. 또한 반복적으로 자신의 작품에 대해서 불평과 불만을 토로하며 부정적으로 평가할 때 치료사는 어떤 노력과 시도를 할 수 있는지 궁금합니다.
2. 반응이 없을 때 어떻게 질문해야 할까요?

---

(2) 검사 질문지

과정을 생략한 채 완성된 그림 한 장으로 내담자 전체를 이해하기는 매우 어렵다. 내담자는 질문을 통해 표현한 의미를 깊이 탐색하고 이해할 수 있다. 치료사는 내담자의 문제를 파악하고 더 많은 정보와 본질에 대한 통찰을 이루어 낼 수 있다. 일반적으로 검사에서 사용하는 질문의 내용은 있으나 특별히 정해진 형식이 없어 검사자의 필요에 따라 구성할 수 있다. 질문은 뚜렷하고 분명한 말투로 초점이 맞아야 하며, 상대방의 어휘 수준과 기능에 적절해야 한다. 질문은 유도하거나 암시하지 않아야 하며, 대답에 대한 이유를 묻는 것이 바람직하다. 다음은 동적학교생활화(KSD)의 PDI이다.

동적학교생활화(KSD) 질문(PDI) 예
• 친구와 선생님이 언제, 어디에서, 무엇을 하고 있습니까?
• 친구와 선생님이 이러한 상황이었을 때 당신의 기분은 어떻습니까?
• 친구들은 뭐라고 하였습니까? 친구들의 기분은 어떤 것 같습니까?
• 그림에 더 추가하고 싶은 것은 무엇입니까?
• 당신이 그리고자 한 만큼 잘 그려졌습니까?
• 어떤 부분이 그리기 어려웠고, 마음에 들지 않습니까?
• (그림에서 이해하기 어려운 부분에 대해) 이것은 무엇이며, 왜 그렸습니까?
• 그림을 보니 어떤 생각과 기분이 듭니까?

(3) 그림검사 실시에서 유의점

치료사는 내담자가 자신의 마음을 솔직하게, 정성껏 표현하고 어렵더라도 완성할 수 있도록 돕는 전문성과 자질을 갖추어야 한다. 치료사의 역량에 대한 자세한 내용은 이 책의 12장에서 다룬다.

치료사는 검사자로서 어떤 전문성과 자질을 갖추어야 할까?

- 내담자의 치료 목적에 따른 검사를 선택한다.
- 검사 과정에 대한 훈련과 객관적인 해석에 대한 지식과 기술, 윤리적 태도를 갖춘다.
- 검사 상황에서 중립적 태도를 지키며, 제시어, 규격화된 준비물 등 지시사항(표준 절차)을 자의적으로 바꾸지 않는다.
- 검사 일시와 시간, 검사 받는 조건(적절한 공간, 채광 상태, 피검자의 건강 상태, 방해 요인 등)을 사전에 점검하여 피검자가 최적의 상태에서 검사를 받을 수 있도록 준비한다.
- 피검사자가 낯선 상황에서 이완할 수 있는 정서적 분위기를 만든다.

5) 미술치료 그림검사 평가

(1) 평가 목적

그림검사 평가는 피검자의 기능 수준이나 문제에 대한 이해뿐 아니라 강점과 치료 목표와 변화 과정에 대한 평가까지 포함하여 인간 전반에 대한 이해를 목적으로 한다. 그림검사를 포함한 미술작품에서 이미지는 살아 있는, 자율적인 개체로 눈으로 보이는 것, 치료사나 피검자가 읽고 해석하는 것 이상의 알고 있는 의식과 모르는 무의식의 내용을 포함하기 때문이다(McNiff, 1991; Moon, 2003: 주리애, 2021에서 재인용).

(2) 해석

그림검사의 해석은 신뢰도와 타당도에 대한 문제이다. 일반화하기 어렵지만 의식적 · 무의식적 심리가 반영된 결과물(이미지)과 과정의 기록을 가지고 있다는 점은 해석에 있어 엄청난 잠재력을 가지고 있다. 하지만 그림검사의 해석은 이미지의 상징적인 표현만을 과도하게 해석하는 것이 아니라 여러 가지 심리검사 결과, 행동 관찰, 과거력, 면담 자료 등을 종합적으로 고려하여 이론적 틀에 따라 해석해야 한다. 그림검사의 해석에서 그려진 그림의 '무엇을 어떻게 읽어 내는가'가 중요하다. 실습생의 경우 해석 지표가 명확하지 않은 경우 '어떤 정보'를 '어떤 방법'으로 해석하는가 하는 어려움을 호소한다. 자유화 분석 방법을 적용하여 그려진 그림의 전체적인 평가와 형식과 내용을 구분하여 분석한다. 실습 회기 중 내담자의 미술작품 형태와 내용, 내담자의 그림 설명을 통해 분석하고 전체적으로 평가하는 충분한 연습과 전문가 슈퍼비전을 통해 훈련받기를 권한다.

〈표 5-4〉 그림 평가서(부분)

그림을 그린 순서		
* 표현 단계 (가장 먼저 그린 그림을 기준)		
그림 간의 부착 여부		
행위		
사용된 상징		
그린 후의 질문/반응		

〈표 5-4〉는 그림 평가서의 부분이다. 〈표 5-5〉는 그림검사 해석 요소로 그림 내적 요소와 외적 요소로 구분하였다. 일지 및 보고서 작성에서 미술작품 특성 및 내용 서술에 대한 자세한 내용은 이 책의 8장에서 소개한다.

〈표 5-5〉 그림검사 해석 요소

그림 내적 요소	전체적 평가	• 그림의 부분적 요소가 종합되어 전체적으로 조화와 구조가 잘되어 있는지, 이상하고 특이한 곳이 있는지 해석한다. • 내담자의 발달 및 적응 수준, 성숙도, 인지 상태, 자신과 환경에 대한 인식 방법 등을 고려한다.
	형식적 평가	• 그림의 기술적인 면과 구성을 분석한다. 검사 시의 태도, 소요 시간, 공간 사용, 대상의 위치, 선택한 재료의 종류, 크기, 그려진 순서, 필압, 선의 농담, 대칭성, 운동성(움직임), 글씨 삽입 등의 형식적 구성 요소를 통해 내담자의 심리 상태를 파악한다. • 표현 과정에서 내담자의 언어/비언어적 표현을 함께 관찰하여 다양한 해석의 가능성을 열어 두어야 한다.
	내용적 평가	• 그림에 그려진 내용을 분석한다. 통합성, 완성도, 생략, 세부 특징, 추상적 표현, 경직된 대칭, 주제와 제목, 반복, 보속 등으로 인물, 물체, 환경 등 구체적인 요소와 설명을 통해 내담자가 현재 직면하고 있는 문제, 관심사, 감정 상태 등을 이해한다. • 언어적 · 비언어적 메시지를 모두 고려해야 하며, 문화적 배경과 개인차(경험)적 해석을 충분히 고려할 수 있어야 한다.
	그림의 상징	• 공간, 색채, 형태 등의 상징과 메타포를 해석하는 것으로 무의식적이고 깊은 심리적 의미를 탐색하여 내담자가 직접 표현하기 어려운 감정이나 생각을 이해할 수 있다. • 개인적이고 주관적으로 해석된 상징의 의미가 중요하므로 내담자의 반응과 피드백에 주의를 기울이고 스스로 발견하도록 한다.
그림 외적 요소	언어적 행동	• 말(진술, 질문과 대답, 혼잣말, 언어적 실수, 침묵), 목소리와 음성(높낮이, 세기, 빠르기 등)을 포함한다.
	비언어적 행동	• 표현된 정서, 동작, 자세, 눈맞춤, 시선 처리 등을 포함한다.

출처: 오승진, 류정미(2023); 주리애(2021).

(3) 미술심리검사 평가의 특성 및 장단점

- 미술심리검사 평가는 투사적 방법으로, 비언어적인 그림언어를 통해 개인의 반응을 분석하여, 정서의 성격, 환경에 대한 태도, 심리적 부적응, 정신병리 등을 측정하는 검사이다. 그림이 개인의 경험과 심리적 현상을 투사하는 속성을 이용한다.
- 미술심리검사 평가의 장점은 방어의 어려움과 다양하고 독특한 개인적 반응이 가능하다는 점이다. 단점은 평가자 간의 일치도와 재검사의 신뢰도가 비교적 낮으며(주관적), 검사의 타당도 검증이 빈약하여 상황적 영향을 받는다는 점이다.

(4) 미술심리검사 평가에서 유의점

- 미술심리검사 평가는 한 가지 특징이 아닌 여러 가지 결과들을 묶어서 종합적인 해석을 도출한다. 그림에 나타난 특징들의 의미를 찾아 해석하는 것만큼 전체적인 맥락을 보는 것이 중요하다. 그림 그리는 과정 행동 관찰, 심리검사나 자기보고식 검사 내용, PDI, 면접지 등의 정보를 확인한다.
- 그림은 심리적 특성뿐 아니라 일시적 상태나 자신만의 표현 방식을 반영할 수도 있다.
- 객관적인 관찰뿐 아니라 과정에서 주관적인 체험도 중요하다.
- 종합적인 평가에서 해석하는 치료사(검사자)의 투사가 개입될 수 있다.
- 치료사(검사자)가 잘 모르는 분야나 내용을 표현한 경우 오해하거나 평가 절하할 수 있다.
- 치료사의 전문성과 문화적 민감성을 고려하여 여러 명이 교차 평가하여 신뢰도를 확보한다.

제6장

미술치료의 치료 계획

이 장에서는 미술치료의 계획에 대해 알아보고, 목표를 세워 사례 계획서를 작성하는 방법에 대해 구체적으로 살펴본다.

출처: Ms. K (2010).

Ms. K(63세, 여성)는 러시아계 미국인으로 뇌졸중 후에 언어 문제(aphasia), 오른쪽 편마비와 우울증을 진단받았다. 하루 종일 창밖만 바라보던 K는 필자와의 첫 회기에서 떨리는 손으로 흰색 색연필로 검은색 도화지에 점을 찍었고, 그 점을 선으로, 꽃으로, 그리고 눈부신 그림으로 이어 나갔다. 필자는 미술치료사로 그녀와 2년을 함께했다.

내담자가 미술치료 참여를 결정하고 나면 치료사는 목표에 따라 무엇을, 언제, 어떻게 준비할지 '적절한 개입'을 준비하고 계획해야 한다. 첫째, 주제 선택에서, 둘째, 매체 선택에서, 셋째, 넷째, 그리고 내담자가 표현하는 동안 치료사가 무엇을 할 것인지 내담자의 옆에서 작품 과정을 지켜볼지, 함께 그림을 그리거나 만들기를 할지, 작품 표현에는 얼마나 시간을 할애할지 등. '만약 이것을 선택한다면(if~)'이라는 질문을 악보의 되돌이표처럼 던지며 최선의 결정을 내리기 위해 노력한다.

1. 미술치료 계획의 이해

1) 미술치료 계획

미술치료는 치료 목표에 따라 치료의 구조를 정하는 것에서 시작한다. 전체 회기의 길이와 빈도, 사용되는 미술매체, 구체적인 활동 구조화−비구조화 프로그램을 계획하고 구성하는 것부터 종결을 결정하는 것까지 포함된다(Wadeson, 2012). 치료를 시작하기 위해 개입의 방향과 방법을 결정하고 이후에 기법을 선택한다. 계획을 세우기 위해서는 먼저 내담자가 왜 여기에, 왜 지금 왔는지, 그리고 무엇을 원하는지에 대해 질문해야 한다. 그리고 구체적인 방법을 정하기 위해 치료 대상이 누구인지, 그는 어떤 징후(문제)가 있는지, 무엇이 필요한지, 무엇을 원하는지, 어떤 목표를 선택하는지 등의 확인이 필요하다.

미술치료는 다음과 같이 내담자가 가지고 온 문제를 이해하는 것에서 시작해서 문제 선택, 문제 정의, 치료 목표 설정, 목표 설정, 개입 방법 결정, 치료적 개입 결과 평가의 순서로 진행한다.

(1) 문제의 이해(the foundation)

내담자의 주관적 진술과 상담자의 객관적 사정, 관찰, 경청, 질문 등을 통해 내담자의 정보를 수집하고 진단 및 평가하는 것이다. 내담자의 주 호소문제, 가족 내 이슈, 최근 스트레스 요인, 감정 상태, 사회적 관계(네트워크), 관계 문제, 신체적 건강, 자기방어 및 관리 기술, 자존감 등을 파악한다.

(2) 문제 선택(problem selection)

가장 중요하고 긴박한 문제를 위험순위에 따라 2~3개 선택하는 것이다. 내담자가 스스로 문제의 중요성을 어떻게 인식하는지, 그 요인은 무엇인지, 도움을 필요로 하는지, 어떤 방법으로 도움을 요청하는지 등을 고려하여 선택한다.

(3) 문제 정의(problem definition)

동일한 문제에도 개인적으로 느끼는 정도가 다르며 개별적인 의미를 지니므로 내담자가 문제에 대해 어떻게 이해하고 어느 정도의 어려움을 가지는지 구체적으로 정의한다.

(4) 치료 목표 세우기(goal development)

치료의 종류와 문제에 따라 장기–중기–단기, 또는 초기–중기–후기로 나누어 목표를 세운다. 미술치료에서 **장기 목표**는 삶의 질 향상과 심리적 · 정서적 안정, 행동 변화를 통해 지속적인 변화를 이루는 것이다. **중기 목표**는 정서 조절, 대인관계 기술 향상, 자기표현 능력 증진 등 구체적인 변화를 이끄는 것이다. **단기 목표**는 신뢰 형성, 감정 표현 등 치료 초기의 작은 변화를 유도하는 것이며, 점차 중 · 장기 목표로 확장된다. **초기 목표**는 치료 관계 형성과 안전한 환경 조성, 문제 탐색 및 자기표현을 촉진하는 것이다. **중기 목표**는 감정 조절, 인지적 통찰, 행동 변화를 촉진하는 심층적 작업이 이루어진다. **후기 목표**는 치료에서 배운 기술을 실생활에 적용하고 독립적인 심리적 기능을 강화하는 데 초점을 둔다.

(5) 치료 개입 목표 설정(objective construction)

목표는 양적 경감이나 질적 변화로 측정하고 평가할 수 있는 것으로 명료하게 언어화하여 그 변화를 확인할 수 있어야 한다. 주 호소 및 내담자의 평가와 관련하여 적절해야 하며, 내담자가 선택한 문제의 성공적인 해결에도 도움이 되어야 한다. 비자발적인 내담자의 경우 동기화의 적합성이 포함되어야 한다. 치료사의 능력과 지식에 적합해야 하며, 다음 치료 개입 목표 설정 규칙 예시와 같이 긍정적인 용어로 제시한다.

치료 개입 목표 설정 규칙 예시
규칙 1: 중요한 상태를 세부화하여, 바꾸기 위한 행동언어를 사용한다. 예) 알코올 섭취 및 중독 성향을 조절한다. 자신감, 자존감의 수준을 향상시킨다. 부모에게 부정적인 감정을 표현한다.
규칙 2: 내담자가 모든 목표의 주도자가 된다(내담자는 ~할 것이다). 예) 내담자는 더 이상 자살에 대한 생각을 하지 않을 것이다.
규칙 3: 한 번에 하나의 목표만 세운다. 예) 알코올, 약물, 음식, 당분을 조절한다. → (1) 알코올을 조절한다. (2) 약물을 조절한다. (3) 당분을 조정한다.
규칙 4: 긍정적인 언어를 사용한다. 예) 정신적 장애를 줄인다. → 정신건강을 촉진한다.

학습과제 6-1 **다음 내담자를 위한 치료 목표를 작성해 보자.**

현재 내담자는 지속적인 자살 시도를 하고 있다. 미술치료를 통해 살기 위해 진심으로 노력할 것이다.

1. 내담자는 2주 동안 자살을 생각하지 않는다.
   (1) 자신의 생각과 감정을 표현하기 위하여 미술치료사를 만날 것이다(주 3회, 60분).
   (2) 첫 단계에서 모든 치료팀이 내담자의 자살에 대한 생각의 표현을 관찰한다.
   (3) 내담자는 매일 설문지를 작성한다.
2. 내담자는 6개월 동안 우울증에 관한 이슈를 탐색하고 표현할 것이다.
   (1) 미술치료사는 주 3회, 회기당 60분간 내담자를 만나서 삶을 긍정적으로 바꾸는 방법을 함께 이야기하며 표현을 도울 것이다.

(6) 치료적 개입 방향 설정(objective creation)

치료적 개입 방향 설정은 개별 대상 문제를 바탕으로 선택한 치료 목표를 달성하기 위해 구체적 방법과 기법으로 설계한다. 미술치료사는 내담자가 선택한 목표를 이룰 수 있도록 내담자에게 익숙하고 적당한 미술치료 방법과 기법을 선택한다. 초기 면접 후, 치료 계획 결정 시, 계획이 수정되어야 할 때, 또는 종결 계획 시 내담자에게 개입 목적과 방향을 설명해야 한다.

(7) 치료적 개입 결과 평가(diagnostic determination)

평가는 치료적 개입이 적당하였는지, 내담자의 행동적 · 인지적 · 정서적 · 관계적 모습을 종합적으로 평가한다.

치료 계획 점검 질문
1. 치료 계획이 내담자의 문제와 욕구에 적절한가?
2. 내담자의 개별적 특성, 장점, 가족 상황, 주변 체계가 고려된 방법인가?
3. 적절한 치료 공간, 적절한 매체와 방법이 충분히 준비되었는가?
4. 방해 요소는 없는가?
5. 치료에 대한 확신이 있는가?
6. 개인치료인가? 집단치료인가?
7. 치료 초반의 어려움은 무엇인가?
8. 치료 시작에서 내담자의 개인적 저항과 두려움 등 경계 설정은 어떤가?

2) 미술치료 환경

미술치료는 명확한 경계 안에서 이루어지며, 각 회기는 계획에 따라 정해진 시간과 장소에서 진행된다. 다른 치료와 비교하였을 때 미술치료 과정은 다양한 미술매체를 사용하여 미술작품을 창작하는 과정을 포함하기에 활동을 위한 공간이 필요하며, 공간을 구성하는 데 있어서는 물리적 · 정서적으로 안전한 환경이 최우선이 되어야 한다.

[그림 6-1] 미술치료 실습 환경(C 대학교 임상기관 예시)

미술치료를 위한 이상적인 환경과 조건은 있으나 임상기관마다 상황이 다를 수 있고, 모든 내담자의 갑작스러운 상황을 위해 미리 만들어진 완벽한 공간은 가능하지 않다. 이에 실습생은 현재 가능한 조건을 민감하게 살피고, 내담자가 편안하고 안정감을 가질 수 있도록 공간을 조정, 배치할 수 있는 역량을 갖추어야 한다.

[그림 6-1]은 다양한 실습 기관의 치료실 모습이다. 그 중 첫 번째 사진은 필자가 인턴으로 실습한 뉴욕의 스턴 가족 장기요양 및 재활센터(Stern Family Center for Extended Care & Rehabilitation)의 집단 미술치료 준비 장면이다. 넓은 창과 창가의 화분들이 밝고 안정감을 주었고, 휠체어 사용 환자들을 위해 테이블의 의자 자리는 비어 있다.

(1) 대면 미술치료

- 물리적인 환경: 미술치료실은 치료사가 통제할 수 있고 치료 대상이 활동하기에 적당한 넓이의 공간이어야 한다. 충분한 채광과 적절한 온도가 유지되어야 하며 다양

한 도구가 갖춰져 있는 가운데, 심리적 안정을 얻고 편안한 느낌을 주는 공간이 되어야 한다. 미술치료의 물리적 환경 구성 요건은 다음 〈표 6-1〉과 같다.

〈표 6-1〉 미술치료실의 물리적 환경 구성 요건

가구	• 최대한 단순할 것 • 내담자의 기능에 맞는 테이블(작업대 또는 책상)과 의자를 준비할 것 • 둥근 모서리의 테이블을 준비할 것(보호필름 부착) • 높이 조절이 가능한 테이블로 휠체어 사용 시 불편이 없도록 할 것 • 집단의 경우, 내담자들 간, 치료사와의 위치를 고려하여 배치할 것 • 의자는 등받이가 있는 것을 선택할 것 • 바퀴가 달리지 않거나 고정 가능한 가구를 선택할 것(미끄럼, 낙상 방지) • 소화기, 응급 의약품 등을 배치할 것
조명과 벽, 바닥	• 자연광선과 환기 가능한 외부 창문/실내 창문, 커튼이나 블라인드를 설치할 것 • 적당한 조도의 조명과 환기를 유지할 것 • 벽은 작품을 전시와 집단활동이 가능하도록 밝은 색으로 할 것 • 문턱/문지방, 문 넓이, 손잡이, 싱크 앞 물 관리 등에서 안전을 고려할 것 • 바닥재는 미술재료의 흔적을 깨끗이 없앨 수 있으며, 미끄럼 방지, 충격이 적고 탄성 있는 재질을 선택할 것[작품을 벽에 전시하는 것은 영감(자극)을 주는 면에서 긍정적/부정적 측면이 있음]
매체와 작품 자료 관리	• 매체 장에 매체 목록을 붙여 내담자의 자유로운 접근이 가능하도록 구분할 것 • 유독성/위험성이 있는 매체/도구는 번호, 이름표를 붙여 자물쇠로 잠가 따로 보관할 것 • 찰흙과 같이 변하기 쉬운 매체는 소분하여 제공할 것 • 재사용의 경우 오염을 확인하고 따로 보관할 것 • 붓과 팔레트, 도구들은 청결하게 관리할 것 • 미완성 작품은 건조 중 보관 장소를 두어 내담자의 개인정보가 드러나거나 훼손되지 않도록 주의할 것 • 완성 작품은 기관에서 일정 기간 동안, 정해진 방법으로 보관, 관리할 것
청결	• 세면대, 청소도구, 티슈 등을 구비할 것(세면대가 없다면 손을 세척할 수 있도록 물통, 물티슈 등 준비) • 매체의 특성과 손을 세척 할 수 있는 방법, 화장실의 위치를 안내할 것 • 파스텔, 목탄, 석고가루 등과 같이 가루가 떨어지는 매체 사용 시, 충분한 환기와 바닥 청소가 필요하며 장갑과 마스크, 물티슈 등을 준비할 것 • 벽이나 바닥에서 활동하는 경우, 내담자들이 자유롭게 활동할 수 있도록 미리 투명 비닐을 붙여 준비할 것
음악	• 치료에 집중할 수 있는 차분한 음악을 준비할 것 • 치료실에 도착하여 치료에 적응하고 준비할 수 있도록 시작 음악을 준비할 것

학습과제 6-2 **나의 이상적인 치료실을 그림으로 그려 보자.**

- 치료실에 꼭 필요한 것을 그려 보자.
- 만약 이상적인 환경 구성이 불가능하다면 각 요소에 대한 해결 방안을 적어 보자.

- **심리적인 환경**: 미술치료실은 내담자에게 심리적 안정감과 편안함, 신뢰감, 재미와 즐거움을 제공해야 한다.
  - 안정/편안함: 물리적인 환경과 함께 치료의 중요한 요소인 치료사를 통해 느낄 수 있는 것으로 치료사의 노력이 필요하다. 예측 가능한 환경을 위해 시간 엄수하기, 동일한 공간에서 일관된 방식으로 내담자 맞이하기, 필요한 재료와 도구 준비하고 정리하기, 내담자에 대한 안정된 태도 보이기 등이다.
  - 재미/즐거움: 내담자가 치료에 흥미를 가지고 즐겁게 참여하도록 치료사의 전문지식과 기술이 필요하다. 또한 유연성, 민감성 있는 태도와 철저한 사전 준비가 필요하다.
  - 신뢰감: 내담자는 치료사와 라포를 형성하여 신뢰감이 쌓이면 방어가 줄고 자발적인 표현이 가능해지며 표현의 정도가 더 깊어진다.

(2) 비대면 미술치료

- **치료사의 치료 환경**: 미술치료의 접근성과 질에 영향을 미치는 디지털 환경 준비와 치료사의 활용 능력은 매우 중요하다. 안정된 인터넷 환경(속도, 메모리)을 갖춘 컴퓨터, 카메라, 마이크, 조명 등의 기기를 준비한다. 카메라 각도와 음향 설정, 화면 촬영 방법을 점검하고 시연하여 원활한 진행을 보장한다. 미술작업의 예시를 보여

주기 위해 테이블과 손을 비출 수 있는 카메라를 추가한다. 화상 플랫폼을 선택하고, 채팅, 음소거, 비디오 고정, 화면공유, 전송, 미러링, 기록 등의 기능을 숙지한다. 치료를 실행할 조용하고 비밀이 보장되는 안전한 공간을 정한다. 치료실이 아닌 개인 장소(집)에서 진행한다면, 안정적이고 집중할 수 있는 배경화면을 선택한다. 데이터 보호와 프라이버시, 개인정보를 위한 조치를 취하여 내담자의 정보가 안전하게 보호될 수 있도록 한다.

- 내담자의 치료 환경: 안정된 인터넷 환경(속도, 메모리)과 컴퓨터, 카메라/마이크 설치를 포함하며, 얼굴과 작업 공간을 보여 줄 수 있도록 추가 카메라 설치를 추천한다. 휴대폰을 사용하는 경우, 갑작스러운 전화나 문자/SNS 알람으로 방해받거나 사생활이 노출되지 않도록 미리 설정 조정한다. 치료사가 안내하는 화상 플랫폼을 미리 다운로드하고, 기능을 사전에 익힌다. 물리적 환경은(치료사가 직접 대면하지 않는 상황에서) 내담자가 오리엔테이션을 통해 스스로 치료에 적합하게 구성할 수 있도록 안내하고, 필요시 보호자의 도움을 받는다. 카메라 각도나 위치, 음향 조절, 온라인 시스템 활용 방법 등을 미리 연습한다. 치료 회기는 조용하고 비밀 보장이 가능한 독립된 공간에서 진행하며, 실내 소음이나 외부 방해를 최소화한다. 아동의 경우, 테이블 위에 불필요한 물건을 두지 않고, 모니터에 다른 화면을 동시에 열어 두지 않도록 주의한다. 익숙한 공간이 주는 편안함을 유지하면서도 치료 시간의 경계를 지키는 것이 중요하다. 공간을 다른 가족과 공유하는 경우, 비밀 보장을 위해 다른 가족의 스케줄 확인하고 조정하는 것이 필요하다. 비대면 미술치료도 미술활동을 할 수 있는 적당한 책상과, 환경에 따라 화지의 크기나 사용 매체를 조정할 수 있어야 한다.

3) 미술치료 매체

미술치료는 미술매체, 이미지, 창조적인 작업 과정, 미술작품에 대한 내담자의 반응을 통해서 치유와 성숙을 이루어 가는 것으로 그 안에서 매체의 역할은 매우 중요하다. 미술매체는 평면(드로잉, 페인팅, 동양화 등)과 입체(점토, 오브제, 혼합재료 등)의 예술표현에서 수단, 매개가 되는 것과 직접적인 표현에 사용하는 재료들을 통틀어 일컫는다. 최근에는 디지털 매체를 중요한 도구와 환경, 프로그램으로 도입하여 치료적 가능성을 연구하고 있다.

〈표 6-2〉 매체의 유형

유형	종류
바탕 매체	도화지, 머메이드지, 색 도화지, 색종이, 화선지, 한지, 색한지, 골판지, 마분지, 하드보드지, 사포지, OHP 필름, 부직포, 종이 폐품, A4용지, 캔버스, 기타
소묘 매체	연필, 색연필, 목탄, 콩테, 파스텔, 크레용/크레파스, 오일파스텔, 파스넷, 사인펜, 매직펜, 네임펜, 마커, 로트링 펜, 붓펜, 기타
회화 매체	수채화 물감, 유화 물감, 아크릴 물감, 한국화 물감, 포스터 물감, 과슈 물감, 마블링 물감, 크라스데코, 템페라 물감, 염색 물감, 페이스페인팅 물감, 먹물, 분채/석채, 핑거페인팅 물감, 기타
조소 매체	찰흙, 지점토, 고무찰흙, 천사 점토, 유토, 플레이도, 라인클레이, 아이클레이, 종이죽, 석고/석고붕대, 목재, 비누, 양초, 고무판, 기타
공예 매체	수수깡, 폼보드, 우드락, 스티로폼, 털실, 지끈, 노끈, 리본끈, 빨대, 철사, 폼폼이, 일회용 접시, 종이컵, 모루, 기타
비정형 매체	자연물, 밀가루, 아교, 인주, 면도크림, 쿠킹호일, 솜, 색모래, 가면/탈, 잡지, 스티커, 기타
도구	붓, 팔레트, 물통, 접착제(물풀, 스틱형 풀, 글루건 등), 테이프(투명/불투명, 마스킹테이프, 양면테이프 등), 지우개, 가위(일반가위, 안전가위, 왼손가위 등), 칼, 자, 기타
디지털 매체	디지털 환경: 메타버스, 줌 등 디지털 기기: VR 기기, 컴퓨터, 노트북, 테블릿PC 등 디지털 프로그램

출처: 정하욱, 김갑숙(2019); 정현희(2012).

미술치료에서 미술재료는 핵심 도구이지만 부적절한 사용은 치료 과정을 방해할 수 있다. 치료사는 다양한 미술매체가 가진 치료적 속성을 탐색하고 장단점과 적합성을 이해하고 다양한 실습을 통해 활용을 탐구함으로써 현장 적용력을 기른다.

(1) 매체 선택 방법

미술치료에서 내담자의 매체 선택과 선호 여부는 내담자 이해에 중요한 단서가 된다. 각 매체 물성을 잘 이해하고 일반적이고 단순하고 쉬우며 안전한 재료를 사용한다. 치료사는 매체 선택에서 폭넓은 정서 표현이 가능한 매체, 창조적 표현을 촉진할 수 있는 매체, 내담자의 특성에 맞는 매체, 다양한 표현이 가능한 매체, 정돈과 보관이 쉬운 매체, 내담자가 잘 다룰 수 있는 실용적인 다양한 매체를 준비한다. 〈표 6-3〉은 매체 선택 시 고려해야 하는 중요도로, 안전함에 대한 고려는 가장 우선이 된다.

〈표 6-3〉 매체 선택 시 중요도

0(가장우선)	안전과 관련된 이슈(safety issues)
1	대상의 나이 및 발달 단계
2	대상이 가지고 온 문제점(신체적 · 정신적 · 행동적 · 정서적 · 감각적 문제, 장애 등)
3	치료적 개입(이론, 과정 등)
4	각 회기 및 단계 별 치료 목적 및 기대 효과
5	선택시 가능한 재료
6	치료 형태(개인, 그룹)

(2) 매체의 미술치료적 기능에 따른 분류

미술매체는 고유한 물성에 따라 촉진과 통제적 특성이 있다. 치료사는 각 매체의 치료적 효과를 예상하고 대상에 따라 매체를 적용하여 사용하는 능력이 필요하다.

〈표 6-4〉 매체의 미술치료적 기능

매체	매체의 미술치료적 기능
모델링	긍정적 퇴행, 통제와 형성, 변화에 대한 가소성, 영구화(점토소성), 가치 있는 대상 창조
구조화	구축(building) 및 재구축(rebuilding), 균형과 통제, 연결, 단계별 성취
주조(casting)	부정적 상태를 통한 긍정적 재생산, 변형
조각	불필요한 것 제거, 내면 핵심에 도달, 행동과 표현, 저항과의 만남
드로잉	친숙함, 친밀감, 통제 또는 해방, 자발적 표현
페인팅	흐름, 통제 또는 해방, 색과 감정의 연결
판화	연속성, 안정감, 영속성
디자인	사전 계획, 문제 해결, 테스트 및 판단
섬유 및 직물	묶고 결합하기, 의식(ritual) 및 반복성, '직조'로 상징되는 친숙함, 안정감 제공
콜라주(2D) 및 어셈블리지(3D)	몰입과 관계 형성, 경험과 사건의 체험, 평범한 것을 특별하게 만들기, 특별한 의미
스크랩 및 발견된 오브제	친숙한 것을, 새로운 결합으로 변환, 평범한 것에 가치 부여, 수집과 발견, 오래된 것 과 사용된 것에 새로운 의미 부여
예술과 기술 (비디오, 사진, 영화, 컴퓨터)	힘과 통제감, 현대적 문제해결, 사회화와 지위의 상징, 경험 포착
표현예술	신체 움직임, 역할극, 문학적 표현, 소리와 감각의 활성화

〈표 6-5〉 통제를 기준으로 한 매체의 특성

찰흙	수채화 물감	부드러운 점토	오일 파스텔	두꺼운 펠트지 펜	콜라주	단단한 점토	얇은 펠트지 펜	색연필	연필
1	2	3	4	5	6	7	8	9	10
← 가장 낮은 통제									가장 높은 통제 →

출처: Landgarten (1987), p. 7.

(3) 미술매체를 분류하는 기타 방법

- 표현적 미술재료(expressive art materials): 연필, 크레용, 마커, 초크, 나무조각, 모빌, 콜라주, 마스크, 인형 만들기 등
- 공격성을 가진 미술재료(aggressive art materials): 찢어진 종이, 물감 뿌리기, 나무와 망치/못 등
- 퇴행성 미술재료(regressive art materials): 수채화물감, 핑거페인팅(물감), 점토 등
- 강박적인 미술재료(compulsive art materials): 나무스틱, 모자이크, 흑백 프린트, 탁본 등

〈표 6-6〉 기타 다양한 분류

1. 유동성-저항성(fluidity-resistiveness)	2. 조절가능성- 예측 불가능성(controllability-unpredictability)
3. 확장성-제한성(expansiveness-restrictiveness)	4. 가공성(malleability)
5. 유체성(tangibility)	6. 파괴 가능성-파괴 불가능성(destructibility-indestructibility)
7. 색상-무색상(color-non-color)	8. 도구필요여부(tools required)
9. 연령 연관성(age relatedness)	10. 기술 수준 요구(skill level required)
11. 만족도(gratification factors)	12. 그룹 또는 개인사용(group or individual)
13. 비용(cost)	14. 크기 요소(size factors)
15. 질감(texture factors)	16. 정리(clean-up considerations)
17. 가용성 및 자원(availability/sources)	18. 사회적 함의(social connotations)
19. 소요 시간(time required)	20. 친숙함-새로움(familiarity-novelty)
21. 독성(toxicity)	22. 안전(safety)
23. 보관(storage)	24. 이동성(mobility)
25. 전시 시 고려사항(display considerations)	26. 신체적 요소(kinesthetic factors)
27. 소리, 맛, 냄새(sound, taste, smell)	28. 기능 여부(functionality)

(4) 미술치료 키트

미술치료에서 즉시 사용할 수 있도록 표현치료 연속선(Expressive Theraipes Continuum: ETC)의 요건인 지각적-정서적 수준, 인지적-상징적 수준, 운동감각적-감각적 수준, 창조적 수준 위계를 충족한 재료를 선택하여 제공한다.

〈표 6-7〉 미술치료 키트 분류

ETC 수준	매체	내용
인지적/상징적	그래파이트스틱(4B/6B)	통제가 가능하더라도, 인지적 · 상징적 수준으로부터 하위 단계로 유연성을 활용하여 움직이는 데 활용함
	색연필	최소 12색상을 사용함
	연필깎이	인지적 · 상직적 수준으로부터 표현하기 위해 연필을 깎는 데 사용함
	A4용지	시각일기에 사용함.
지각적/정서적	오일파스텔	수용성 16색상으로, 빠르고, 깨끗하고 선명해서 필수 재료로 자주 사용함
	초크파스텔	최소 12색상을 사용함
	플리스티신(색상클레이)	검정색과 흰색을 포함하여 모든 색상을 사용함
	가위	끝이 둥근 안전가위를 사용하며, 사용할 수 없는 경우에는 종이를 손으로 찢을 수 있음
	풀	콜라주 작업에서 주로 사용함
	PVC 액체풀(300ml)	강한 접착력을 지닌 풀은 물을 타서 광택제 또는 접착용으로 사용 가능함
운동감각적/감각적	아크릴 물감 튜브 5개(300ml)	기본 색상(빨강, 파랑, 노랑, 검정, 흰색)을 사용함
	점토(500ml)	채색이 가능하며 굽지 않아도 됨
	붓 3개	돼지털 붓으로, 대 · 중 · 소 크기의 붓을 사용함

출처: Lusebrink (1990); Hogan & Coulter (2019).

(5) 비대면 미술치료 키트

비대면 미술치료에서 어떤 매체를 어떻게 제공할지 매체의 종류(전통 미술매체, 디지털 매체)와 제공 방법(대면, 우편, 회기별, 전체), 매체 전달 시기와 방법, 장소 등을 결정한다. 내담자가 준비하는 경우, 가능한 매체를 미리 확인하고, 구체적으로 준비해야 하는 매체의 이름, 회사명과 구매처 등을 안내하고 대체 활용 가능한 매체 샘플을 보여 준다.

다음 [그림 6-2]는 COVID 19 시기에 실시한 소아암 환아 대상 비대면 미술치료 매체 키트의 구성 예시이다(송서연, 김지은, 2022). 전체 회기 전에 부모님과 아동이 대면 오리엔테이션에 참석하여 사전 면접과 사전 검사를 실시하였다. 매체는 아동이 미리 열어 보거나 사용, 분실하지 않도록 회기별로 분류하여 번호를 붙여 포장하였으며 매주 회기 전에 도착하도록 우편으로 전달하였다.

[그림 6-2] 비대면 미술치료 매체 키트 예시

실습 매체는 실습하는 기관의 상황 및 실습 대상과 경제적 여건 등에 따라 다르기 때문에 실습 전에 미리 매체를 확인하고 준비하는 것이 중요하다. 실습의 안정성을 확보하기 위해 실습전에 자신만의 매체박스를 준비하는 팁을 소개한다.

실습생을 미술치료 매체 준비 팁

1. **콜라주 박스 만들기**: 콜라주 활동은 내담자들이 다양한 사진(이미지)을 선택할 수 있도록 준비하는 것이 중요하지만 최근에는 종이 잡지를 구하기 어렵고, 저작권 문제 등 여러 어려움이 보고되고 있다. 실습생은 인터넷에서 무료로 사용할 수 있는 저작권 없는 사진(이미지)을 모아 컴퓨터 파일에 모아 둔다. 사진은 인물, 동물, 풍경, 물건으로 나누어 저장하고, 최대한 화질이 좋은 이미지를 선택한다. 함께 실습하는 동료들과 공유하면 풍부한 콜라주 박스를 만들고 잡지 구입으로 드는 매체 비용을 줄일 수 있다.

2. **컬러링 자료 준비하기**: 컬러링(cloring)은 다양한 내담자와 직접 또는 간접적으로 활용할 수 있는 간단하고 효과적인 활동이다. 만다라 형태, 꽃이나 동물, 명화 등 다양한 이미지를 제작하고 파일로 분류, 간편하게 프린트하여 언제든 사용할 수 있도록 준비한다.
만다라 이미지의 경우, 내담자가 기능과 선호에 따라 선택할 수 있도록 원 내부 곡선적(여성적) 디자인과 직선적(남성적) 디자인, 복잡한 것과 단순한 것을 다양하게 준비한다.

3. **자연물 재료 준비하기**: 자연물은 내담자와 함께 외부에서 수집하여 바로 사용하기도 하지만 치료사가 미리 준비하여 제공하는 것이 일반적이다. 나뭇잎, 솔방울, 꽃잎, 조개껍질, 돌멩이, 모래 등 자연물은 수집 후 표면을 깨끗하게 닦은 다음 건조해 준비한다. 직접 채집하여 사용하는 나뭇잎이나 꽃의 경우 건조 과정에서 형태가 변형되거나 이후 변질될 수 있음을 내담자에게 안내한다.

4. **치료사의 매체 가방 준비하기**: 가장 기본 매체부터 질 좋은 전문가용 매체, 비전통 매체까지 탐색해 보고 간단한 드로잉, 페인팅 재료와 도구를 선별해 치료사의 가방을 준비한다. 평소 매체를 연습하여 익숙해지도록 노력하고, 예시 작품 만들기, 슈퍼비전 등에서 활용한다.

콜라주 박스

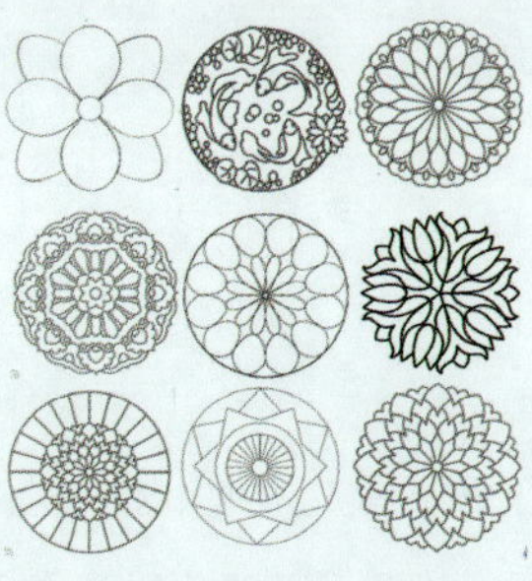
컬러링 자료

자연물 재료

학습과제 6-3 미술치료 매체 탐색지(supply list)를 작성해 보자.

1. 실습 전 오리엔테이션에서 실습기관에서 사용 가능한 매체를 탐색하여 리스트에 작성한다.
2. 작성한 목록은 회기 중 내담자가 매체를 자유롭게 선택할 수 있도록 매체 장에 붙여 안내한다.
3. 최종 사용한 매체는 종결 후 기관 인수인계 때 전달하여, 부족한 매체를 구입하도록 한다.

(1) 치료실에서 사용 가능한 매체

화지(류)	
그리기 매체(류)	
채색 매체(류)	
만들기 매체(류)	
점토(류)	
기타	

(2) 치료 중 사용한 매체

매체 명	매체 사용 경험/느낌

- 실습에서 내담자의 동기를 높이기 위해 특이하고 값비싼 매체 또는 내담자가 원하는 매체만을 사용하는 것은 다음 치료에서 동기를 낮출 수 있기에 주의가 필요하다.
- 치료 중 사용 매체 리스트는 다음 실습생에게 기관과 내담자를 이해하는 중요한 자료로 전달한다.

2. 미술치료 목표

미술치료의 목표는 어떻게 설정하는가? "왜요?" 등의 끊임없는 질문에 당혹한 경험이 있는가? 아니면 치료 목표를 세우기 위하여 스스로 그런 질문을 하는 데 익숙한가?

실습생은 실습 대상이나 기관의 필요에 의해 미리 정해진 계획에 따라 배치되는 경우에는 미술치료의 목표를 함께 제공받거나, 맞추어 구상하도록 요구받을 수 있다. 실습생은 미술치료를 계획하고 목표를 세우기 위해 실습 현장을 파악하고 치료의 성격, 형태, 구조, 기대 효과 등을 미리 점검해야 한다. 기관에서 추구하는 미술치료의 목표가 내담자의 특성이나 실습 교육의 목적과 다르거나 윤리적 고려점이 있다면 사전 협의가 필요하다.

다음은 학생들의 실습일지에서 발췌한, 미술치료의 목표에 대한 질문이다.

주요 질문

1. 내담자와 함께 미술치료의 목표를 설정할 수 없는 경우(인지, 신체적 문제 등이 있고 학교에서 필수로 참여해야 하는 경우)에는 목표를 어떻게 설정하나요?
2. 실습에서 중간에 들어가서 시작과 종료 기간이 정해지지 않고 진행하는 경우 어떻게 프로그램을 구성하나요? 목표만 가지고 전체 회기를 구성하지 않고 회기마다 유동적으로 구성하여 진행이 되나요?

1) 미술치료 방법 선택 과정

내담자 평가 후에 치료 목표와 개입 방법을 설정하고, 구체적 기법을 설정하는 순서로 단계적으로 진행한다(주리애, 2021).

(1) 1단계: 내담자에 대한 평가

내담자의 주 호소를 중심으로 문제를 정리하고 이해한다.

- 무엇을 주 호소라고 하는가?
- 현재 삶에 적응하는 데 있어 구체적인 문제점은 무엇이 있는가?
- 내담자의 문제는 행동, 감정, 대인관계 중 어디에서 드러나는가?

주 호소문제는 무엇인가

치료는 내담자의 주 호소문제를 중심으로 시작한다. 이때 가톨릭 신자인 필자는 어린 시절 고해성사의 경험을 예로 들어 학생들에게 설명하곤 한다. 고해소에 들어가 죄의 고백 단계에서 내가 저지른 수많은 잘못 중에 차마 제 입으로 말하기 부끄러운 것은 빼고 싶은 충동을 느꼈거나 실제로 쏙 빼고 죄를 고백한 경험이 있기 때문이다. 특히 막연한 죄책감은 있지만 그것(죄)에 대한 자기이해가 수반되지 않은 경우에는 신 앞에서조차 솔직할 수 없다. 성인이 된 지금도 크게 다르지 않다. 이와 비슷하게 내담자에 따라 주 호소문제가 가장 시급한 문제가 아닌 경우도 있다. 본인이 치료를 원하지 않는 상태에서 의뢰되었을 때, 주 호소문제와 의뢰 시 문제가 다를 수도 있고, 본인의 정작 중요한 문제를 이해하지 못하고 있을 때 또는 말하기 어려운 경우도 분명히 있다. 그럴 때에는 주 호소를 제대로 잡지 못하기도 하고, 라포가 형성된 후에 진짜 주 호소문제가 나오기도 한다.

주 호소문제는 가능한 한 명확하고 구체적이며 분명할수록 좋다. 치료가 진행되면서 바뀌거나 추가되기도 하지만 처음 말하는 내용은 내담자를 이해하고 치료 방향을 세울 때 충분히 중요한 단서가 된다.

주 호소를 실제 생활 수준에서 잡지 않고 심리적 특성으로 잡거나, 막연하고 모호한 말을 주 호소로 삼는 경우, 그림 특성으로 주 호소를 잡는 경우, 바뀔 수 없는 주 호소를 잡는 경우, 과거사를 주 호소로 잡는 경우, 내담자가 일부만 보여 주는 경우 문제가 될 수 있다.

(2) 2단계: 치료 목표의 설정

치료는 목표를 통해 양적인 경감, 질적인 변화를 도모한다.

목표 설정을 위한 질문을 통해 내담자는 왜, 지금, 여기에 왔고, 무엇을 원하는지, 어느 부분이, 구체적으로 어떻게 변화되기를 원하는지, 어느 부분이 변한다면 더 행복해질 수 있다고 보는지, 어떻게 변화되면 자신이 더 좋아지리라 보는지 파악한다.

학습과제 6-4 **다음 P의 사례에서 주 호소문제를 발견하여 호소문제를 기반으로 구체적인 치료 목표를 작성해 보자.**

P는 만 9세 여아로, 부모와 거주 중. 교실에서 반 친구들과 다툼이 있은 후에 담임 교사의 권유로 어머니와 함께 미술심리상담센터에 방문하였다. 어머니는 P가 최근 6개월 전 친한 친구 S가 전학을 간 후에 짜증이 심해지고, 아침마다 학교에 가지 않겠다고 떼를 쓰고 운다고 보고하였다. 치료사와 첫 면담에서 기분을 물었을 때, 눈맞춤을 피하고 "좋아요."라고 작은 목소리로 대답하였다.

P는 동적학교생활화(KSD) 그림검사에서 지금은 학교에 없는 S와 함께 평소 즐겨하던 놀이를 하고 있는 모습을 그리고, 교사나 다른 친구들, 학교의 모습은 그리지 않았다.

• 주 호소문제

....

....

....

• 구체적인 치료 목표 설정

1. 상위 목표: ....

2. 하위 목표 1) ....

....

2) ....

....

(3) 3단계: 개입 방향 설정

주 호소와 치료 목표 설정 후 어떻게 목표를 이룰 수 있을지, 목표를 위해 필요한 것이 무엇인지 확인한다.

정보 전달 → 내담자의 문제 정리 → 내담자의 자기이해 → 감정의 카타르시스 → 새로운 행동의 학습

- **정보 전달**: 내담자에게 잘못된 정보나 부족한 정보를 전달하지 않도록(부모들의 자녀 양육 등) 사려 깊게 진행되어야 한다.
- **내담자의 문제에 대한 정리**: 현재 시점에서 구체적으로 어떻게 문제가 되는지 정리해 보는 것이 필요하다. 문제의 원인을 알아 가고 이해하면서 풀어 갈 수 있다.
- **내담자의 자기이해**: 문제해결을 위해 문제가 무엇인지 직면하고 깊이 이해하고 소화해야 한다. 미술치료에서 이미지는 마음속의 생각과 감정이 서로 깊이 관련되어 있

어 이미지를 통해 자기 모습을 발견하는 것은 강력한 경험이 된다.

- **감정의 카타르시스:** 감정을 조절할 수 있는 능력을 키워 준다. 막힌 감정을 뚫어 주고, 억눌린 감정을 풀어주고, 찢겨진 감정을 보듬어 준다.
- **새로운 행동의 학습:** 내담자가 감정을 어떻게 조절하는지, 자기를 지키는지, 타인과 건강한 관계/거리를 유지하는지, 치료 시간에 직접적 또는 간접적으로 배울 수 있다.
- **성숙:** 현재 자신의 삶을 받아들이고 다른 사람들과 조화를 이루면서 편안하게 살게 되며 현실을 소화하는 능력과 좌절과 어려움을 견디는 능력이 커진다.

(4) 4단계: 구체적인 매체 및 기법 선택

문제의 성질(자아 동조적 vs. 자아 이질적), 미술치료 참여 동기, 내담자의 이미지 생성 능력, 내담자의 통찰 가능 여부 등을 고려한다.

미술치료 운영 방법은 누가, 어떻게 선택하는가

미술치료의 운영에서 운영 형태[개인, 집단(집단 크기), 회기별 시간], 회기 시간(최단기 치료, 단기 치료, 장기 치료), 프로그램에서 사용하는 미술매체 등은 기본적으로 내담자와의 사전면접 후에 내담자와 함께 결정한다. 이후 치료 상황에 따라 변경 가능하다. 실습의 경우, 실습지 상황 및 교육과정에 따라 학기제로 운영될 수 있다.

- 단기 치료: 대개 1년 미만
- 최단기 치료: 1회기(일회성)~10회기

2) 미술치료 전략 수립

치료 과정에서 특정 목표를 달성하기 위해 체계적이고 효과적인 접근 방법을 개발하는 과정으로, 내담자의 개별적 요구와 상황에 맞춘 치료 계획을 세우고 실행하는 것을 포함한다.

〈표 6-8〉 미술치료 목표 및 전략

치료 목표	내담자가 성취하기를 기대하는 명확한 결과
목표에 따른 전략	보다 적응적인 패턴을 형성하기 위해 특정한 개입에 초점을 맞춘 실행 계획
목표와 전략 설정에 대한 치료적 근거	치료 목적과 활동의 연관성을 설명하기 위해 매체 및 기법 선택 근거 설명

3) 미술치료 단계 설정

(1) 초기 단계

치료의 도입기로, 치료사와 내담자는 관계를 형성하고, 매체를 적용한 미술표현을 통해 흥미를 유발한다.

(2) 중기 1단계

치료 진행기로, 미술을 통해 자유롭게 자기표현 및 탐색을 하고, 집단원들 간 긍정적 상호작용을 경험한다.

(3) 중기 2단계

강화 내성 형성기, 통찰기로, 자기인식 명료화, 문제와 자신에 대해 탐색, 분석, 해석, 이해 및 수용, 통찰을 경험한다.

(4) 후기 단계

정리기로, 변화를 느끼고, 성취동기 부여 및 긍정적 지지체계 습득하고, 치료를 종결한다.

4) 미술치료 매체 및 기법 선택

미술치료사 Hanna Kwiakowska는 "미술치료의 최상의 기법은 미술을 통해 내담자와 관계를 형성하는 것"이라고 하였다. 미술치료사는 다음 순서에 따라 매체와 기법을 선택하고 미술치료 회기를 계획한다.

① 내담자의 나이와 발달 단계

② 내담자의 문제점(정신적 · 사회적 관계, 감정, 행동, 교육적 등)

③ 치료적 관점: 이론과 방법, 과정

④ 치료 목적

⑤ 가능한 재료

⑥ 치료 세팅(그룹/개인; 전체 회기 길이), 치료사의 역량(민감성, 창의성, 효능감 등)

다음 〈표 6–9〉는 지적장애 청소년 3인 대상 집단 미술치료 프로그램의 예시이다.

〈표 6–9〉 지적장애 청소년 대상 집단 미술치료 프로그램

단계/목표	회기	주제	활동 내용	매체
초기/ 자기소개, 친밀감 형성, 긴장 완화	1	나를 소개하기 사전 검사	(1) 사전 검사: 동적학교생활화(KSD) (2) 이름표 만들기	A4용지, 8절 도화지, 연필, 지우개, 채색도구
	2	인사이드 아웃	(1) 다양한 감정 알아보기 (2) 감정파이 그리기 (3) 감정상자 만들기	감정카드, 색지, 정육면체 도안, 채색도구
중기 1/ 내면 탐색 및 인식, 표현	3	나와 짝꿍의 손	(1) 나의 손 만들기 (2) 손을 활용해서 함께 나무 만들기	8절 도화지, 색지, 전지,채색도구, 천사점토, 가위, 풀, 우드 시트지
	4	알에서 태어난다면?	(1) 나만의 알 만들기 (2) 알에서 태어나는 것 상상하며 그리기 (3) 우리의 둥지 만들기	8절 도화지, 계란 모양 도화지, 천사점토, 채색도구
중기 2/ 타인에 대한 시각 확장	5	생일상 만들기	(1) 자신과 친구의 생일&별자리 알기 (2) 생일상 차리기	8절 도화지, 검정색지, 별자리 도안, 채색도구
	6	나와 친구의 장점 찾기	(1) 자신과 친구의 장점 찾기 (2) 동물로 표현하기	8절 도화지, 동물 밑그림, 채색도구, 8절 도화지
	7	나의 꿈	(1) 나의 미래 모습 상상하여 그리기 (2) 나의 명함 만들기 (3) 여행가고 싶은 곳 표현하기	4절 도화지, 엽서지, 채색도구, 잡지, 가위, 풀
	8	나의 보물섬	(1) 나의 보물상자 그리기 (2) 나의 섬과 바다 만들기 (3) 다른 친구의 섬을 방문하는 운송수단 만들기	8절 도화지, 색지, 색종이, 채색도구, 지점토, 십스틱, 가위, 풀
	9	자유화, 중간 평가	(1) 자유화 그리기 (2) (코로나19 상황의 스트레스 확인하기 위한) 빗속의 사람 그림검사(PITR)	캔버스, 채색도구, A4용지, 연필, 지우개
후기/ 자존감 향상, 타인과 긍정적 교류	10	그림 이야기 만들기	(1) DAS 카드를 활용한 이야기 만들기 (2) 다음 장면 상상해서 그리기	DAS카드, 8절 도화지, 채색도구, 연필, 지우개
	11	캐릭터 그리기	(1) 좋아하는 캐릭터를 그리고 소개하기 (2) 가면 위에 캐릭터 얼굴 표현하기	캐릭터 소개 용지, 종이 가면, 채색도구, 천사점토
	12	걱정인형 만들기	(1) 자신과 친구의 걱정 공유하기 (2) 걱정인형 만들기	8절 도화지, 석고붕대, 채색도구, 솜, 털실, 꾸미기 매체, 종이 부채

	13	소망 모빌 만들기	(1) 만다라 색칠하기 (2) 모빌 만들기 (3) 나의 소망 소개하기	만다라 도안, 채색도구, 수수깡, 낚싯줄, 가위
	14	나와 친구 축하하기	(1) 자신에게 주는 상장 만들기 (2) 꽃다발 만들어 선물하기	꽃 도안, 도화지, 채색도구, 리본, 가위, 풀
종결	15	사후 검사	(1) 사후 검사: 동적학교생활화(KSD)	A4용지, 연필, 지우개

출처: 이수인, 김지은(2022).

미리 작성한 미술치료 프로그램 계획서는 치료 과정 중 필요에 따라 수정하여, 사례 보고서에 최종 미술치료 프로그램으로 제시한다. 보고서 작성에 대한 자세한 내용은 이 책의 8장에 소개한다.

5) 사례를 통한 학습 및 슈퍼비전

슈퍼비전은 협력적 대인관계를 통해 체계적으로 발달시키려는 목적이 있는 교육과 훈련을 촉진하는 전문적인 활동이다. 슈퍼비전은 관찰, 평가, 피드백, 슈퍼바이지의 자기평가(촉진), 교육, 모델링, 문제해결을 통한 지식과 기술의 습득을 포함한다. 이 과정에서 슈퍼바이지는 자신의 역량과 강점을 인식하고 자기효능감을 향상시킬 수 있다. 또한 슈퍼비전은 윤리와 법을 지키는 전문적 실천을 통해 내담자와 치료사를 보호하고, 사회의 안녕을 증진하는 방향으로 진행된다(Falender & Shafranske, 2004, p. 11). 자세한 내용은 이 책 9장에서 소개한다.

3. 미술치료 사례 계획서 작성 및 연습

1) 미술치료 사례 계획서 작성

미술치료 사례 계획서는 SOAP note 작성법에 따라 체계적으로 작성한다. 이후 사례를 진행하며 매회기 작성하는 일지(progress note), 종결 보고서, 사례 보고서(discharge note) 작성의 기초 자료로 사용한다.

(1) 주관적 정보(subjective information)

보호자 및 내담자 본인의 주관적인 정보를 객관적 자료로 평가하고 치료를 계획하기 위해 내담자의 현 상태를 파악하는 과정이다. 내담자의 병력, 가정 상황, 생활방식, 주소, 심리 상태, 치료에 대한 목표 등 현재 내담자의 모든 상태를 기록하여 치료 목표를 설정하고 치료 계획과 치료 중단 등을 결정한다.

(2) 객관적 정보(objective information)

내담자의 주관적인 정보를 바탕으로 내담자의 진단명, 근력 상태, 걷기 동작, 관찰 가동범위 등 내담자의 객관적 관찰과 평가 및 측정 결과를 기록하는 과정이다. 치료를 계획하는 데 이용할 수 있는 정보를 치료사의 객관적 측정 결과 및 초기, 중간, 종결 보고서 등에 기록한다.

(3) 평가(assessment)

내담자의 주관적 정보와 객관적 자료를 요약하여 내담자의 주된 문제점을 분석, 통합, 해석하여 단기 목표 및 장기 목표를 수립하여 문제점을 기록한다.

(4) 치료 계획(plan)

최종 단계로 내담자의 단기목표를 설정한 후 치료 목표를 달성하기 위해 치료 횟수, 치료 내용, 통원치료, 퇴원에 대한 계획, 평가 및 재평가에 대한 계획 등 치료 계획을 작성하는 과정을 말한다. 치료적 근거는 전체 회기의 치료 목표와 활동의 치료 목표와의 연관성 설명한다. 활동에서 선택한 매체가 치료적 목표에 적합하다고 생각하는 이유를 서술한다.

2) 작성연습

다음 미술치료 계획서([학습과제 6-5])와 미술치료 프로그램([학습과제 6-6])을 작성해 보자. 작성한 미술치료 프로그램 계획은 이전 회기 또는 당일 치료 상황에 따라 초기-중기-종결의 각 단계의 목표 안에서 순서, 내용, 매체 등을 수정하여 유연하게 운영할 수 있다.

학습과제 6-5 **미술치료 계획서를 작성해 보자.**

미술치료 계획서(Application Plan)

치료사		치료일	
참석인	치료사, 보조치료사, 관찰자, 슈퍼바이지, 내담자/그룹원 명, (총 명)		
내담자	개인/집단, 남/여, 만 세		
진단명			
치료/회기 수	총 회기(주 회, 매 분)		
활동명			
치료 목표			
치료 전략			
활동 순서			
치료적 근거			

학습과제 6-6 다음 미술치료 프로그램의 구체적인 내용을 작성해 보자.

미술치료 내용

단계	회기	주제	내용	매체	기대 효과
초기					
중기					
종결					

제7장

미술치료의 과정

미술치료 임상실습 회기 중반이 지난 시점에 한 실습생이 질문을 한다. "앞으로 어떤 목표로 진행하면 좋을지 감이 잡히지 않는데 어떻게 해야 할까요?" 처음 계획한 목표가 달성되어 그다음 목표를 고민하고 있다면야 행복한 고민일 수도 있겠지만 강의실을 가득 채운 적막이 그게 아님을 증명한다. 하지만 실제로 이런 질문은 좋은 질문이고, 임상실습에서 꼭 거쳐야 할 과정이다. 깊이 고민하는 실습생을 만나는 것 그 자체가 슈퍼바이저로서는 큰 기쁨이기도 하다. 정해진 답이 없는 길을 가는 과정에서 넘어진 것 같은 느낌을 받은 실습생은 힘겨워한다. 하지만 그것은 실패가 아니라 분명한 성장이다. 배우기 위한 과정이니 모든 과정에서 최선을 다하면 된다.

이 장에서는 미술치료에서 구조화에서부터 종결까지 이어지는 구체적인 절차를 살펴보고자 한다.

출처: Sergio, A. (2010).

이 책의 표지 작품의 작가인 Sergio를 처음 만난 것은 미술치료 대학원 졸업 후 첫 직장에서였다. 오토바이 사고 후 전신마비로 병실 밖으로 나오지 않았던 그와 용감했던 동양인 미술치료사의 만남은 필자가 한국에 돌아와서 최근까지도 계속 이어지고 있다. 이 작품은 미술치료를 시작하고 넉 달쯤 후에 자신의 사고 장면을 표현한 작품이다. 그의 허락을 받고 작품 사진과 필자와 주고받은 이메일 내용을 소개한다.

"안녕하세요, 지은, 1년 전 당신이 제 마우스 스틱에 붓을 끼워 그림을 그리도록 해 주셨죠. 정말 멋진 아이디어였어요. 재활요양시설에서의 생활은 매우 외로워서, 젊은 사람이 거의 매일 무언가 기대할 수 있는 것을 가지고 찾아주는 것은 정말 큰 위안이 되었어요. 모든 준비물을 가져와 주고, 끝까지 남아 정리까지 해 준 것은 정말 친절한 행동이었어요. 정말 감사드립니다. 그동안 계속 그림을 그렸고, Mount Sinai 병원에서 열린 재활 박람회에 대해 알게 되었어요. 제가 마우스 스틱 아티스트(mouth stick artist)로 입에 붓을 물고 그림을 그린다는 이야기를 전했더니, 그곳에서 제가 그림을 그리고 시연할 수 있는 자리를 마련해 주었어요. 그래서 이렇게 작품을 전시할 수 있게 되었답니다. 정말 감사합니다. - Sergio."

- 이메일에서 발췌(2021년 10월 14일) -

1. 미술치료 과정의 구조화

미술치료 과정에는 리듬과 흐름이 있어 미술치료사는 미술치료를 실시하는 초기, 중기, 종료기까지의 모든 과정에서 요구되는 다양한 유형의 작업에 대해 모두 꿰뚫고 있어야 한다(Wadeson, 2012). 미술치료에서 구조화는 마치 집을 짓는 과정처럼 단계적으로 이루어진다. 초기 단계에서는 기초를 다지기 위해 내담자의 기본적인 신뢰 형성과 심리적 안정감을 구축하고, 이후 점진적으로 치료적 개입을 통해 내담자의 자기이해와 표현능력을 확장시킨다. 최종적으로 내담자가 독립적으로 문제를 해결하고 성장을 이루도록 돕는다. 각 단계는 내담자의 개별적인 필요와 상황에 맞추어 조정되며, 전반적인 치료 목표를 향해 꾸준히 나가도록 설계된다.

1) 미술치료 구조화 종류

미술치료에서 구조화는 내담자의 치료 목표, 선호도, 과거력, 생활습관 등에 따라 선택되며, 치료사는 각 요소를 조합하여 최적의 치료 환경을 조성한다.

(1) 구조화(structured)

구조화된 미술치료 프로그램은 시간표, 활동 계획, 치료 목표가 미리 설정되어 참여자들에게 명확한 지침과 방향을 제공한다. 내담자에게 안전하고 예측 가능한 환경으로서 활동의 목적과 방향을 명확히 제공하여 내담자가 치료 과정에서 안정감을 느끼고 치료 목표를 달성하도록 한다. 예를 들면, 특정한 주제를 기반으로 한 그림 작업, 구조화된 그림 그리기 활동, 미술기법 강의와 실습 등이다. 내담자의 자아기능 수준이 낮을수록 치료사는 더 많은 구조화를 제공해야 한다(Nucho, 2022).

(2) 반 구조화(semi-structured)

구조화된 요소와 자유로운 요소를 결합한 형태로, 부분 활동은 사전에 계획되어 있으나 미술 표현 작업에서 내담자가 스스로 선택하고 표현할 수 있다. 반 구조화된 미술치료 프로그램은 내담자에게 일정한 지침과 자유로운 창작활동의 조화를 제공하여 창의성과 자기표현을 촉진한다. 이를 통해 내담자의 자유로운 표현과 치료 과정에 대한 책임감을 높일 수 있다.

(3) 비구조화(unstructured)

명확한 계획이나 지침이 없는 형태로 내담자는 자유롭게 자신의 감정과 경험을 표현하고, 미술치료사는 그의 작품을 해석하고 이해한다. 비구조화 미술치료에서는 자신의 욕구를 인식하고 자율적으로 표현하는 내담자의 능력과, 내담자를 깊이 이해함으로써 문제 상황에 효과적으로 대처할 수 있는 치료사의 역량이 중요하다.

2) 미술치료 단계: 초기부터 종결까지

미술치료 단계는 초기-중기-후기(-종결)로 나눈다. 각 단계에서 치료사의 역할은 내담자의 작업을 도와주고 촉진하는 것으로, 내담자의 스트레스와 좌절을 다루고, 자신의 표현을 발견하도록 격려하며, 작품 안에서 스스로 자신을 바라볼 시간을 준다(정현희, 2017).

(1) 초기

치료사와 내담자 간의 신뢰와 안전감을 구축한다. 치료사는 내담자의 주 호소문제, 정신과적 병력, 개인사, 대인관계, 현재 환경과 상황, 치료사와의 관계 반응, 그림검사 등 다양한 평가를 통해 문제를 확인하고 치료 목표를 세우고 치료를 구조화한다.

(2) 중기

치료사는 내담자가 자신의 감정, 생각과 경험을 깊이 탐색하고 자유롭게 표현할 수 있도록 지원한다. 이 과정에서 내담자가 자신의 문제를 구체적으로 다루어 이해하며 해결 방법을 모색할 수 있도록 돕는다.

(3) 종결

치료사는 치료 과정에서 나타난 변화를 통합하고 지속하도록 내재화하여 성장을 촉진한다. 상실 또는 분리와 관련된 정서적 경험을 탐색하고 건강한 분리 후 자립하여 스스로 문제를 해결할 수 있도록 한다. 종결 후 내담자를 방해할 수 있는 장애 요인과 반복될 수 있는 문제를 확인하고 추가 지원 방안을 논의한다. 치료의 종결을 공식화하고 내담자와 작별 인사를 나눈다.

3) 미술치료 과정: 도입부터 마무리까지

각 회기를 도입–전개(작업 과정)–마무리로 나누어 구조화하며, 각 단계별 시간은 전체 회기 또는 상황에 맞게 적절히 배분하여 구성한다.

〈표 7-1〉 미술치료 과정 내용

도입	전개	마무리
• 인사 • 구조화 • 워밍업 활동(긴장완화)	• 회기 주제, 목표, 활동 설명 • 매체 및 주제 탐색 • 미술작업 활동(형상화)	• 이미지에 대한 토론, 나눔 • 정리

(1) 도입(약 10분)

도입에서 결석/출석 및 특이사항을 확인하고 회기의 원활한 진행과 역동적인 상호작용 및 긴장 이완을 위해 간단히 한 주간의 안부를 묻거나 몸 풀기를 진행한다. 워밍업 활동을 통해 긴장을 완화하고 적극적으로 치료에 몰입할 수 있도록 한다. 치료사와 내담자, 내담자들 간 자리를 정하는 방식, 치료 시간과 쉬는 시간, 기본 규칙 등 구조를 정하고 확인한다.

도입에서 활용하기 좋은 기법(준비운동)
• 재료를 탐색하고 실험하면서 무엇을 할 수 있을지 알도록 격려한다(Kwiakowska, 1978)
• 긴장 이완: 신체적인 준비 운동으로 정신을 일깨우고, 이미지를 떠오르게 하고 팔로 간단히 원 만들기, 호흡의 선을 따라 그리기, 곡선과 직선, 원 그리기 등 미술활동으로 연결한다(Cane, 1951, pp. 48-53).
• 감각 이완: 천사점토, 아로마 등 사용한다.
• 경험 구조화: 이미지와 대화를 통해 의미 있는 경험을 자신의 이야기와 연결한다.

(2) 전개(약 30~50분)

각 회기의 주제와 목표, 구체적인 활동 내용과 미술매체를 소개한다. 내담자가 자신의 활동에 몰입하여 매체와 주제를 탐색하고 형상화할 수 있도록 하며, 필요에 따라 치료사가 준비한 예시 작품이나 영상 등의 자료를 보여 줄 수 있다. 집단치료의 경우, 주제에 따른 협동 활동과 집단 간 의사소통이 원활하게 이루어지도록 집단 역동에 개입한다.

(3) 마무리(약 10~20분)

작품에 대한 개인적 나눔과 토론, 치료의 정리로 회기를 마무리한다. 특히 집단치료에서는 제한된 시간 내에 서로 다른 언어적 표현 능력과 개방성을 가진 집단원들이 서로 공감하고 긍정적인 피드백과 상호작용을 경험할 수 있도록 안정된 분위기를 조성한다.

다음 회기 안내와 치료 공간과 사용 매체 정리, 완성 작품의 보관에 대한 안내가 필요하며, 내담자의 문제가 해결되지 않은 상태로 치료실을 떠나지 않도록 주의한다. 회기 진행 과정에서 힘들어하는 내담자가 있었다면 기관 담당자에게 상황을 전하고, 다음 회기 전에 반드시 상태를 확인한다. 치료사는 마무리 후 일지를 작성하고 슈퍼비전을 받는다.

다음은 학생들의 실습일지에서 발췌한, 마무리에 대한 질문이다.

주요 질문

1. 내담자가 자신의 이야기를 계속해서 하고 있는데 종료 시간이 다가오는 경우, 갑작스럽게 끝난다는 느낌 없이 어떻게 끝맺을 수 있을까요?
2. 나눔은 어떻게 시작할까요?

4) 미술치료 방식: 개인–집단 미술치료

개인 미술치료와 집단 미술치료는 각각의 장점이 있으므로 내담자에 따라 적합한 방식을 택하여 제공한다. 집단 미술치료의 경우 집단원이 정해져 있는 폐쇄집단과 정해져 있지 않고 중간에 새로운 집단원이 참여할 수 있는 개방집단으로 구분된다.

(1) 개인 미술치료

가장 기본적인 진행 방법으로, 개인 내담자의 개별화된 관심에 집중하여 자신의 감정, 경험, 관점 등을 탐색하고 이해할 수 있다. 비공개적인 공간에서 이루어지기 때문에 안전하게 더 깊은 자기표현과 심화된 개입을 통한 이해가 가능하다. 집단에 속하기 어려워하거나 집단에 방해를 주는 경우, 신체적 · 정서적으로 불안정한 경우에 치료사와 신뢰감/친밀감을 형성하고 스스로 자신의 문제에 접근할 수 있도록 한다.

다음은 학생들의 실습일지에서 발췌한, 개인 미술치료에 대한 질문이다.

주요 질문

1. 개인상담에서도 자리가 중요한가요?
2. 아동이 어려서 보호자가 함께 참석해야 하는 경우에 어디에 앉을까요?

[그림 7-1]은 개인 미술치료실에서의 자리 배치 예시이다. 실습생들은 개인 미술치료에서 내담자와 치료사의 관계 및 역동의 중요성에 큰 관심을 갖지 못하는 경우가 많다. 개인 미술치료에서 치료사는 집단 미술치료와는 달리 더 가깝게 내담자의 경계 안으로 들어가야 하기 때문에 테이블의 형태와 문의 위치, 관심을 끌 수 있는 매체 사물함의 위치, 자리 배치까지도 매우 중요하다. 나라면 어디에 앉겠는가 생각해 보자.

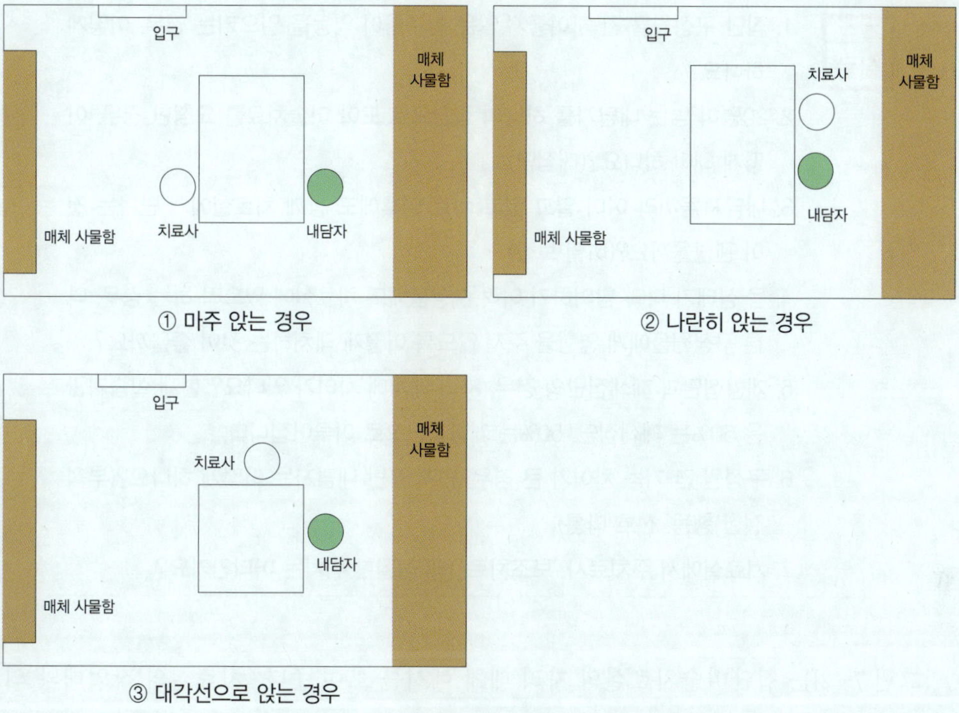

[그림 7-1] 개인 미술치료실에서의 자리 배치

(2) 집단 미술치료

집단은 2명 이상, 일반적으로 8~10명 내외의 구성원으로 이루어지며, 대상(population)과 치료 형태(setting)에 따라 집단의 다양성이나 연령, 기능, 문제의 심각 정도 등을 고려하여 결정된다. 집단 역동을 고려하여 구성원들의 성향이 너무 다르거나 반대로 너무 비슷하지 않도록 개인 간 차이와 보편성을 인식할 수 있게 구성한다. 집단원의 기능과 치료사의 전문성, 보조인력(보조치료사) 참여 여부, 치료 시간, 사용 매체 등 환경을 고려하는 것이 중요하다. 집단 안에서 개인적 경험과 집단적 경험을 함께 제공하여 상호 도움을 준다. 집단 구성원과 각자의 작품에 대해 이야기 나누고 공동 작품을 함께 제작하는 활동 과정을 통해 자신의 경험을 타인과 교환, 공유하고, 지지와 긍정적인 피드백을 체험, 바람직한 대인관계의 경험을 시도할 수 있다. 집단 참여자들이 성공적인 경험을 할 수 있도록 집단의 성격과 목적에 따라 비밀 보장 등 기본 규칙과 행동 규준 등을 구조화하는 것이 중요하다.

다음은 학생들의 실습일지에서 발췌한, 집단 미술치료에 대한 질문이다.

주요 질문

1. 집단 구성원들 간 사이좋지 않은 친구들이 역동을 일으키는 경우, 어떻게 하나요?
2. 20명이 넘는 내담자를 하나의 집단으로 모아 미술치료를 요청한 경우, 어떻게 해야 하나요?(대집단)
3. 내담자들끼리 이미 알고 있고 치료 이후에도 함께 치료실에서 만나는 것이 괜찮을까요?(비밀 보장)
4. 몸 상태가 나빠 참여하기 어려운 상황에도 치료실에 있으려 하는 경우, 다른 구성원들에게 영향을 주지 않도록 어떻게 대처하는 것이 좋을까요?
5. 개방집단과 폐쇄집단의 경우, 자리 배치에 차이가 있나요? 현재 실습기관은 50%는 폐쇄집단, 50%는 개방집단으로 이루어집니다.
6. 구성원 간 기능 차이가 큰 경우, 먼저 끝난 내담자는 어떻게 하나요?(부적절한 행동, 선호 다름)
7. 치료실에서 주치료사, 보조치료사의 적절한 위치는 어디인가요?

[그림 7-2]는 집단미술치료실의 자리 배치 예시를 보여 준다. 치료실의 작업대와 의자 등 물리적 공간을 구성할 때는 공간의 크기 및 인원, 진행되는 작업 형태와 집단원들 간 역동을 고려해야 한다. 집단원들이 자유롭게 소통하며 활동할 수 있는지, 결과물을 공유하고 토론할 수 있는지, 집단 응집성을 성취하고 유지할 수 있는지, 방해물이 있는지 등 치료 과정의 전체적인 역동을 고려한다. ①은 8~10명 집단에서 하나의 원형으로 구성하였다. ②는 10명이 넘는 집단에서 두 개의 소그룹으로 나누어 구성하였다. ③은 집단 내에서 자리 이동과 관례를 화살표로 보여 준다. 치료 내 관찰과 치료 후 개입에 도움이 된다.

[그림 7-3]은 초등반 집단 미술치료 사례로 학교 장면에서의 자리배치의 예시를 보여 준다. 이 사례는 초등학교 교실에서 실시했으며, 참여 인원과 활동 내용에 따라 책상 배치를 변경하였다.

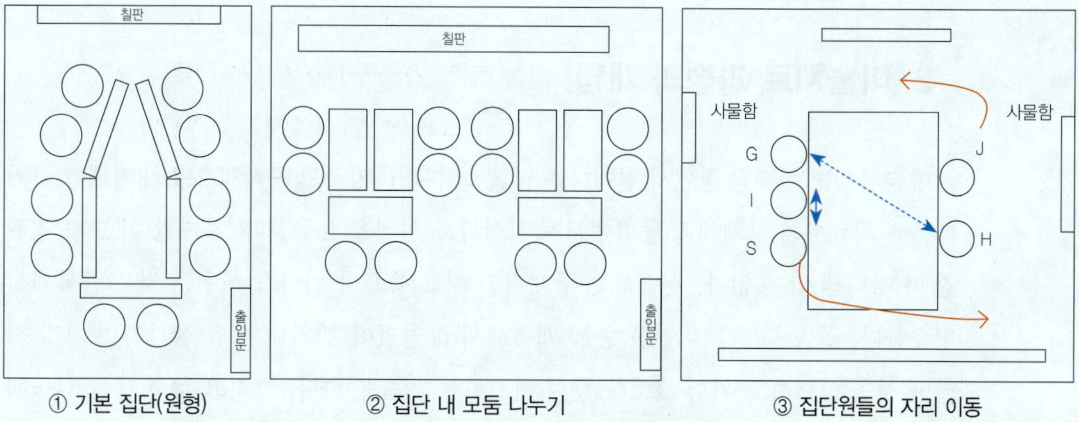

[그림 7-2] 집단 미술치료 자리 배치

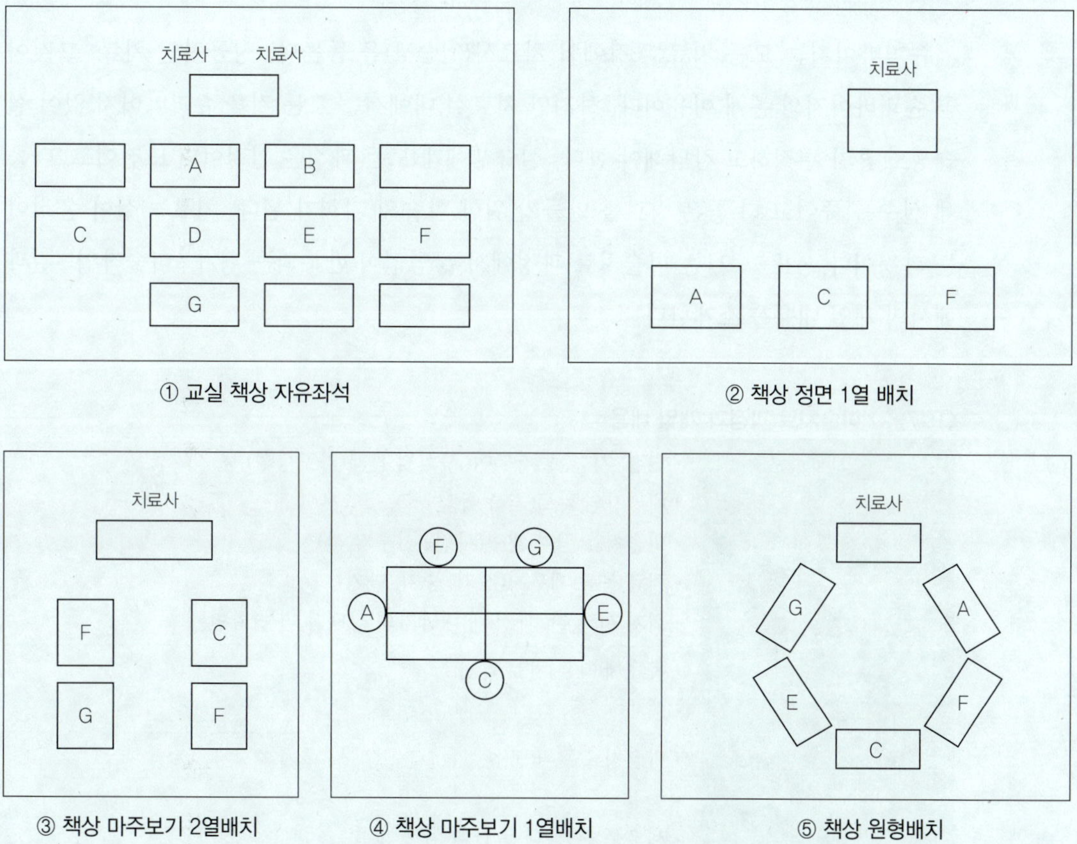

[그림 7-3] 초등반 집단 미술치료 자리 배치도 예시

2. 미술치료 과정과 개입

미술치료는 실제 과정에서 일어나는 많은 변수를 파악하고 즉각적으로 대처해야 하기 때문에 치료사의 문제해결 능력에서 즉시성과 유연성을 요구한다. 하지만 이 또한 정해진 딱 하나의 답은 없다. 실습생은 구체적인 치료 목표와 전략을 세우는 것을 반복해서 연습한다. 실습 중 슈퍼비전을 통해 계속해서 끊임없이 '만약(if)~'을 생각하며 가장 적절한 것을 선택하고 위험 요소를 줄여 해결하는 연습을 한다. 그리고 그 선택을 검증해 나간다.

'만약(if) ~를 하였다면?'

'만약(if) ~를 하지 않았다면?'

슈퍼바이저는 모든 치료 과정에서 치료사(실습생)을 돕는다. 성공적인 치료, 그것이 곧 슈퍼바이저의 존재 이유이다. 하지만 치료실 내에서는 모든 것을 슈퍼바이저 없이 실습생도 혼자 결정하고 감당해야 한다. 실습생에게 모든 과정은 실전이며 도전이고, 다음에 실수를 줄이고 더 좋은 치료를 만들기 위한 학습의 기회가 된다. 치료는 살아 움직이는 과정이다. 〈표 7-2〉는 미술치료 과정에서 끊임없이 반복되는 평가-미술작업-결과에서의 개입 내용을 소개한다.

〈표 7-2〉 미술치료 과정과 개입 내용

구분	내용
평가(assessment)	• 면접: 기능, 동기부여, 사회적 관계(라포형성) 등 • 내담자의 차트 기록 확인 • 미술치료 평가 계획(사전-사후 검사) • 치료 목표 세우기(장기, 중기, 단기) • 회기 시작 전, 과정 내 내담자의 상태와 기능 확인
미술작업(intervention)	• 목표에 따른 치료 과정 • 매체
결과(outcome)	• 미술치료 결과 분석 • 종결 • 새로운 진단, 다음 단계 치료 계획

1) 미술작업하기

내담자가 동기를 가지고 몰두할 수 있는 미술작업 미술치료(프로그램)을 계획하고, 이후에는 그 과정을 보호하며 어렵더라도 자신의 감정을 솔직하게, 정성을 들여 표현하여 완성하도록 북돋우면서 풍부해지도록 돕는다(주리애, 2021). 미술치료사는 내담자가 안전함을 느끼고 집중할 수 있는 작업 공간, 미술작품, 시간의 길이와 미술치료사의 존재는 내용을 보유할 수 있는 경계를 만들어 보유 환경(holding environment), 지지 환경(supportive environment)이 되도록 한다. 특히 집단의 경우 내담자가 집중할 수 있도록 치료적 경계를 유지하며 준비되지 않은 과정에서는 질문하지 않고 기다려 주는 것이 중요하다.

미술치료에서 경계

경계(boundary)란 치료가 전문적인 서비스가 될 수 있도록 돕는 틀로 안전한 울타리가 된다. 정해진 틀은 약속이 되고, 그 약속을 지켜 갈 때 건강한 치료 결과를 기대할 수 있다. 조건은 치료 시간, 치료 약속, 치료비, 일상생활에서의 접촉, 이중관계 가능성, 위급할 때의 도움(개입) 등으로 분명하게 설정 · 유지해야 한다. 이외에 약물치료 병행 여부, 종결 등을 고려하며, 내담자의 연령이 너무 어리거나 심리적으로 약하거나 양육환경이 엄격한 경우 경계 설정에 주의한다.

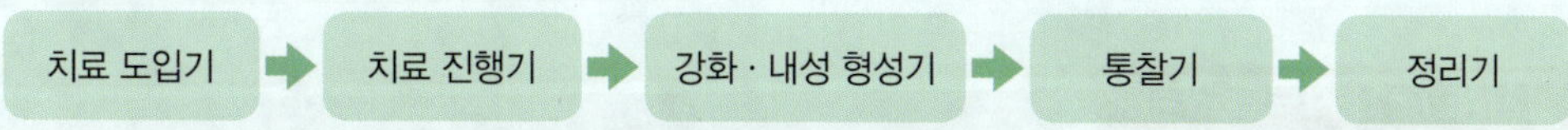

[그림 7-4] 미술 작업 단계

미술치료는 치료 도입기, 치료 진행기, 강화 · 내성 형성기, 통찰기와 정리기의 단계로 진행된다. Judith Rubin(2005)은 탐색, 신뢰, 도전, 의사소통, 직면, 이해, 수용, 대처, 분리의 단계로 진행된다고 소개한다.

2) 작업 주제 정하기

"오늘 무엇을 하면 좋을까요?"

주제는 내담자와 치료사가 함께 정하는 것이 좋다. 계획된 것 외에 어떤 것을 해 보고 싶은지, 지난 시간에 미완성한 것을 계속할지, 새롭게 시작할지 등 내담자의 기능 수준과 상태, 상황 등을 고려하여 구체적, 지시적, 개방적으로 접근한다. 초기에는 주변적인 주제로부터 시작하여 라포형성 후에 개인적이고 외상적인 경험을 다루는 것이 좋다(Nucho, 2022).

치료사는 준비한 활동과 주제를 거부하거나 기능 차이로 집단활동에 참여하기 어려운 경우, 내담자의 자기개방 및 기능 수준을 민감하게 상황을 파악하고 치료 목표 내용 안에서 변경하거나 매체를 조정할 수 있다. 이때 치료사의 창의적 사고가 중요하다.

3) 치료실 규칙 정하기

개인 미술치료와 집단 미술치료에서 모두 규칙을 정하지만 집단 미술치료에서는 통제를 위한 규칙의 중요성이 더 분명하게 다루어진다. 규칙은 내담자 스스로 '약속'으로 정하고 자발적으로 자신의 문제 행동을 교정하여 성취감과 자존감을 높이는 데 중요한 역할을 하는 만큼 그 의미가 크다. 일반적으로 내담자의 문제 행동에 초점을 두고, 미술 표현 내용이나 주제, 표현하고자 하는 감정에는 제한을 두지 않는다(예외: 성적인 표현, 폭력적인 표현 등). 집단 규칙은 긍정언어를 사용하여 집단원 전체와 치료사가 함께 정하며, 필요에 따라 치료가 진행되는 동안 내용을 추가할 수 있다.

다음 [학습과제 7-1]을 통해 치료실 규칙을 정하는 연습을 해 보자.

[사례 7-1] 치료실 규칙

〈청소년 집단 미술치료 규칙 예시〉

1. 집단 내에서 나눈 이야기 비밀 지키기
2. 타인의 작품 평가하지 않기
3. 타인의 이야기 귀 기울여 듣기
4. 잘하는 것보다 재밌게 즐기는 마음 갖기
5. 나 그리고 우리의 좋은 시간을 위해 서로 배려하며 최선을 다하기

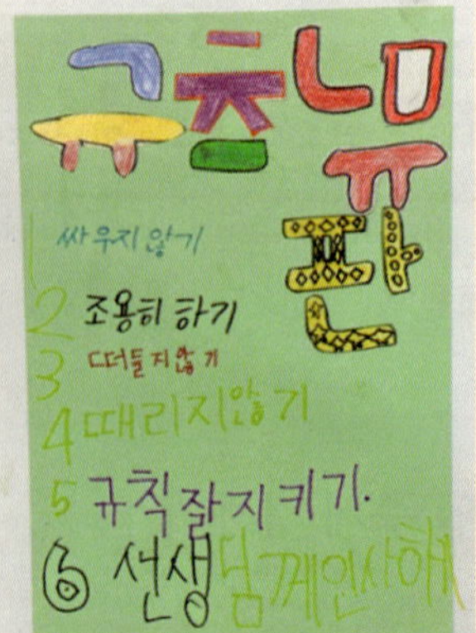

〈집단 규칙 판 예시〉

학습과제 7-1 **치료실 규칙 정하기를 연습해 보자.**

집단 규칙

1. ....
2. ....
3. ....
4. ....

다음은 학생들의 실습일지에서 발췌한, 치료실 규칙에 대한 질문이다.

주요 질문

1. 초기에 규칙을 설명하고 반복적으로 상기시켜 주어 방해 행동이 줄어들었으나, 라포가 형성된 후에 방해 행동이 다시 심해졌는데 새로운 규칙을 추가해도 될까요?
2. 개인치료에서도 규칙을 정해도 될까요?

치료실의 규칙은 지키지 않았을 때 벌을 주기 위한 것이 아니라 약속으로 함께 정하고 스스로 지키려는 노력과 변화를 지지하며 자기효능감을 높이기 위한 것이다. 초반에 함께 정하는 것이 일반적이지만 주요 질문처럼 회기가 진행되면서 문제행동이 추가되거나 심해질 때 수정 · 추가할 수 있다. 물론 개인치료에서도 필요에 따라 규칙을 정할 수 있다.

4) 작업 돕기

"내담자가 작업하는 동안 치료사는 무엇을 하나요?"

많은 실습생이 하는 질문이다. 첫 실습에서는 특히 더 어려운 일이다. 미술치료 시작부터 치료사는 내담자의 편에서 지지하며 자기표현을 할 수 있도록 도움을 주는데, 내담자가 도움을 청할 때의 적절한 수용과 거절, 그리고 충분한 기다림이 중요하다. 집단치료에서는 집단원들끼리 관계를 경험하고 서로 도움을 주고 받는 긍정적인 경험을 하도록 제안한다. 이때 미술치료사는 내담자의 **제3의 손**(third hand; Kramer, 1986)이 되어 내담자가 자신의 내면이나 감정을 시각적인 형태로 나타내는 것에 어려워하거나 어느 지점에서 막혀 나아가지 못하고 있을 때, 그 난관을 극복하도록 도와줄 수 있다.

다음은 학생들의 실습일지에서 발췌한, 작업 돕기에 대한 질문이다.

주요 질문

1. 아동 내담자가 활동을 조금 하다가 멈추고 "이제 여기까지만 하고 그만할래요!"라고 표현하는 일이 많아서 활동을 오래 진행하기가 어렵습니다.
2. 평소 독립적인 성향이 강해서 오히려 도움을 주려는 치료사의 도움을 거절하는 경우가 많은 아동 내담자가 갑자기 의존적인 모습을 보이는 경우, 일단은 치료사가 수용해 주고 그 원인을 살펴보는 것이 바람직한지, 스스로 하도록 유도하고 격려하는 것이 바람직한지 의문입니다.

제3의 손 기법

제3의 손 기법(third hand intervention)은 내담자에게 비지시적이며 의미를 왜곡하지 않고, 내담자의 이미지나 원래 의도된 내용에 지나친 간섭을 하지 않으며, 내담자에게 어울리지 않은 것을 강조하지 않으면서 작품을 만드는 과정을 돕는 것이다. '별것이 아닌 이유로 인해 버려지는 작품을 구해 내는 것'과 심각한 문제가 있을 때 재구성(reframing)과 재설정(redirecting)과 같은 치료사의 적극적 개입과 미술 재료, 도구, 방법 등 전반에서의 적용(adoptation)과 직접적인 중재 방식(hand-over-hand intervention)도 포함된다(Kramer, 1986).

제3의 손 기법은 제7장 도입에서 소개한 Sergio의 사례처럼 신체적으로 제한적인 내담자들에게 효과적인 것으로 알려져 있다. 이때에도 치료사는 내담자가 스스로 표현 과정을 주도하여 결정할 수 있도록 도와야 한다.

내담자에 대한 책임이 있는 치료사들은 늘 적절한 개입을 찾기 위해 한발 앞서 고민한다. 치료사에게 민감성, 창의성과 유연성이 필요한 이유이며, 실습 중 가장 많은 질문인 '대처'나 '문제해결' 능력과 연결된다. 이때 치료사는 자신의 개인적인 욕구가 아닌지 살피고, 과잉 관여(over-involvement)로 인해 내담자가 무기력해지고 의존적이 되거나, 치료사의 눈치를 보지 않도록 적절함을 유지해야 한다.

전맹 내담자의 작품이다. 그는 치료사의 질문에 자신이 좋아하는 과일인 바나나, 사과, 오렌지를 차례로 선택하여 포일로 형태를 만들고, 종이테이프를 붙인 후 아크릴 물감으로 완성하였다. 그 과정에서 치료사는 내담자가 스스로 선택하고 만들면서 양손으로 과일의 형태를 느끼고 원하는 색을 칠할 수 있도록 그의 제3의 손 역할을 하였다.

비대면 미술치료에서 치료사의 개입이 가능한가요?

미술치료에서 치료사의 반응과 적절한 개입은 매우 중요하다. 비대면 미술치료는 대면에 비해 치료사의 통제와 적극적인 개입이 어려울 수 있는데 집단원들이 동시에 말을 하거나 반응하는 경우, 또는 한 명이 돌발적인 행동을 하는 경우에 전체적인 영향을 줄 수 있기에 주의가 필요하다. 집단치료의 경우, 주치료사가 진행하는 동안 보조치료사는 전체적으로 관찰하며, 채팅에 신속하게 답을 작성하여 문제를 해결하고, 추가 매체를 준비하는 등을 주치료사를 돕는다. 특히 비교적 기능이 낮거나 발표를 어려워하는 내담자의 화면을 확인해야 한다.

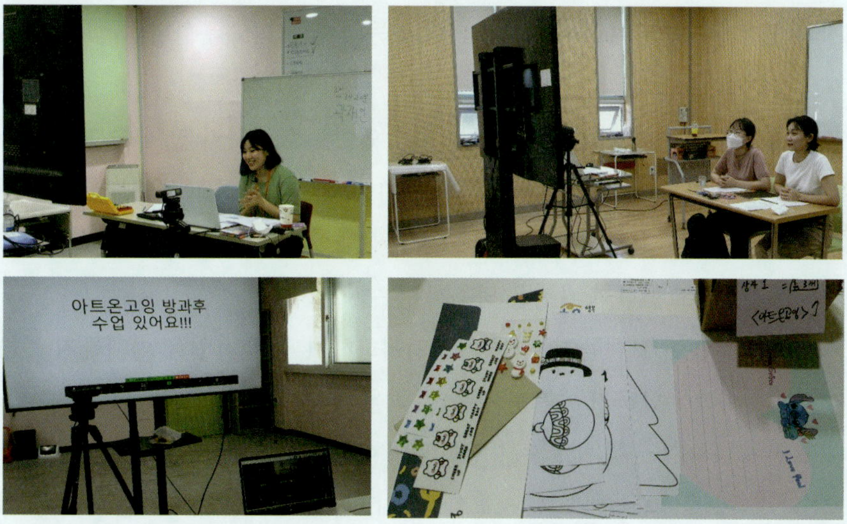

- 채팅창 사용: 비대면 미술치료에서 채팅창은 여러 목적으로 사용된다. 1:1 비밀대화, 내담자의 질문에 대한 답변, 생각할 시간을 주기 위한 질문, 작품 사진 전달 등 정보 교환 괄호를 사용하여 비언어적 단서의 결핍을 보완한다.
- 즉시성(descriptive immediacy)과 현시 기법(presencs technique): 당시 자신의 심정과 모습을 생생하게 시각화 표현하는 것이다 내담자가 글을 이해하는 맥락 단서가 되는 상상력을 제공한다.
- 비유적 표현: 의미를 전달하고 심화하기 위해 은유나 직유를 사용한다.
- 마침표 사용하기: 반응 시간을 지연하고 침묵을 나타낼 때나, 내용에서 문장과 문장 사이를 나눌 때 효과적으로 사용된다.
- 글씨체: 작성된 글씨 크기, 대문자 사용 여부가 내담자의 자아개념과 관련된다는 연구의 한글에서 "두서없는 긴 글을 읽어 주셔서 감사합니다." "시간이 없으시죠?" "바쁘시죠? 짧게 쓸게요." 등의 표현이 의미 있다고 한다. 문어 패턴, 틀린 철자, 사투리를 사용하는 경우 내담자의 배경을 볼 수 있다.
- 이모티콘: 감정을 시각화하는 상징적 표현으로 글을 대신하여 직접적으로 표현하기도 한다.

5) 작업 후 대화(나눔)

미술작품 완성 후 미술치료사와 내담자 또는 내담자 간에 이루어지는 대화로 이미지와의 대화를 의미한다. 내담자가 자신의 작품을 통해 표현한 감정, 생각, 경험에 대해 이해하고 탐구하는 중요한 과정이다. 이 과정에서 상호 관계 안에서 작품의 해석, 감정의 표현, 자기인식 및 발전, 치료 과정에 대한 평가를 통해 직면하고 깊이 들어가 발견할 수 있도록 한다. 이 대화는 내담자와 치료사 간의 심리적 연결을 강화하고, 내담자의 개인적 성장과 발전을 지원하여 효과적이고 의미 있는 경험이 되도록 한다.

- 작품 제작은 그 자체로 치료적이며 이후에 언어로 표현하기 전에 숙고할 시간이 필요하다. 표현한 이유를 의식하지 못한 초기 내담자의 서툴고 별 생각 없이 하는 말은 적절하지 않게 들릴 수 있고, 초보 치료사의 어설픈 해석(반응)이 내담자의 방어기제를 건드리고 탐색과 과정을 멈추게 할 수도 있다.
- 치료사는 '무엇이 보이는지' 질문하고 언어화하기 전에 작업을 이해하지 못하거나 질문이나 의견에 답하기 어려운 경우, 나눔을 멈출 수도 있다.
- 나눔 전에 나눔의 규칙[발표 순서, 한 사람씩 이야기하기, 좋은 질문하기, 비판하지 않기, 자신의 생각을 잘 전달하기('나는 ~ 느낌이 든다') 등]을 정하고 이야기를 나눌 수 있다.

(1) 작품 해석

치료사와 내담자는 미술작품을 해석하고 그 안에 담긴 의미를 이해한다. 작품에 표현된 감정이나 메시지를 탐구하여 내담자의 심리적 상태를 파악한다.

(2) 감정 표현

내담자는 작품과 표현 과정에서 자신의 감정을 시각화하고, 그 내용을 언어로 표현하는 기회를 갖는다. 그 과정에서 자신의 감정을 인지하고 이해할 수 있다.

(3) 자기인식 및 발전

미술치료 작업 후 대화에서 내담자는 자신의 경험과 감정을 돌아보고 탐구하고 자아를 인식하며 미래 목표를 설정하며 발전을 도모한다.

(4) 치료 과정 평가

치료 과정을 평가하는 것은 다음 단계의 계획을 수립에 도움이 된다. 내담자와 치료사는 함께 작업한 경험을 돌아보고 추후 치료 목표를 설정할 수 있다.

〈표 7-3〉 작업 후 대화 방식

관찰하기	발견하기	연결하기
• 과정 관찰: 작품을 만드는 과정이 어떠하였나 되돌아본다. • 작품 관찰: 그림 속 형식 요소 및 내용 요소가 어떠한가 살펴본다	• 요소 발견: 작품에 두드러지는 요소는 무엇인지, 어떻게 보이는지, 어떤 느낌인지 살펴본다. • 통합 발견: 작품 전체의 느낌을 발견한다. 작품에 이름을 붙이고 의미를 발견한다. • 변화 발견: 여러 작품에 걸쳐 흐름을 발견한다. 그림 속 주요 대상의 사이즈 변화, 색깔 변화, 위치 변화 등을 살핀다.	• 요소 발견: 작품의 요소 간 비슷한 면을 연결한다. • 회기 간 연결: 이번 회기와 지난 회기들 간에 연결하여 살펴본다. • 실생활 연결: 그림과 실제 생활을 연결하여 의미를 살핀다.

출처: 주리애(2021), p. 369.

다음은 학생들의 실습일지에서 발췌한, 작업 후 대화에 대한 질문이다.

주요 질문

1. 발표하기 싫어하거나 어려워하는 아동은 회기가 종료될 때까지 발표를 시키지 않아야 할까요?
2. 내담자는 편마비로 정확한 발음이 어렵습니다. 어눌한 발음을 잘못 알아들었을 경우, 솔직하게 되묻는 것이 좋을까요? 내담자 입장에서 선생님이 자신의 말을 알아듣지 못한다면 좌절감을 느끼진 않을지 걱정입니다.
3. 치료사로서 작업 후 해석/평가에서 어느 정도 읽어 주는 것이 가능할까요?

다음은 비대면 미술치료의 진행 과정이다. 치료의 오리엔테이션 및 비대면 미술치료에서 사용하는 환경에 대한 사전교육과 사용할 매체를 사전에 제공하는 것이 중요하다.

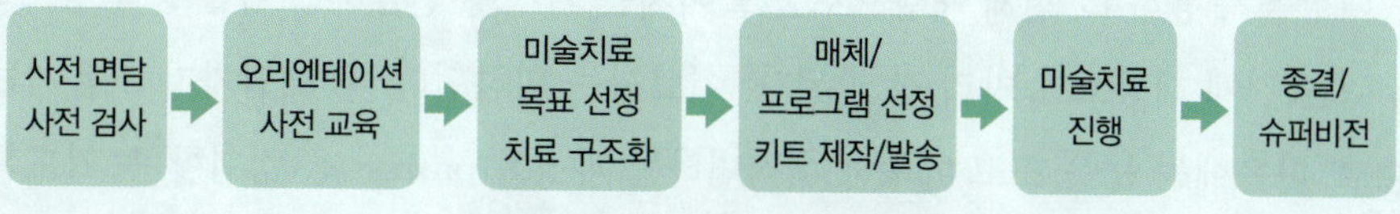

[그림 7-5] 비대면 미술치료 과정

비대면 미술치료 과정
1. 내담자와 사전 면담을 진행한다. 동의서 작성 및 오리엔테이션을 통해 세부 진행 과정 설명, 치료 구조화(치료 일시, 비대면 환경, 매체 준비 방법, 작품 사진 공유 방법, 부모상담 등), 사전 검사를 진행한다.
2. 미술치료 목표 및 프로그램, 내담자 연령, 매체 활용 능력을 고려하여 매체를 선정한다.
3. 미술치료 키트를 제작, 포장하여 배송한다([그림 6-2] 참조).
4. 비대면 미술치료와 슈퍼비전을 진행한다. • **나눔**: 나눔에서 미술작품을 공유하는 방법과 치료사와 집단원들 화면에서 마이크를 켜고 순서대로 발표하는 방법과 다른 집단원의 이야기에 경청하고, 피드백을 주고받는 의사소통을 경험한다. 비대면이지만 치료사와 내담자, 작품의 유기적 관계 안에서 자신의 작품을 스스로 바라보고 자기 탐색과 발견을 하는 것이 중요하다. 소회의실은 집단원 간 나눔을 활성화할 수 있으나, 치료사가 모든 회의실에서 관찰할 수 없는 제한이 있다. 보조치료사가 있는 경우, 2개로 나누어 적극적인 나눔을 통한 의사소통, 사회성을 도모한다. 집단원이 많은 경우, 또는 개인 대화가 필요한 경우에도 채팅이나 소회의실을 개설하여 활용할 수 있다. • **완성 작품**: 회기 후 내담자의 완성 작품 사진을 받는 것이 쉽지 않다. 그림자가 들어가지 않고 똑바로 찍은 매 회기 사진을 즉시 전송받는 것은 번거롭고 어려운 일이기 때문에 작품 소개 시 작품을 화면에 들고 보여 주도록 하고 치료사는 내담자에게 미리 안내한 후 작품 화면을 캡처하여 보관한다. 작품의 보관과 폐기는 미술치료 초기면담에서 정한 방식대로 하는데, 미술치료 작품의 경우 내담자의 개인적인 내용이 담겨 있는 것으로 안전하게 보관하고 폐기할 수 있도록 안내한다. 필요한 경우, 보호자에게 보관 방법을 안내할 수 있다. • 다음 회기 시간과 준비, 매체 등을 안내한다.

6) 전체로서 바라보기(대면-직면)

내담자는 관찰하기, 발견하기, 연결하기를 통해 자기 자신에 대해 통합적으로 알아간다. 이 과정에서 통합할 수 있는 내담자의 능력에 따라서 대상을 부분 대상으로 지각하는지, 전체 대상으로 만날 수 있는지 결정된다. 미술작업과 감상에서 전체 대상으로 바라보기 위해서는 연습이 필요하다. 미술작업의 승화 과정을 통해 마음에 들지 않는 부분 대상을 수용하고, 전체 대상으로 만들어지는 과정을 연습하고 이를 통해 통합되고 의미 있는 전체 대상으로 자리 잡게 된다. 치료사는 피하던(방어) 내담자가 처음에는 눈을 감고, 다음에는 눈을 뜨고 마주하여 직면하는 과정화(process)를 경험할 수 있도록 기다려 준다.

- 부분 대상: 존재하는 대상의 일부분만을 받아들이고 인정한다.
- 전체 대상: 대상을 다양한 면을 가진 통합된 상대로 인식한다.

미술치료 실습 과정에 대한 치료사들의 질문
• 수용하기
• 적절한 개입
• 거절하기(내담자의 요구가 지나치게 부적절한 경우 경계 세우기, 규칙 만들기)
• 기다려 주기(치료사의 듣는 연습, 읽는 연습 필요, 내담자의 시간 기다려 주기)
• 작품의 해석 및 평가
• 질문하기
• 반응 만들기
• 치료사의 개방
• 부모상담

3. 미술치료 종결 다루기

모든 일에는 시작이 있고 끝이 있다. 미술치료에서도 치료사와 내담자가 함께 세운 목표가 달성되었을 때 종결(termination)을 다룬다.

Nacho(2022)는 종결에서 상호작용의 단계를 승인(ratification)-저항(resistance)-회고(review)-해결(resolution)로 소개하였다(p. 244). 종결에서 내담자는 치료 과정에서 다루었던 자신의 문제와 변화를 새롭게 바라보고 적응하며, 현실의 삶을 찾아 나가는 마감 과정을 경험한다. 실습의 경우에는 대부분 치료 기간과 종결 시기가 결정된 채 시작하기 때문에 치료사는 제한된 회기 안에서 성과를 내야 한다는 부담감과 처음 시도하는 종결에 대한 스트레스를 경험할 수 있다. 그렇다면 어떻게 종결을 준비할 것인가?

1) 종결 시점

언제 종결해야 하는지 시점은 내담자가 치료를 의뢰하며 가지고 온 문제(이슈)가 해결되어 가는 과정에서 내담자와의 협의를 통해 결정한다. 임상실습의 경우 종결 시점은 대부분 정해져 있다.

- **치료 시작 시기**: 프로그램 목표 또는 기관의 환경(학기 단위)에 따라 전체 회기(10회기, 20회기 등)를 정하여 시작하기도 하고, 장기 치료의 경우 6개월이나 1년 단위로 치료 과정과 종결 시점을 점검하는 시간을 갖고 결정하기도 한다.
- **종결 시기**: 종결은 계획된 종결과 계획되지 않은 종결로 분류한다.
  - **계획된 종결**은 종결 전에 내담자나 치료사의 이사나 이동(입원/퇴원), 졸업, 이직, 질병, 비용과 관련된 경제적인 문제(바우처, 보험 등) 등으로 치료를 지속하기 어려운 경우 갑작스러운 종결을 맞이할 수 있다. 내담자의 요청이 있을 때, 치료 내 문제로 치료사가 대담자의 문제를 전문적으로 다루지 못하거나 전이/역전이 등의 역동 등으로 치료적 접근이 적절하지 않을 때 계획보다 일찍 종결할 수 있다. 종결 시에는 추후 인수인계 등 치료 계획에 대해 준비하게 되는데 이른 종결을 맞는 경우 내담자의 상황에 맞는 프로그램이나 치료(사)에 의뢰하여 안전한 종결을 준비한다(이수현, 최인화, 2020).
  - **계획되지 않은 종결**은 치료사는 내담자의 종결 사인을 알아차리고 종결 주제를 다루며 종결에 합의할 수 있다. 내담자가 보고하는 호소문제의 변화, 적응에 어려움을 지속시켰던 문제 행동의 감소, 자신의 생각과 감정을 자연스럽게 표현할 수 있는 것, 적응력 향상과 같은 긍정적인 변화가 종결 신호일 수 있다. 반대로 치료 참여에 대한 열의가 떨어지거나, 할 이야기를 가지고 오지 않거나, 중요하지 않은 이야기를 맥락 없이 하거나, 종결 시점을 물어보는 것도 조기 종결의 신호에 포함된다.
  - **조기 종결**은 치료/치료사에 대한 기대가 충족되지 않을 때(편안하지 않다, 공감적이지 않다, 해결책을 제시해 주지 않는다 등) 상담 초기 2~3회기에 나타나는 경우가 많은데 그 이후에 나타날 수도 있다(내담자가 갑자기 결석하는 경우 포함).
  - 실습생(초보 미술치료사)의 경우 갑작스러운 내담자의 종결 반응에 당황할 수 있다. 종결 요청에 긴장되고 당황스러운 마음을 솔직하게 개방하고 내담자가 종결을 원하는 이유, 상담에 대한 기대와 진행 과정에 대해 함께 논의하며 치료를 재구조화할 수 있다.
  - 내담자의 종결 의지를 다루면서 다시 치료를 시작할 수도 있고, 내담자가 원하는 대로 치료를 종결할 수도 있다. 슈퍼바이저에게 즉시 전하고 슈퍼바이저와 함께 종결의 숨은 이유를 포함한 가능한 상황을 정확히 파악하여 안전한 종결을 준비한다.

초보 미술치료사인 실습생은 치료를 종결하는 과정에서 좌절과 장애물을 극복하면서 치료사로서의 자질을 향상시키고 성장을 도모할 수 있다(강세정, 김갑숙, 2019).

주요 질문

1. '잘한 종결'은 무엇인가요? 내담자가 반드시 겪어야 할 경험이지만, 혹시라도 종결이 내담자에게 상처가 되지 않으려면 치료사는 어떤 태도와 마음가짐을 가져야 할까요?

[사례 7-2]

한 환자가 퇴원 후에 여러 가지 핑계를 대며 계속해서 미술치료 시간에 방문한다.

"오늘은 204호 환자 병문안 왔어요!" 미술치료는 오픈아트 스튜디오 형식으로 환자들이 가족들과 자유롭게 참여할 수 있었기에 그녀도 자연스럽게 늘 앉던 자리에 앉아 그림을 그리고 돌아갔다. 그녀는 그림 그리는 것과 이야기 나누는 것을 무척 좋아하였고, 대부분의 참여자들은 함께 오랜 시간 병원 생활을 하며 친해졌기 때문에 그녀가 건강해진 것과 자신들을 방문해 준 것을 무척 반가워하였다. 하지만 치료사는 복지사와 상의하여 그녀에게 집 주변의 커뮤니티 센터를 추천해 주고 미술치료 시간 방문은 그만하도록 전하였다.

[사례 7-3]

간호사였던 T(53세, 여성)는 중환자 병실에서 일반병실로 옮기자마자 필자를 만나 미술치료를 시작하였고, 건강을 회복해서 퇴원할 때까지 많은 변화를 함께했다. 퇴원 전 종결에서 T는 치료사에게 마지막 그림을 선물로 주었다. "처음에는 내가 무엇을 할 수 있는지 몰랐어요. 지금은 내가 무엇을 할 수 있는지, 할 수 없는지 정확히 알아요. 고맙습니다." 라는 그녀의 인사가 마음에 남아 있다. 이전에 T는 본인을 큰 자물쇠가 있는 새장에 갇혀 있거나 발목이 줄에 묶인 새로 표현했다. 이 그림에서 T는 치료사와 함께 자신의 아름다운 집, 정원에서 차를 마시고 있으며 새가 가장 높은 곳에서 노래하고 있다.

이렇게 의료 미술치료의 종결은 환자가 신체적으로 회복되어 퇴원 일정이 정해지고 집으로 돌아갈 때 이루어질 수 있다. 치료사에게 종결은 큰 선물이 된다.

2) 종결 절차

'좋은 종결'은 첫 만남과 라포형성만큼 어렵고, 마무리 과정에서 끝인사와 건강한 분리가 중요하다. 종결 과정은 미술치료 후기 회기에 포함되며, 치료 기간이 1년 이상이라면 대략 3~4회기 정도는 필요할 것이라고 한다. 종결이 다가오면 과정을 돌아보며 마무리하고 종결을 준비하도록 안내해야 한다. 종결의 절차는 치료 목표 달성 평가, 내담자와의 상담, 치료 계획 확인(수정), 종결 회기 진행, 후속 관리 계획으로 이루어진다. 치료사는 종결 이후에 종결 보고서, 소견서, 의뢰서 등을 작성하고, 치료사 스스로도 내담자와 분리 작업을 한다.

(1) 치료 목표 달성 평가

종결을 준비하며 종결 보고서를 작성한다(8장 참고). 치료사는 초기 내담자의 이해를 기반으로 세운 치료 목표와 계획에 따라 실시한 치료 내용과 결과를 분석하고, 초기 치료 목표가 어느 정도 달성되었는지 치료 과정의 성과를 평가한다. 치료 과정의 성과는 치료 과정에서 사전-중간-[사후평가]를 실시하고, 내담자의 반응과 언어적 진술 등을 통해 파악할 수 있다.

- 실습생은 매 회기 실습 후 슈퍼비전과 수업 내 중간 발표 및 평가 등을 통해 앞선 초기-중기 과정에 대해 충분히 이해한다. 목표성과를 객관적으로 수치화하여 내담자의 변화와 변화 요인을 명료하게 파악한다(종결 보고서). 치료 중반 이후 종결일을 다시 안내하여 내담자가 종결 준비를 잘할 수 있도록 함께 준비한다.

(2) 내담자와의 상담

일반적인 종결은 내담자 또는 내담자의 보호자와 치료사가 함께 진행 상황을 검토한 뒤 합의하여 결정한다. 내담자의 의견을 듣고 치료를 종료에 대한 생각을 공유한다. 그 과정에서 기관의 전문가(의료진, 치료사, 복지사 등)들이 팀 회의를 통해 시기와 종결 이후 서비스에 대해 제안할 수 있다.

- 실습생은 미리 정해진 실습 기간에 따라 종결이 정해지는 경우가 대부분이며 실습 기관 담당자와 종결 준비를 협의하고 계획하게 된다. 이는 내담자의 준비 정도 또는 치료 상황에 따라 다를 수 있기에 추후 상담을 연장하거나, 인수인계를 통해 종결 이후 새로운 치료 또는 상담을 제안할 수 있다.

(3) 치료 계획 확인

종결을 위해 치료 성과를 분석하는 과정에서 내담자의 목표 달성 상황에 따라 치료 계획이 수정될 수 있다. 추가적인 회기 또는 보조적인 서비스가 필요할 수 있다. 초기에 종결을 안내하고, 종결 2~3회기 전에 다시 안내한다. 특히 종결에서 상실감은 실존과 관련된 어려운 문제로 갑작스러운 분리, 애착 문제나 의존성이 있는 내담자의 경우에는 종결을 수용하고 좋은 분리를 통한 건강한 관계 경험을 갖도록 준비한다.

- 실습생은 슈퍼비전을 통해 계획과 일지의 질문들과 체크 항목, 현존 문제를 확인하고 종결 안내와 인사를 준비한다. 종결과 관련된 내담자의 감정을 다루어 주며, 자신의 상실과 관련된 마음과 반응도 잘 살펴야 한다.

(4) 종결 회기

종결 회기는 치료를 마무리하는 시간으로 미술치료사는 내담자와 함께 치료 진행 상황을 검토하고 성과를 평가한다. 2~3회기를 이어 진행할 수 있으며, 이 과정에서 내담자는 치료의 종료를 수락하고, 치료 과정에서의 개인적인 성장과 발전에 대해 나누면서 종결 후 남은 과제에 대한 논의와 함께 미래 계획을 수립한다. 이때 내담자는 종결 이후 혼자 변화를 이끌어 나가야 하는 긴장감과 불안감을 경험할 수 있다. 치료사는 이전에 있었던 문제가 반복되거나 새로운 문제가 발생하더라도 치료사와 함께한 문제해결 과정을 기억하며 혼자 직면해서 스스로 해결할 수 있도록 치료 과정과 결과를 기억하고 되새기는 작업을 한다.

- 실습생은 그동안 완성한 미술작품을 함께 돌아보며 각자의 느낌을 나눈다. 그동안 함께한 여정에 대해 잘 견디고 참여해 준 내담자를 축하하고 격려하며, 서로에게 고마움을 표현하는 시간을 가지며 마무리한다. 이번 치료로 모든 문제가 해결될 수 없음을 인정하고, 내담자와의 치료 경험을 개방하고, 남은 과제 해결을 위해 필요하다면 다시 도움을 받을 수 있다는 점과 방법과 절차를 안내한다. '성과 다지기'를 통해 스스로 변화를 이끄는 자기 상담(self-counseling) 능력을 향상시킨다.

(5) 후속 관리 계획

종결 후 후속 관리를 위한 계획을 수립한다. 내담자가 치료를 종료한 후에도 필요한 지원과 자원을 제공하여 안정된 상태를 유지할 수 있도록 돕는다. 치료가 끝난 후 일정 기간 동안 내담자의 문제해결이 유지, 재발되지 않는지 확인하는 추후 상담이 가능하다.

- 일부 실습생은 내담자와 친밀한 관계가 형성되거나, 치료 목표가 미달성된 경우 아쉬움을 표현하며 실습 기간을 연장하거나 봉사 또는 멘토 형식으로 기관에 남기를 희망하는 경우가 있다. 종결 후에도 치료사와 관계를 유지하길 바라는 내담자도 있으나, 다시 만나서 어려웠던 시간을 떠올리는 것이 불편하거나 불필요하게 느끼는 내담자도 있어 추천하지 않는다.

치료는 계획대로 종결하고 필요에 따라 후속 관리를 통해 새로운 치료로 시작하기를 권한다. 내담자는 이제 상담을 마무리하고 자신의 삶을 독립적으로 살아가야 하며, 구조화된 치료의 경험 안에서 긍정적인 관계 경험을 하는 것이 필요하다.

3) 종결 시 점검해야 하는 내용

종결 시에 치료사가 점검해야 하는 내용은 무엇이 있을까?
다음은 학생들의 실습일지에서 발췌한, 종결 시 내담자의 감정에 대한 질문이다.

주요 질문

1. 갑작스러운 이별에 대한 상처가 있는 아동 내담자가 선생님이 결석했을 때, "A 선생님 오늘 안 왔어요?" "아, 또 가 버렸나 보다." 등의 말을 하는데 어떻게 종결을 준비하면 좋을까요?

(1) 종결에 따른 치료사와 내담자의 감정

치료사와 내담자가 현재 느끼는 슬픔, 거절, 상실감, 두려움, 아쉬움 등 종결에 따르는 감정들을 함께 나누는 과정은 이런 감정이 자연스러운 것임을 인정하는 것이다. 외면하거나 거부하지 않고 개방적인 태도로 이를 나눔으로써 헤어짐을 준비한다.

종결을 불안해하는 내담자 vs. 종결이 아쉬운 치료사

(2) 종결이 상기시키는 이별이나 상실에 대한 이전 경험

현재 시점에서 이전 경험을 돌아보고 새롭게 인식하는 기회를 갖는다. 현재(지금 여기) 치료를 통해 치료사와의 '좋은 이별'을 경험함으로써 또 다른 이별의 이미지를 갖는 것은 내담자에게 지금 이후의 이별이나 만남에 긍정적인 영향을 미칠 것이다.

(3) 치료적 관계의 의미

치료적 관계에 대한 점검이 필요하다. 모든 관계가 좋을 때도 있고 나쁠 때도 있듯 치료적 관계 또한 초기의 어색함과 친밀감, 너무 깊이 알게 되었다는 느낌에서 오는 거북함, 의견의 대립이나 갈등 등 위기를 맞는 순간이 있다. 애착과 분리와 같은 치료적 관계 역시 피상적인 부드러움, 따뜻함, 애정과 친밀감 등과 처음의 어색함, 불신, 불만, 갈등 같은 여러 겹의 감정 주고받음으로 인해 복잡한 성질을 포함하기 때문이다. 종결 과정에서 내담자는 그동안의 복잡하고 중요한 관계를 피하지 않고 견디어 냈다는 것에서 자긍심과 성취감을 가질 수 있으며 그 과정에서 경험한 치료사와의 진솔한 관계와 그 안에서 정서적인 지지와 관계, 만남에 대한 경험의 폭을 넓히는 데 도움이 된다.

(4) 치료적 경험의 의미

종결에서 내담자는 치료 과정이 어떠하였는지, 치료적 경험을 되돌아보고 치료를 통한 새로운 변화와 성장을 점검한다. 그 과정에서 치료 내에서 보다 더 성숙한 통찰력을 보여 주는 경우가 많다. 치료 기간 동안 미술작품을 제작하며 경험한 자신의 생각과 감정, 그 변화 과정을 자연스럽게 돌아보며 그 안에서 구체적인 의미를 탐색한다.

(5) 치료를 통해 얻게 된 변화

미술작품은 내담자의 매 회기 생각과 감정이 반영된 변화의 기록(증거)이며 새로운 인식을 제공하는 발판이 된다. 시작할 때 우려하였던 것이 지금은 어떻게 달라졌는지, 처음에 가지고 온 소망은 무엇이었으며, 지금은 어떤지, 작품들을 통해 비교해 볼 수 있다.

제작한 미술작품 검토 사항
• 동영상 및 축어록을 통해 전반적인 작품 활동 과정과 내용을 검토한다.
• 치료 과정에서 촉진, 제한, 관찰, 머물기, 제안 등의 상호작용을 검토한다.
• 미술작품에서 보이는 구체적인 표현(형식, 내용)과 과정 내 변화를 검토한다.
• 작품에 대한 설명을 통해 내담자의 명료화, 의식화, 수용 정도를 검토한다.

〈표 7-4〉는 종결에서 치료사와 내담자가 함께하는 이미지와 대화 단계로 보편적 관점과 자의적 관점을 소개한다.

〈표 7-4〉 종결에서 이미지와 대화 단계

보편적 관점	자의적 관점
• 이론 또는 경험적 연구에서 도출된 아이디어 적용	• 내담자와 자신의 인생 경험에서 도출된 아이디어 활용 • 거리 두기 • 해독하기 • 대상의 목록화 • 정서적 특성 • 인지적 의미 • 통합/마무리 • 과정에 대한 반영 • 결과물에 대한 수용 • 과정에 대한 묘사

출처: Nucho (2022), p. 230.

제8장

미술치료 보고서 작성의 실제

미술치료에서 치료 과정과 결과에 대한 기록은 치료의 질을 유지하며 치료 목표를 확인하여 내담자의 다음 치료를 계획하는 데 중요한 단서가 된다. 치료가 '어떻게 진행되었는지' '어떤 기법을 사용하고 있는지', 그래서 ' 어떤 변화를 보이는지', 그 안에서 '치료사는 무엇을 느끼고 있는지' 등의 과정이 잘 기록되지 않으면 내담자의 기록이 꼭 필요한 순간 이를 파악하는 데 어려움을 겪게 된다. 이 장에서는 미술치료의 다양한 기록에 대해 알아보고, 작성 방법을 구체적으로 살펴본다.

"우리는 얼마나 많은 또 다른 '나'를 가지고 있는지
당신의 모습과 나의 어느 모습이 같은 순간
우리는 서로 이해할 수 있게 될까.
내가 당신일 때, 당신이 나일 때"(2018. 4. 16. 실습 후, a)

"햇살처럼 맑은 미소. 나의 미소가 힘든 이들에게 위로와 힘이 된다면
때로는 말없이 건네는 미소만으로도 에너지를 전해 줄 수 있는 그런 따뜻한 사람이길"
(2018. 4. 25. 실습 후, b)

"정리되지 않았지만 그 엉킨 생각, 마음도 빛을 낼 수 있다는 것을
있는 그대로의 모습으로 주변을 환하게 밝힐 수 있다면
누군가는 당신의 마음을 환하게 읽어 줄 수 있다면"(2018. 4. 30. 실습 후, c)

"내가 잃어버린 무엇, '애착' 그 상실로 인해 외로웠고 안쓰러웠던 그 시간.
어린 나를 이해해 주고 안아줄 수 있는 어른이 되어 어렸던 나와 마주한다.
수고했어. 사랑한다."(2018. 5. 14. 실습 후, d)

– 실습 일지와 함께 작성한 실습생의 자기반응 글과 작품 중에서(2018)–

1. 실습일지 작성

일지는 내용(말하고 있는 것, 표현되고 있는 이미지, 제기되고 있는 문제)과 과정(내담자와 치료사의 관계를 포함)을 포함한다. 전반적인 미술치료 회기를 관찰하고 치료의 목적, 방법, 진행을 요약하여 기록한다. 회기가 끝난 후 치료사가 직접 기록하는 방법, 관찰자와 같은 제3자가 회기를 관찰하여 기록하는 방법, 회기의 내용을 녹음, 녹취하거나 비디오로 녹화하여 기록하는 경우가 있다. 일지는 일반적으로 다음 내용을 포함한다.

- 주관적 기술(subjective statement)
- 치료사의 객관적 사정(objective statement)
- 치료사의 개입(intervention of counselor)
- 내담자의 반응(response of client)
- 치료사의 다음 회기에 대한 계획(plan for the next session)

1) 실습일지 내용

(1) 실습일지 종류

실습일지는 미술치료 과정에서 관찰한 자료와 치료사가 고찰한 내용을 기술한 것으로 매 회기, 회기 내 과정을 복기하며 내담자의 성향과 문제점을 파악하여 치료의 전 과정과 효과를 확인하는 가장 중요한 자료가 된다. 일지 양식은 기관의 공식적인 기록인 기관 제출용 일지와 슈퍼비전용 일지로 구분할 수 있다(〈표 8-1〉 참조).

- 기관 제출용 일지: 기관에서 제공하는 서비스에 따라 구별된 일지 양식이 존재한다. 일반적으로 회기의 기록, 미술치료 회기에 대한 고찰, 추후 세부 목표와 방향을 포함하며 치료사의 검증되지 않은 분석이나 개인적 의견, 감정 등은 포함하지 않는다.
- 슈퍼비전을 위한 일지: 회기에 대한 자세한 기록, 내담자의 행동, 작업 과정, 작품에 나타난 이슈, 치료사의 의견 및 고찰, 치료적 개입에 대한 평가, 전이 · 역전이 등 개인적 감정 등과 슈퍼비전을 위한 질문 등이 포함될 수 있다.

〈표 8-1〉 임상실습일지 vs. 임상 슈퍼비전 일지 내용

기관 제출용 일지	슈퍼비전용 일지
기관 회기 일지 양식 참고 (내담자 기본 정보는 면접 시 작성, 생략한다) ① 미술치료 회기 기록 ② 미술치료 회기에 대한 고찰 ③ 추후 세부 목표 및 방향	① 내담자의 기본 정보* ② 미술치료 환경* ③ 미술치료 회기 기록 ④ 미술치료 회기에 대한 고찰 ⑤ 치료사의 자기점검 및 의견/슈퍼비전 질문* ⑥ 추후 치료 목표 및 방향

(2) 실습일지 양식

상담이나 사회복지, 치료의 각 분야에서도 내담자의 현재 상태를 파악하고 기록을 남기기 위해 일지를 작성하나, 분야와 대상, 치료 목적에 따라 형식과 내용에서 차이가 있다. 특히 미술치료는 미술작품과 작품 과정을 포함하는 큰 특징이 있다. 기관과 서비스의 제공 목적에 따라 정해진 양식이 있으며 치료사가 필요에 따라 변형하여 사용할 수 있다. 일지 작성에서 기본 일지(〈표 8-2〉)와 개인용(〈표 8-6〉), 집단용(〈표 8-7〉) 일지를 구분하여 작성 내용을 비교한다.

(3) 실습일지 형식

일지의 형식은 1~2줄 정도의 짧은 글이나 간단한 항목 평가부터 서술형 보고서까지 다양하며, 수기로 작성하거나 온라인 시스템에 직접 입력하는 형식까지 작성 방법 또한 다양하다. 최근에는 '에피', '오늘상담' 등의 일지 작성 프로그램이 개발되어 편리하게 작성하고 관리할 수 있다. 기관에 따라 비밀 보장과 시간을 엄수하여 회기를 마친 직후 기관 컴퓨터를 사용하여 시스템에 입력하고, 작품 사진을 포함한 내담자 자료를 개인적으로 보관하지 못하도록 제한하기도 한다. 따라서 실습 전 지도교수 슈퍼비전을 위한 정보 공개 여부, 기관 내 미술치료 전문가의 슈퍼비전 가능 여부를 확인하는 것이 필요하다.

(4) 축어록 작성

축어록은 치료 과정을 녹음하여 치료사와 내담자 간의 구체적인 언어 및 비언어적 상호작용을 '있는 그대로' 풀어 작성한 대화록이다. 이는 실습생이나 초보 치료사가 내담자와의 대화나 개입에서 어떻게 반응해야 할지 어려움을 겪을 때, 혹은 효과적인 치료를 위해 전체 과정을 검토하거나 슈퍼바이저의 지도를 받기 위해 작성한다. 최근 클로버 노트(https://clovanote.naver.com) 등 앱을 사용하여 편리하게 작성할 수 있다.

- **치료 장면 파악**: 실제 치료 장면에서 어떤 일이 일어나는지 명확히 알 수 있다.
- **내담자 이해**: 내담자의 말과 행동을 그대로 기록하여 그가 어떤 사람인지, 무엇 때문에 어려움을 호소하는지 이해할 수 있다.
- **치료 내 상호작용 분석**: 치료사가 내담자의 문제를 어떻게 다루고, 그 상호작용의 결과로 내담자가 어떻게 변화하는지 분석할 수 있다.
- **기록과 보존**: 언어 위주의 치료 내용을 정확하게 기록하고 보존할 수 있지만, 미술활동 과정의 생생한 느낌과 분위기를 그대로 전달하기는 어렵다. 또한 녹음 전 내담자의 동의가 필요하며, 축어록 작성 후 녹음파일 관리 등 윤리적 고려가 필요하다.

일지 작성 시 문서화 및 기록 보관 주의점
• 비밀 유지 원칙을 준수한다(동의서, 작품 활용 동의서 작성)
• 일지 작성의 목적은 최상의 치료를 제공하기 위한 것으로 내담자의 인격을 존중한다.
• 회기 일지 형식에 맞춰 간결하고 명료한 언어로 정확하게 서술한다.
• 내담자의 행동, 정동, 작품 등 분석과 해석 시 확인이 되지 않는 내용을 사실로 작성하지 않도록 주의한다. – 'It may suggest(~라고 여겨진다, ~추측된다, ~인 것 같다)'를 기억한다. – 사실이 의심된다면 직접 질문하고, 확인된 중요한 내용은 '~라고 말했다.'와 같이 직접인용하여 기록한다.

2) 실습일지 작성

실습일지는 치료 장소(기관명, 치료실), 회기, 일시, 작성자, 치료사, 참여 인원(집단/개인) 및 내담자의 정보(이름, 성별, 만 나이), 주제(미술치료 프로그램명), 내용, 기대 효과 및 회기 목표, 준비물, 치료적 개입 진행 과정, 관찰 내용, 행동 관찰, 작품 사진, 작품 특징 평가(고찰), 다음 회기를 위한 계획 등이 포함된다.

개인치료와 집단치료는 차이가 있는데, 개인의 경우(〈표 8-6〉 참조), 지속적인 관찰을 위한 평가 항목을 포함해서 종결 시 어떠한 변화가 있었는지, 그 이유는 무엇인지 등을 작성하는 데 도움을 받는다. 집단 일지(〈표 8-7〉 참조)의 경우에는 각각의 내담자의 기록과 전체적인 관찰과 자리 배치도를 포함하여 전체 역동을 함께 살펴보는 것이 중요하다.

〈표 8-2〉 미술치료 실습일지(기본일지)

(1)	기관	
	회기/일시	회기/ 년 월 일, 시 분~ 시 분(총 분)
	작성자/치료사	
	대상자(인원)/성별/나이	
	프로그램명	
	프로그램 목표	
	준비물	
(2)	진행 순서	1. 도입(분) 2. 전개(분) 3. 마무리(분)
	활동 내용/미술작품	
(3)	(집단관찰)	
(4)	치료사의 평가 및 고찰	
(5)	다음 회기 계획	
(6)	(슈퍼비전 질문)	

(1) 치료 기본 정보

일지에 포함되는 기본 정보는 치료의 환경이 되는 기관 정보(장소), 회기 정보(회기명, 일시, 총 시간), 치료사(치료사, 작성자, 슈퍼바이저), 내담자 기본 정보(이름, 성별, 만 나이), 프로그램 정보(프로그램명 및 목표, 기대 효과), 준비물 등으로 나누어 볼 수 있다(박은선, 2010).

〈표 8-3〉 치료 기본 정보

기관 정보	• 기관 일지의 경우 기관 정보는 생략한다.
회기 정보	• 공휴일 또는 내담자 사정 등으로 인한 회기 중단, 불규칙적인 회기는 일시, 총 시간, 쉬는 시간 등 구조화 내용을 구별해서 작성한다. • 집단치료에 참석한 내담자의 인원 수, 이름, 성별, 나이를 기록한다. • 개인과 집단을 구분하여 기록한다.
치료사	• 주치료사, 보조치료사, 관찰자, 슈퍼바이저의 이름을 기록한다. • 작성자가 다를 경우 작성자를 추가하고, 주치료사와 보조치료사를 구분하여 작성한다. • 슈퍼바이저 기입 시 기관 실습 담당자와 교수 슈퍼바이저를 구분하여 기록한다.

내담자 기본 정보	• 이름, 성별, 가족관계, 생육사, 생활환경, 내담자의 진단명, 증상, 특징, 주 호소문제를 기록한다. • 현재 연계된 치료의 유무를 통해 치료 내용과 이전 치료 형태 및 기관과 복용 약물을 기록한다. • 기관 제출용 일지는 자세한 내용은 포함하지 않는다. • 슈퍼비전용 일지는 내담자의 개인정보 보호로 이름의 일부를 익명으로 표시한다. • 기관 제출용 일지를 따로 저장하는 경우는 실명이 노출되지 않도록(파일명 포함) 주의한다.
프로그램 내용	• 계획서에 작성한 내용(프로그램 명, 목표, 기대 효과)을 기반으로 간결하게 작성한다. • 지난 회기 후 변경된 부분(특별한 사정)이 있는지 꼼꼼히 확인하여 본문에 내용을 기술한다.
준비물	• 미술매체는 화지(색상/크기)–채색도구(종류, 색 수)–도구의 순으로, 제작사 명이 아닌 매체의 명칭을 정확히 기록한다. • 치료 계획 시 계획한 준비물과 실제 치료 시 사용한 매체에 차이가 있는지 확인 후 사용한 매체를 기록한다. • 변경, 추가 과정에서 이슈가 있을 시 내용에 설명을 포함하여 기록한다.

(2) 미술치료 회기 내용

회기 내 미술작업 내용과 내담자의 언어적 및 비언어적 반응(행동, 기분)과 치료사의 중재 내용을 적는다. 내담자의 작품 사진과 구체적인 활동 내용을 적는다.

〈표 8–4〉 미술치료 회기 내용

진행 순서	• 도입–전개–마무리의 순서로 기록한다. • 중간에 쉬는 시간이 있다면 〈도입–전개1–쉬는 시간–전개2–마무리〉의 순서로 나누어 작성하며, 내용 뒤에 괄호를 두어 소요 시간을 기록한다.
활동 내용	• 진행 내용, 내담자 반응의 관찰 내용을 〈도입–본 활동–소감 나누기–마무리〉의 시간 순서로 간략히 요약해 기록한다. 본 활동 사이에 쉬는 시간이 있다면 나누어 본 활동 1, 본 활동 2로 구분하여 작성한다. • 도입은 치료사 또는 내담자가 치료실로 들어서서 인사하는 순간부터 회기 주제를 안내하는 오프닝까지 해당된다. • 전개는 회기에서 진행한 주제(무엇을 하였는지)에 해당되며, 두 가지 이상의 활동이 진행되었다면 순차적으로 나누어 기술한다(예를 들면, 2시간–2회기를 연결해서 진행하였을 시에도 포함) • 회기 중 쉬는 시간을 표시하고, 그 시간을 정확하게 괄호 안에 넣어 표시한다. • 내담자의 집중력이 낮거나 여러 가지 사정으로 해당 회기에 구조를 달리하였다면 그 내용도 함께 기록한다.
미술작품	• 미술작품 사진과 작품 특성을 기록한다.

학습과제 8-1 작품 사진을 찍는 연습을 해 보자.

작품 사진 촬영 Q&A

학생 질문 Q.

- 작품 사진을 어떻게 찍나요? 일지에는 어떻게 선별해서 올리나요?
- 입체작품 사진은 어떻게 찍어야 할까요?
- 그림을 그리고 찢어 버리는 경우는 어떻게 하나요?
- 잘 그리다가 엉망으로 만들어 버리는 경우가 있는데 치료사가 도와준 부분은 어떻게 하나요?
- 서로 그려 주기에서 치료사 그림도 일지에 넣나요?

슈퍼바이저 답변 A.

내담자의 작품은 내담자의 결과물이며, 치료의 증거자료입니다. 사진을 찍을 때는 작품이 잘 드러날 수 있도록 배경과 바닥을 최대한 깨끗하게, 빛이나 그림자가 들어가지 않게, 또한 내담자의 모습이 담기지 않게 찍습니다.

입체의 경우에도 보통은 작품당 2~3장의 사진을 올리지만 내담자의 표현을 모두 기록으로 남겨 둬야 하기 때문에 최대한 다양한 각도에서 많은 사진을 찍어 보관합니다. 그렇게 기록해 두지 않으면 치료사가 기억하지 못합니다. 여러 면에 표현한 것이라면 모든 면을 보여 주는 것이 가장 좋습니다.

작품 사진 촬영 방법

① 평면 작품은 작품이 잘 드러날 수 있는 흰 벽에, 네 모서리가 직각이 되도록 안쪽에 테이프로 고정한다. 그림자가 들어가지 않도록 주의하며 작품 전체를 확인할 수 있도록 여러 장 찍어 그중에 선택한다.

② 구겨지거나 찢어 훼손된 작품의 경우, 훼손한 그대로 첫 번째 사진을 남기고, 잘 펴고 조각을 이어 붙여서 추가 사진을 남긴다.

③ 내담자의 역동과 작품의 변화 과정을 기록하기 위해 과정 사진을 찍는 경우, 내담자(인물)가 식별되지 않도록 찍는 것이 중요하다. 사전에 사진을 찍는다는 것을 알려 신경 쓰지 않도록 하고, 찍은 사진을 확인하거나 공유하기를 원한다면 기관 담당자를 통해 전달한다. 내담자가 다른 참여자의 작품 사진을 찍고자 할 때 상대방의 동의를 구하도록 한다. 공동작품의 경우, 허용하지 않는 내담자가 있는 경우, 사진을 찍지 않거나, 그 부분을 모사하여 포함하여 기록으로 남긴다.

① 평면 작품 사진

② 과정 사진 1

③ 과정 사진 2

(3) 집단 관찰

회기 내 역동, 회기 내 치료사(주치료사, 보조치료사)와 내담자 개인 또는 집단, 집단원 간 상호작용을 관찰하여 기록하는 것은 매우 중요하다. 일지에는 역동에 대한 서술과 함께 그림으로 자리 배치도(착석 위치)를 기록하여 내담자 간 관계(친밀감, 거리감)와 그 변화 과정(화살표로 표시)과 목표 달성 과정을 한눈에 명료하게 파악할 수 있다.

집단 미술치료에서 자리 배치는 예민한 문제이다. 첫 회기에 구조화하는 단계에서 '어떻게 앉을 것인지'를 정하게 된다. 자리 배치 방법은 자유롭게 앉는 경우, 지정석이 있는 경우, 매주 좌석을 정하는 규칙을 통해 변경하는 경우 등으로 나누어 볼 수 있다. 자유석에서 회기 내에 특별한 자리 변동이 있거나, 해당 회기 자리 변화로 인해 갈등 상황이 일어난다면 화살표로 표시하고 둘 간의 물리적 거리를 조정하여 관계의 변화를 유도하는 개입을 시도할 수 있다.

학습과제 8-2 **회기 내 변동사항을 관찰하여 자리배치도를 작성해 보자.**

1. 출입구, 창문, 테이블, 매체장, 싱크대 등 가구를 표시한다.
2. 치료사(주치료사, 보조치료사)와 내담자의 위치를 표시한다.
3. 회기 내 내담자의 자리 이동이나 특별한 역동이 있었다면 화살표로 표시한다([그림 7-2] 참조).

① 개인치료	② 짝치료	③ 집단치료

개인치료는 첫 면접에서 내담자의 성격, 관계 성향 등을 살펴서 거리를 고려하고 내담자와 치료사의 자리를 결정한다. 특히 아동 내담자의 경우는 첫 면접에서 보호자와의 애착관계, 스킨십, 눈 맞춤 등 안전한 거리를 확인하고 치료 테이블과 의자(좌석)을 배치하여 편안한 치료 공간이 되도록 한다. 장애아동의 경우는 다른 집단원과의 관계에 어려움이 있다면 자리 배치가 치료에 영향을 주기 때문에 역동의 관찰과 기록이 여러 면에서 매우 중요하다. 또한 한 집단 안에서 2명 이상의 치료사가 나누어 진행하는 경우, 회기를 마친 후 일지 작성 과정에서 관찰한 내용을 비교하여 특이사항과 놓친 부분 등을 확인하고 분석한다.

(4) 치료사의 평가 및 고찰

치료사의 평가는 치료 안에서 내담자의 정동 및 행동의 의미와 미술작품에 나타난 형식과 내용의 의미, 동기 및 의도를 평가하여 적는다. 치료사의 고찰은 치료사의 회기에 대한 느낌과 자기반성을 포함한다. 방어적이거나 자기비하식의 표현보다 치료에서의 자신의 반응(전이, 역전이 등)을 점검하고 주관적 감정을 어느 정도 객관화하여 돌아볼 수 있도록 한다(박은선, 2010). 해당 회기와 내담자에 대한 치료사의 반응 작품을 포함하여 성찰을 높이고 미술 기반 슈퍼비전에 활용할 수 있다.

(5) 다음 회기 계획

다음 회기의 구체적인 치료 목표나 작업의 방향을 적는다. 기본 계획에서 수정된 부분이 있다면 그 이유를 함께 적는다. 종결 후에는 초기에 만든 미술치료 프로그램 계획서와 최종 프로그램을 비교하며 내담자(치료/변화)를 분석하는 중요한 요소이다.

(6) 슈퍼비전 질문

회기 내, 일지 작성과 고찰 과정에서 도출된 치료사의 궁금증이나 어려움을 슈퍼비전에서 질문하기 위한 것으로 슈퍼비전용 일지에 포함한다. 슈퍼비전 중 해결책을 찾았다면 그 내용을 정리해서 전체 종결을 준비할 때 돌아보며 반복되는 질문과 미해결된 어려움을 확인한다. 이후 슈퍼비전과 자기 분석을 통해 미술치료 전문가로 성장하는 데 자원으로 활용한다. 자세한 내용은 이 책 9장에서 다시 소개한다.

3) 실습일지 작성 실제

(1) 바우처 일지

바우처 일지 양식은 바우처 종류에 따라 다양하다. 〈표 8-5〉는 바우처 지원사업 중 '우리아이심리지원서비스' 상담일지이다. 내용은 월별로 한 장에 간략하게 작성하고, 일지 하단에 명시한 것처럼 기관에 따라 자유롭게 작성하도록 허용하고 있으며, 기록이 필수사항은 아님을 알 수 있다.

〈표 8-5〉 바우처 일지(우리아이심리지원서비스 상담일지)

우리아이심리지원서비스 상담일지(20 년 월)

회차	상담 내용
월 일	
월 일	
월 일	
월 일	
비고	

※ 상담일지는 작성 필수사항이 아니며, 제공기관의 사정에 따라 필요시 사용 가능함.
※ 상담일지는 이용자 반응이나 서비스 내용의 상세한 기록이 필요할 경우 활용 가능함.
※ 상담일지는 수기 또는 컴퓨터로 작성 가능함.

(2) 일지 응용하기(개인치료/집단치료 일지)

미술치료는 다른 상담에 비해 미술이라는 도구를 사용하며 활동 과정을 포함하기에 치료사의 객관적인 관찰과 정량적 · 정성적 평가를 포함한 전체 내용에 대한 기록이 매우 중요하다. 일반적으로 일지는 치료사가 회기 내 중요한 내용을 적는 것으로, 오직 하나의 정해진 틀이 있는 것은 아니다.

다음은 임상실습 과정에서 작성 연습을 위해 필자가 제안하는 개인치료용 일지 양식(〈표 8-6〉)과 집단치료용 일지 양식(〈표 8-7〉)이다.

- 임상실습 중에 치료 내용을 빠짐없이 관찰하고 기록하여, 주요 내용을 구체적으로 분류 · 작성하는 연습을 할 수 있게 제시하였다.
- 초보 실습생들은 '인지 및 신체적 행동 관찰'과 '정서 및 미술치료적 관찰'을 구분하여 작성하는 데 어려움을 느끼며 포기하기도 하지만, 내담자와의 라포가 형성되는 기간까지는 꼭 연습해 보기를 권장한다.
- 개인치료의 경우에도 내담자의 사회적 관계 양상을 관찰하고 분석할 수 있도록 치료사와 내담자의 자리 배치도를 추가할 수 있다([그림 7-1] 참조).
- 일지 양식에 익숙해질 때 내담자를 관찰하는 것이 쉬워진다.

〈표 8-6〉 미술치료 실습일지(개인치료용)

<table>
<tr><th colspan="7">미술치료 실습일지(개인용)</th></tr>
<tr><td colspan="7">○회기(　　년　월　일, 시　분~ 시　분, 총　분)</td></tr>
<tr><td>작성자</td><td colspan="2"></td><td colspan="2">담당 치료사</td><td colspan="2"></td></tr>
<tr><td>대상자/성별/나이</td><td colspan="2"></td><td colspan="2">슈퍼바이저</td><td colspan="2"></td></tr>
<tr><td>주제
(프로그램명)</td><td colspan="6"></td></tr>
<tr><td>기대 효과</td><td colspan="6"></td></tr>
<tr><td>회기 목표</td><td colspan="6">1.
2.</td></tr>
<tr><td>준비물</td><td colspan="6"></td></tr>
<tr><td>진행 과정</td><td colspan="6">1. 도입
2. 전개 1
3. 전개 2
4. 마무리</td></tr>
<tr><td rowspan="5">체크 항목</td><td>항목</td><td>나쁨
(1)</td><td>별로
(3)</td><td>보통
(5)</td><td>좋음
(7)</td><td>최상
(9)</td></tr>
<tr><td>신체적 · 의학적 상태</td><td></td><td></td><td></td><td></td><td></td></tr>
<tr><td>집중 정도</td><td></td><td></td><td></td><td></td><td></td></tr>
<tr><td>활동 이해 및 수행 능력</td><td></td><td></td><td></td><td></td><td></td></tr>
<tr><td>매체 적응 정도</td><td></td><td></td><td></td><td></td><td></td></tr>
<tr><td colspan="2">인지 및 신체적 행동 관찰</td><td colspan="5">정서 및 미술치료적 관찰</td></tr>
<tr><td colspan="2"></td><td colspan="5"></td></tr>
<tr><td colspan="7">미술작품 사진/작품 특성</td></tr>
<tr><td colspan="7">미술작품</td></tr>
<tr><td>고찰, 의견</td><td colspan="6"></td></tr>
<tr><td>궁금한 사항
(슈퍼비전)</td><td colspan="6"></td></tr>
</table>

〈표 8-7〉 미술치료 실습일지(집단치료용)

<table>
<tr><th colspan="3">미술치료 실습일지(집단용)</th></tr>
<tr><td colspan="3">○ 회기 (　　년　월　일, 시　분 ~ 시　분, 총　분)</td></tr>
<tr><td>작성자</td><td></td><td>담당치료사 (주치료사/보조치료사)</td></tr>
<tr><td>대상자/나이</td><td></td><td>슈퍼바이저</td></tr>
<tr><td>주제</td><td colspan="2"></td></tr>
<tr><td>기대 효과</td><td colspan="2"></td></tr>
<tr><td>회기 목표</td><td colspan="2">1.
2.</td></tr>
<tr><td>준비물</td><td colspan="2"></td></tr>
<tr><td>진행 과정</td><td colspan="2">1. 도입
2. 전개 1
3. 전개 2
4. 마무리</td></tr>
<tr><td>개인관찰</td><td>인지 및 신체적 관찰</td><td>정서 및 미술치료적 관찰</td></tr>
<tr><td rowspan="3">○○○(성별/나이)</td><td></td><td></td></tr>
<tr><td colspan="2">미술작품 사진/작품 특성</td></tr>
<tr><td colspan="2">미술작품</td></tr>
<tr><td rowspan="3">○○○(성별/나이)</td><td></td><td></td></tr>
<tr><td colspan="2">미술작품 사진/작품 특성</td></tr>
<tr><td colspan="2">미술작품</td></tr>
<tr><td rowspan="3">○○○(성별/나이)</td><td></td><td></td></tr>
<tr><td colspan="2">미술작품 사진/작품 특성</td></tr>
<tr><td colspan="2">미술작품</td></tr>
</table>

집단 관찰		자리 배치도 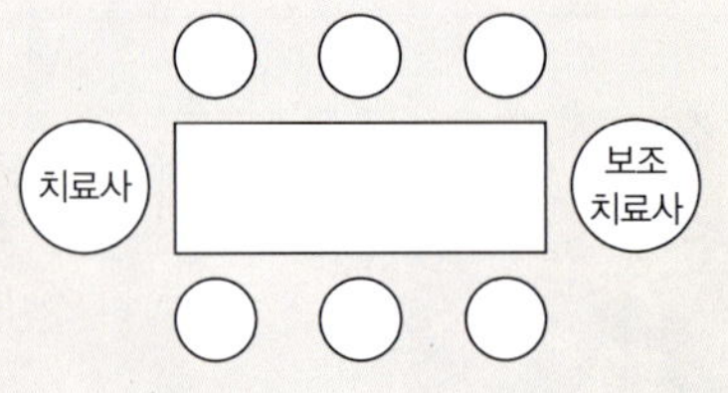
소감/고찰		
궁금한 사항 (슈퍼비전)		

- 집단치료용 일지는 개인 관찰과 집단 관찰을 구분해서 주치료사가 취합하여 작성하고, 자리 배치도를 첨부한다([그림 7−2], [그림 7−3] 참조).
- 각 집단원의 칸에 개인일지에서처럼 관찰 평가 항목을 추가하여 활용할 수 있다.

2. 사례 보고서 작성

1) 목적

사례 보고서(case report)는 상담 초기 단계에서 작성되어, 내담자의 기본 정보를 수집하고 문제를 이해하는 기초자료로 사용된다. 상담 진행 중에 상담 과정을 기록하고 평가하여 슈퍼비전에서 활용한다.

2) 내용

서론은 내담자의 이름, 나이, 성별 등의 인적사항과 내담자의 배경 정보(가족 상황, 직업, 학력 등)를 포함한다. 본론은 문제의 발단과 내담자의 현재 상태, 문제 분석, 상담 목표와 계획, 치료 진행의 전 과정을 포함한다. 결론은 초기 평가 및 중간 평가, 결과와 향후 계획을 포함한다.

3) 사례 발표

(1) 중간 발표

중간 발표는 발표 자료(파워포인트, 15페이지 내외)와 사례를 요약한 자료를 준비하며, 집단 슈퍼비전 수업에 참석한 학생들의 자료는 발표 후에 회수한다. 중간 발표는 일반적으로 다음 내용으로 구성된다.

- 사전 검사(미술치료 내 실시한 검사, 기관에서 제공받은 심리검사를 포함)
- 치료 목표와 전략을 포함한 사례개념화 내용
- 초기 미술치료 프로그램과 과정에서 수정된 내용, 수정 이유와 대처 방안
- 실습 시작 단계부터 중간 단계까지 진행된 회기 내 관찰 내용과 미술작품의 분석 내용
- 결과로서 회기 내 진행한 질적/양적 검사와 관찰의 변화(그림) 내용, 앞으로 진행할 회기 계획과 내용과 치료사의 고찰
- 치료 회기 동안 슈퍼비전에서 다루었던 질문들과 미해결 과제
- 사례 분석과 슈퍼비전 내용

- 실습생은 실습기관에 실습 대상자(내담자)에 대한 사례 발표가 있음을 전하고 준비한다. 기관 슈퍼바이저와 함께 사전에 받았던 미술치료 참여 동의서와 발표에서 소개할 내담자의 개인정보, 미술작품, 검사 결과 등을 확인하고 발표 내 정보 공개범위를 정한다.
- 내담자에게 사전에 발표 내 개인정보 및 미술작품 활용에 대한 동의서의 세부 내용을 설명하고 자발적인 동의와 서명을 받는다.
- 발표 당일에 수업에 참석하는 학생들은 비밀 보장 동의서를 서면 작성하며, 발표 중 사진 촬영, 녹음 등을 하여 기록하지 않을 것을 약속한다.

(2) 기말 발표

기말 발표는 중간 발표와 동일한 방식으로 준비한다. 발표 내용은 중간 발표 내용을 포함하여 기말 발표 시까지 진행한 회기 내용을 모두 포함한다. 회기가 모두 끝났다면 사전-사후 그림검사의 분석과 초기-중기-후기의 목표에 따른 변화(결과), 프로그램 계획 후 변화된 상황과 원인, 대처 방안, 미해결 과제와 이후 개입에 대한 치료사의 제안 등을 소개하고 종결 보고서를 제출한다.

- 종결 전이라면, 발표 전에 중간검사를 추가하여 초기부터 목표에 따른 변화 내용을 확인하고, 추가 발견된 문제가 있는지 확인하여 소개한다. 또한 이후 종결 계획과 준비 사항, 현재 문제로 보이는 특이사항 등을 소개한다. 슈퍼바이저는 남은 치료 회기 동안 치료사와 내담자에 대한 책임을 가지고 종결 시까지 개인 슈퍼비전으로 전환하여 진행한다.
- 초기 회기부터 슈퍼비전 내용과 중간 평가 이후 내용을 정리하여 치료사의 질문과 고찰 사항의 변화, 반응그림, 임상실습 기간 동안 치료사로서의 경험과 변화 및 계획 등을 소개한다.

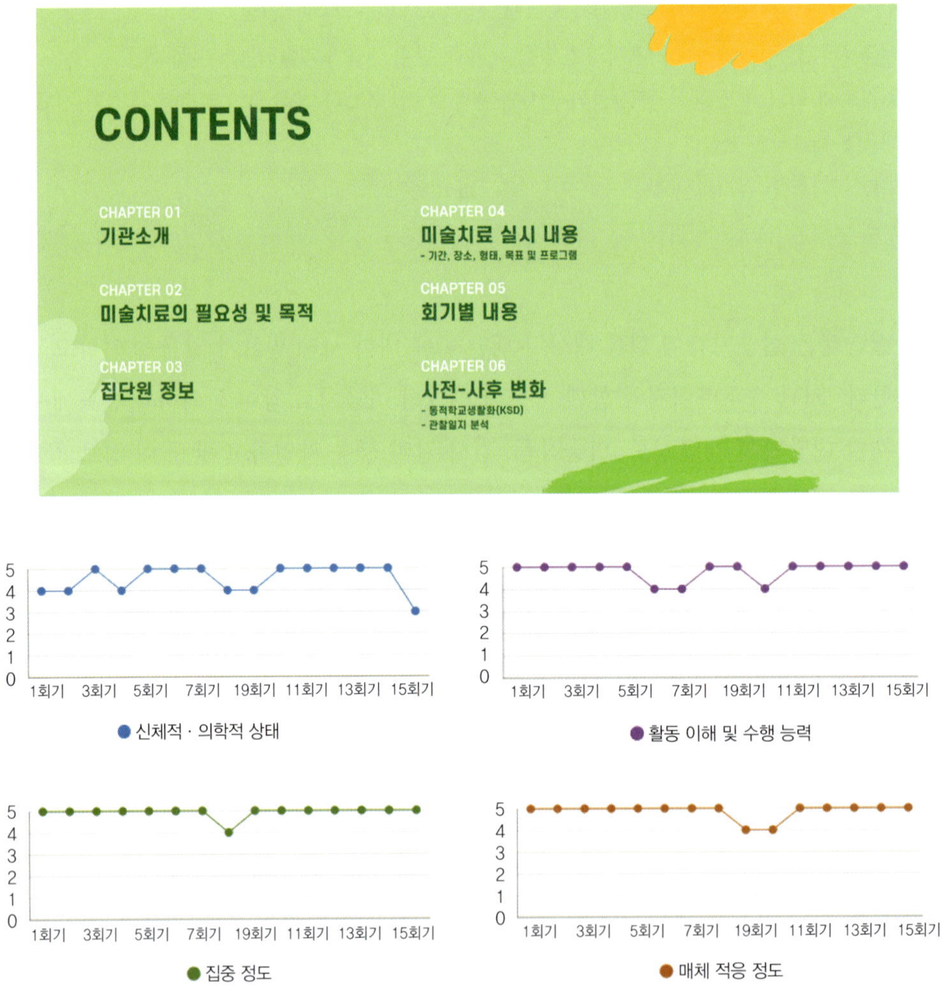

[그림 8-1] 사례 발표 예시

(3) 공개 사례 발표

다양한 사례를 공유하고 동료 전문가들에게서 피드백을 받아 임상기술과 치료적 접근을 개선할 수 있다. 초보 치료사들은 사례에서 다른 치료사들의 효과적인 개입 전략을 통해 미술치료의 다양한 적용 가능성을 탐색할 기회를 갖게 된다. 다음은 한국미술치료학회의 공개 사례 발표 내용(양식)이다.

공개 사례 발표 내용
1. 내담자 인적사항 및 특성
2. 의뢰 경위 및 상담 배경
3. 내담자 주 호소문제
4. 내담자 발달사
5. 내담자 가족력
6. 심리검사(내담자 진단과 사정)
7. 치료자가 본 내담자의 문제(사례개념화)
8. 치료 목표 및 전략
9. 치료 진행(회기별 프로그램)
10. 회기별 상담내용
11. 치료 결과
12. 참고문헌
13. 부록(축어록 혹은 한 1회기 이상) 상세 기술

출처: 한국미술치료학회(2024).

3. 종결 보고서 작성

1) 목적

종결 보고서(progress report)는 미술치료 실습이 종료된 시점에서 작성하며 전체 과정에서 내담자의 변화를 평가하고 결과를 정리하여 치료 효과를 보고한다. 실습생은 계획된 미술치료 프로그램을 마친 후 슈퍼비전을 반영하여 종결 보고서를 작성한다. 종결 보고서는 실습 초기에 작성한 사례개념화에 이어 작성하여 슈퍼비전 수업의 기말 발표 시

보고서 형식으로 제출한다.

2) 내용

종결 보고서는 서론, 본론, 결론으로 구성하여, 치료 과정 전체를 요약하는 사례 개요와 미술치료 과정을 나누어 작성한다. 기본 내용과 바우처 양식을 비교하여 설명한다.

〈표 8-8〉 종결 보고서 양식

<table>
<tr><td rowspan="3">(1)
서론</td><td>전반적 내용</td><td></td></tr>
<tr><td>내담자 인적사항</td><td></td></tr>
<tr><td>치료 목표/전략</td><td></td></tr>
<tr><td rowspan="3">(2)
본론</td><td>미술치료 과정 요약</td><td></td></tr>
<tr><td>목표 달성 여부</td><td></td></tr>
<tr><td>내담자 변화</td><td></td></tr>
<tr><td rowspan="3">(3)
결론</td><td>평가</td><td></td></tr>
<tr><td>종결 사유</td><td></td></tr>
<tr><td>향후 계획</td><td></td></tr>
</table>

〈표 8-9〉 바우처 종결 보고서 예시(우리아이심리지원 바우처 양식)

<table>
<tr><td>관리번호</td><td></td><td>이용자 성명</td><td></td><td>생년월일</td><td></td></tr>
<tr><td>주소</td><td colspan="3"></td><td>연락처</td><td></td></tr>
<tr><td>서비스명</td><td></td><td>시작일</td><td>20 . .</td><td>종결일</td><td>20 . .</td></tr>
<tr><td rowspan="3">치료 전략</td><td colspan="2">종결 유형</td><td colspan="3">종결 사유</td></tr>
<tr><td colspan="2">□ 이용자에 의한 종결</td><td colspan="3">□ 바우처 기관 만료 □ 목표 달성
□ 중도 포기 □ 이사 □ 사망 □ 시설 입소
□ 타 기관 이용 □ 계약 위반
□ 기타 ( )</td></tr>
<tr><td colspan="2">□ 기관에 의한 종결</td><td colspan="3">□ 제공 인력 사직 □ 제공 인력으로 결격사유
□ 기타 ( )</td></tr>
<tr><td>주요 욕구</td><td colspan="5"></td></tr>
<tr><td>서비스
제공 목표
및 내용</td><td colspan="5"></td></tr>
</table>

	초기 상황		종결 상황
사전 사후 검사 결과에 따른 변화도	□ 검사 도구 □ 검사 내용		□ 검사 도구 □ 검사 내용
담당자 의견			
추후 계획			
작성일	20 . . .	제공기관	
작성자	(서명)	확인자	(서명)

(1) 서론

치료 시작의 배경이 되는 사례 개요를 소개한다. 사례 개요는 실습 사례의 전반적인 내용(실시기관, 슈퍼바이저, 실시자, 실시 기간 등), 내담자의 인적사항(성별, 연령, 학력, 결혼 유무, 내담자 특성), 의뢰 경위(내방 경위), 주 호소문제(내담자 자신의 호소와 증상, 아동의 경우 주 양육자의 호소와 요구), 내담자의 발달사(내담자의 발달적 역사, 과거 병력, 성장 과정에서 특기할 만한 사건, 가족, 교우들과의 관계 경험 등), 가족 배경과 가계도, 심리검사(그림검사, 심리검사), 사례개념화, 치료 목표와 전략을 포함한다. 치료 목표는 장기 목표와 단기 목표로 구분하고, 초반에 세운 치료 목표가 치료 진행 과정에서 변경되었다면 변경된 최종 내용을 작성한다. 자세한 내용은 6장에서 소개한다.

〈표 8-10〉 **치료 목표 양식**

구분	회기	목표
초기		
중기		
후기		

(2) 본론

미술치료 과정을 요약하여, 목표 달성 여부와 내담자의 변화 내용을 소개한다. 미술치료 프로그램, 회기별 상담 내용 및 단계별 내용 요약, 치료 목표에 따른 사전-사후 변화와 검사 결과를 요약한다. 미술치료 프로그램은 초기에 작성한 것이 아니라 진행하면서 보완한 최종 프로그램을 표로 제시한다. 회기 진행 중에 초기 프로그램에서 수정사항이 있다면 그 이유와 내용, 결과를 표 아래에 (*)표시와 함께 설명을 추가한다.

〈표 8-11〉은 최종 미술치료 프로그램 내용을 작성하는 양식이다.

〈표 8-11〉 미술치료 프로그램 양식

단계	회기	주제	활동 내용	매체
초기				
중기				
후기				
*수정사항:				

- 회기별 상담 내용은 시작일부터 마지막 종결일, 총 회기수와 종료 여부를 제시한다. 회기별 내용을 요약하여 작성한다.
- 단계별 내용요약은 〈표 8-11〉과 같이 초기, 중기, 후기로 나누어 내담자의 변화와 발전 사항을 요약하여 작성한다.
- 치료 목표에 따라 실시한 그림검사와 심리검사의 치료 전-후를 비교하여 치료 목표의 달성 여부를 평가하여 치료 결과로 제시한다. 그림검사는 〈표 8-12〉와 같이 사전과 사후-추후를 나란히 작성하여 비교한다.

〈표 8-12〉 그림검사 결과 양식

구분	사전 검사	사후 검사	추후 검사
그림	미술작품	미술작품	미술작품
내용			
PDI			
변화			

다음 〈표 8-13〉은 코로나19 팬데믹 시기에 가족 사별을 경험한 대학생을 대상으로 한 빗속의 사람 그림검사(PITR)의 사전-사후-추후 검사 결과이다.

〈표 8-13〉 빗속의 사람 그림검사(PITR) 결과 예시

구분	사전 검사	사후 검사	추후 검사
그림			
스트레스 측면	구름의 수와 넓은 면적, 많은 비의 양으로 보아 일정 수준 이상의 스트레스가 표현되었다. 또한 구름에 음영이 표현된 것은 불안한 심리를 반영한다.	비의 양과 세기는 보통이나 구름의 표현과 집에 떨어지는 낙뢰의 표현으로 높은 수준의 스트레스가 표현되었다.	구름이 크고 많으나 음영이 표현되지 않았다. 비의 크기와 양은 보통이며 모양은 직선으로 일정 수준의 스트레스가 나타났다.
대처 자원 측면	우비와 장화는 인간을 적절하게 보호하고 있지만, 비의 양에 비해 적절한 대처 모습은 아니다. 이를 비교하였을 때 대처 능력이 스트레스의 크기에 미치지 못하고 있다.	전반적인 보호물의 부재, 비를 맞고 우는 얼굴, 음영이 들어간 옷의 상의로 보아 스트레스에 적절하게 대처하지 못하고 있다.	우산을 쓰고 있으며 비의 양에 비해 충분히 인간을 보호하고 있다. 인간의 얼굴과 몸 전체가 다 표현되었으며, 얼굴은 무표정하게 표현되었다.
PDI	일정 수준 이상의 스트레스를 경험하고 있지만, 스트레스 상황에 대해 본인이 직접 느끼지 않고 있다고 생각할 가능성이 있다. 그림의 인간은 실제 나이보다 미숙한 나이로 나타났다. 스트레스에 대해 다소 수동적인 자세를 보이며, 더 많은 대처 자원이 필요하고, 스트레스로 인한 부정적인 정서를 경험하고 있다.	높은 수준의 스트레스를 경험하고 있으며, 스트레스로 인한 불안을 느끼고 있을 가능성이 있다. 스트레스 상황에 수동적으로 대처하고 있을 가능성이 있어 스트레스 대처 자원을 갖추고, 스트레스에 더욱 능동적으로 대처할 수 있도록 개입이 필요해 보인다.	그림 속의 인간이 누구인지 모르고 바람의 세기는 잘 모르며 집으로 돌아가고 싶어 하는 마음을 반복적으로 표현하였다. 이러한 내용으로 보아 일정 수준 스트레스에 적절히 대처하고 있지만, 능동적이기보다는 수동적인 태도를 가질 수 있으므로 스트레스에 능동적으로 대처할 수 있도록 개입한다면 도움이 될 것으로 판단된다.
변화	사전 검사에 비해 사후 검사에서 비의 양은 감소하였으나 모양이 날카롭게 변화하였고 집에 낙뢰가 떨어지는 모습으로 보아 스트레스가 상승한 것으로 판단된다. 사전 검사에서는 최소한의 보호물이 등장하였지만, 사후 검사에서는 보호물이 등장하지 않고 눈물을 흘리는 모습이 관찰되었다. 이는 사전 검사에서 9세였던 인간이 21세로 변화하면서 외면하고 있던 스트레스를 직면한 것으로 사료된다. 이후 추후 검사에서 일정 수준의 스트레스가 여전히 보고되고 있지만, 음영 표현이 없어진 것으로 보아 불안의 정도가 감소된 것으로 판단되며, 여전히 수동적인 대처 태도를 보이고 있지만, 이전의 검사에 비해 보다 스트레스에 적절하게 대처하고 있는 것으로 판단된다.		

출처: 김민조, 김지은 외(2024).

(3) 결론

종결 이유와 평가, 미해결 과제나 향후 계획을 소개한다.

- 종결 이유는 목표 달성과 관련하여 계획된 종결인지, 내담자의 요청 또는 기타 이유에서의 종결인지 기록한다. 임상실습의 경우에는 미리 정해진 기간이 있지만 경우에 따라 조기 종결하거나 기간을 연장하는 경우가 있다.
- 미해결 과제는 종결 이유와 함께 내담자에게 향후 추천 사항, 추가적인 지원 필요성 등을 제시하여 인수인계를 준비한다. 치료 목표 중 미해결된 부분과 치료 과정에서 발견한 추가 문제가 있다면 함께 기록한다.

3) 작성 시 주의점

- 개인정보 보호: 비밀 유지(이름), 정보 접근 제한(보고서 접근/열람 제한)
- 객관성 유지: 주관적 판단을 배제하여 객관적 사실을 정확히 기록한다.
- 명확하고 구체적인 표현: 명확한 구조, 구체적으로 서술한다. 원인-결과, 근거(사실)-판단(추론) 등을 명확하게 기록하며, 추상적 표현이나 두루뭉술한 표현은 사용하지 않는다.
- 포괄적 정보 제공: 포괄적 정보 수집(내담자 배경 정보, 가족 관계, 사회적 관계, 직업, 건강 상태 등), 다각적 관점으로 분석한다.
- 정확한 평가 및 분석: 구체적인 목표 설정, 진행 계획을 제시한다.
- 정기적인 업데이트: 변화된 상황을 반영하여 정기적으로 기록하여 최신 상태를 유지한다.

4) 미술치료 연구와 윤리

미술치료 현장 연구는 미술치료 사례 연구, 미술치료 프로그램 개발 연구, 미술치료에서 개인차 연구로 구분할 수 있다. 연구에서 연구자의 정직성, 진실성, 조심성, 개방성, 기밀유지, 사회적 책임, 인간 대상 보호에 윤리적 기준을 두고 있다.

- 진실성: 약속 · 계약을 준수하고 성실하고 일관성 있는 태도를 취한다.

- **조심성**: 부주의한 오류 및 과실을 주의한다.
- **개방성**: 연구결과 공유 및 타인에 대한 열린 자세를 갖는다.
- **비밀 유지**: 소통 내용의 비밀 보호에 각별한 주의를 한다.
- **사회적 책임**: 사회적 이익을 증진하고 피해 방지를 위해 노력한다.
- **인간 대상 보호**: 인간 대상 연구 시 인간을 존중하여 위험을 최소화한다.

특히 인간 대상 연구는 수행하기 전에 연구윤리심의위원회(Institutional Review Board: IRB)의 승인을 받도록 되어 있다. 치료사와 연구자를 구분하도록 하며, 실습에서 좋은 결과의 사례를 무분별하게 연구로 발표하는 일이 발생하지 않도록 주의한다.

연구 수행의 윤리

- 연구자의 권리와 책임: 연구자의 자유와 사회적 책임
- 연구자의 자세: 연구에 대한 비평적 자세와 오류 수정의 자세
- 다른 연구자에 대한 태도: 다른 연구자의 시각, 사고, 접근법 수용
- 연구 수행 방법: 과학적 방법으로 연구 수행
- 연구 수행의 윤리적 기준 준수: 연구자의 독창성, 표절 행위 지양

연구 대상자에 대한 윤리

- 연구 참여자의 동의와 동의서 작성
- 예상하지 못한 심리적 · 신체적 손상의 경우에는 연구 중단
- 미성년자와 장애인의 법적 대리인 동의
- 필요시 기관의 승인, IRB 승인

출처: 정현희(2017), p. 35.

제3부

임상실습에서 나와서

제9장

미술치료 슈퍼비전

'슈퍼비전에 어떤 기대를 하고 있는가?'

슈퍼바이지들에게 꼭 묻는 질문이다. 필자도 그랬던 것처럼 슈퍼바이지의 슈퍼비전에 대한 기대는 치료사로서의 준비 정도, 이전 치료 경험과 슈퍼비전 경험에 따라 아는 만큼의 깊이로 답하게 되기 때문이다.

만약 이론적인 경험만 있는 경우에는 단편적으로 답하기도 하지만 충분한 미술치료 임상과 슈퍼비전의 경험이 있다면 자신의 질문을 섞어 답한다. 정리해 보면 첫째, 개인 임상과 실습 전반적인 내용을 점검하며, 당면하는 다양한 증상과 막힘 등 어려운 상황을 점검한다. 둘째, 다양한 적용 사례를 공유하며 깊이 있는 공부를 하고 대상과 기관에 대해 이해한다. 셋째, 슈퍼바이저의 지도와 조언을 통해 치료사로서의 자세와 자질을 점검받고 자신의 역량을 객관적으로 평가한다. 넷째, 치료사로서 자신의 역할을 다양한 관점에서 파악하며 치료사의 역할에 대해 배운다. 다섯째, 전 과정을 통해 치료사의 성장을 도모하며 발전적인 치료사의 자질을 갖추어 이상적인 치료사로 성장하는 데 도움이 될 것을 기대한다. 기대한 바를 채우기를 바란다.

이 장에서는 다양한 종류의 미술치료 슈퍼비전에 대해 알아보고, 슈퍼바이저와 슈퍼바이지의 역할에 대해 살펴보고자 한다.

발달장애 아이들과 예비 미술치료사인 나는 조금은 느리지만 저마다의 속도대로 앞으로 나아가고 있다는 공통점이 있다. 지금은 바다가 너무 멀리 있어서 불안하고 지친 아기 거북이와 같은 심정이지만, 언젠가 바다에 도착하면 자유롭게 헤엄칠 것이다. 처음 실습을 시작했을 때는 제대로 아는 것이 없어 눈앞이 깜깜하고 답답한 마음뿐이었지만, 9개월 간의 실습과 마지막 슈퍼비전을 마친 지금은 앞으로 나아갈 방향을 조금은 알 것 같다.

—첫 실습을 마친 실습생의 글과 반응 작품(2019)—

미술치료에서 슈퍼비전은 치료 전체를 안전하게 지탱하는(holding) 용기(container)이며 환경(environment)이 된다.

1. 미술치료 슈퍼비전의 이해

1) 슈퍼비전의 정의

슈퍼비전(supervision)은 '우수한(super)' '견해(vision)'의 의미를 지니며, 임상치료 분야에서는 교육(teaching)과 학습(learning)의 의미를 더하여 정의한다. 슈퍼비전은 협력적 대인 관계를 통해 체계적으로 발달시키려는 목적의 교육과 훈련을 촉진하는 전문적인 활동으로, 관찰, 평가, 피드백, 슈퍼바이지의 자기평가 촉진, 교육, 모델링, 상호문제해결을 통한 지식과 기술의 습득을 포함한다. 이를 통해 슈퍼바이지는 자신의 역량과 강점을 인식하며 자기효능감을 높일 수 있다. 이러한 슈퍼비전의 과정은 윤리와 법을 지키는 전문적 실천을 통해 내담자와 전문가를 보호하고, 더 넓게는 사회의 안녕에 기여하는 방향으로 이루어진다(Falender & Shafranske, 2004, p. 11).

미술치료 슈퍼비전은 같은 전문 분야 선배 슈퍼바이저가 평가자, 교육자 및 상담자의 역할을 하며(Bernard & Goodyear, 2004; Carroll, 1999), 후배 슈퍼바이지를 관리하고 교육하며 역할모델을 한다는 점에서 일반 슈퍼비전과 유사하다. 특히 4차 산업혁명과, 코로나19 팬데믹 이후 변화하는 시대에 대응하는 미술치료사의 질적인 향상과 미술치료 성과에 미치는 영향을 고려할 때, 슈퍼비전의 중요성은 더욱 강조된다. 미술치료 슈퍼비전은 미술치료사의 교육과 수련 과정에서 필수적 요소로, 미술치료사가 전문적인 역할을 수행하는 데 필요한 전문 능력과 정체성을 유지하도록 한다(Malchiodi & Riley, 1996). 이를 통해 미술치료사는 내담자에 대한 이해를 넓히고, 치료 과정에서의 자신을 객관적으로 바라보며, 미술치료 이론과 실제를 적용하는 통찰을 얻게 된다(Moon, 2006/2011). 슈퍼바이저는 슈퍼바이지가 치료와 관련된 업무를 질적 · 양적으로 적절하게 수행하는지 감독하며, 미술치료 이론과 실습을 통해 학습한 전문 지식을 발전시키고 이론과 임상을 통합할 수 있도록 교육한다. 슈퍼바이저는 슈퍼바이지에게 지지적이고 표현적인 환경을 제공하여 슈퍼바이지가 치료사로서의 역할을 이해하고 자부심을 갖도록 한다(Moon, 2006/2011). 이를 위해서는 슈퍼바이저의 치료사와 슈퍼바이저로서의 이론적 · 임상적 경험과 슈퍼비전 경험 모두가 중요할 것이다.

(1) 한국미술치료학회 정의

국내 미술치료는 여러 기관(협회/학회) 및 학교를 중심으로 개별적인 체계를 가지고 운영되고 있다. 한국미술치료학회는 미술치료사에게는 전문인으로서의 능력과 효율성에 대한 정기적인 자기반성과 평가가 필요하며, 필요시 지도감독을 받을 책무가 있다고 정의한다. 또한 교육과 훈련프로그램을 전문적으로 실시하고 윤리적인 역할 모델이 되어 교육생들이 윤리적 책임과 윤리강령을 잘 인식하도록 돕는다고 한다. 한국미술치료학회(2020)는 자문을 담당하는 치료사가 필요한 자질과 능력을 갖추었는지, 자문 대상에 따라 개인의 가치관, 지식, 기술, 한계성 등을 자각하도록 자문을 명시하도록 요구한다.

(2) 미국미술치료학회 정의

미국미술치료학회(AATA)와 미술치료자격증위원회(ATCB, 2021)는 윤리강령에서 미술치료사는 전문가로부터 일반적인 상담과 슈퍼비전을 받아 최상의 전문성을 유지해야 하며, 치료적 경험과 교육적 활동과 관련된 미술치료 정보를 이해해야 한다고 강조한다. 문제와 갈등 요소에 대해 적절한 자문과 도움을 받아 이를 해결하고 치료와 평가에 적용해야 한다고 명시한다. 학생과 슈퍼바이지의 책임 항목에서는 미술치료사의 책임에 대해 강조하며, 학생들에게 적절한 최신의 학문과 정보를 가르쳐 전문적으로 성장하도록 돕고 조언해야 한다고 하였다. 또한, 미술치료 슈퍼바이저는 적절한 슈퍼비전 경험과 훈련 과정을 거쳐 자격을 취득해야 하며, 자문 또는 슈퍼비전에서 항상 적절한 슈퍼비전의 질을 유지할 의무가 있다. 슈퍼바이저는 학생들과 슈퍼바이지들이 자신으로부터 영향을 받을 수 있는 위치에 있음을 인식하고, 개인의 신뢰나 의존성을 노출하지 않도록 주의해야 한다. 또한, 최신 임상과 관련된 윤리적 기준과 위반 시 조치에 관한 내용을 파악하여 안전한 슈퍼비전 환경을 조성하도록 엄격하게 제시한다. 특히, 다문화적 환경과 미디어 유입 등 시대적 요구와 변화 상황에 따른 윤리조항을 민감하게 반영하며, 이는 치료사에게는 매우 중요하고 재교육은 사회적 책임이라고 소개한다.

2) 슈퍼비전의 내용

미술치료 슈퍼비전은 미술치료사들이 자신의 역량을 키우고 효과적인 치료를 제공하기 위해 중요한 과정이다. 이 과정에서는 슈퍼바이지는 자신의 사례에서 필요한 상담기술, 사례개념화, 전문적 역할, 정서적 알아차림, 평가적 측면에서 실제적 내용을 배우고 적용한다.

(1) 미술치료 방법 및 기술(art therapy method and techniques)

슈퍼바이저의 지도와 감독하에 미술치료 실습 사례에 필요한 다양한 미술치료 개입 방법과 기술을 배우고 연습한다. 치료 과정에서 내담자의 미술작품과 행동을 관찰하여 그들의 감정 상태와 문제를 이해하고 특정 문제나 상황에 적합한 중재 전략을 개발하고 직접적인 개입 기술을 익힌다.

(2) 사례개념화(case conceptualization)

사례개념화는 내담자의 문제를 이해하고 치료 계획을 수립하는 치료의 핵심으로, 내담자의 과거와 현재 상황을 파악하여 문제의 원인을 분석해야 한다. 슈퍼비전에서 사례 내담자의 심리적 상태를 진단하고 평가하는 미술치료 평가 방법을 학습하고, 실습생의 수준에서 현실적이고 달성 가능한 치료 목표를 설정한다.

(3) 전문적 역할(professional role)

미술치료사로서의 전문적 역할과 책임을 이해하고 수행하는 것은 매우 중요하다. 윤리적 딜레마를 다루는 윤리강령과 적용 방법을 배운다. 치료사로서 자신의 감정과 반응을 인식하고, 이를 치료 과정에서 어떻게 다룰지 논의한다. 최신 연구와 치료 기법을 배우고, 지속적으로 전문성을 개발하는 법을 학습한다.

(4) 정서적 알아차림(emotional awareness)

정서적 알아차림을 습득하는 것은 미술치료사의 전문성과 정서적 건강을 유지하는 데 필수적이다. 이를 위해 미술치료 슈퍼비전에서 자기반성, 미술표현, 피드백, 마음 챙김, 사례 연구, 교육, 정기적 평가 등의 다양한 방법을 사용할 수 있다. 치료사는 슈퍼바이저와 동료 지원 시스템을 형성하고 정서적 지지를 받는 방법을 탐색하여 감정적 소진을 예방하고 관리하는 자기 돌봄 기술을 개발한다.

(5) 평가(evaluation)

슈퍼비전은 미술치료사의 임상 능력을 정기적으로 평가하고 개선하는 데 중요한 역할을 한다. 평가는 슈퍼비전이 시작될 때 현재 수준과 목표를 파악하는 초기 평가부터 성과와 발전을 모니터링하고 필요한 피드백을 제공하는 정기평가, 슈퍼비전이 종료될 때 치료사의 전체적인 발전과 성과를 평가하는 종합평가로 이루어진다. 실습생은 슈퍼바이저와 동료의 피드백을 받아 자신의 강점과 약점을 파악하고, 자신의 발전 상황을 모니터링하여 개인적 성장을 도모한다.

3) 슈퍼비전의 종류

교육기관 내 슈퍼비전과 현장 슈퍼비전, 동료 슈퍼비전, 자기 슈퍼비전, 미술 기반 슈퍼비전, 집단 슈퍼비전과 개인 슈퍼비전, 비대면(원격) 슈퍼비전 등 다양한 종류의 슈퍼비전이 있다.

(1) 교육기관 내 슈퍼비전(program supervision)

대학이나 교육기관에서 이루어지는 슈퍼비전으로, 이론기반의 학문적 접근과 실습에 대한 피드백으로 진행된다. 구조화된 교육과정에 따라 체계적으로 진행되며, 학문적 배경과 실무경험이 풍부한 교수(임상 전문가 슈퍼바이저)가 지도한다. 슈퍼비전을 통해 이론적 지식을 다양한 실제 사례에 적용하여 통합하는 방법을 학습할 수 있으며, 안정된 교육과정 안에서 체계적인 피드백과 평가(중간, 기말)를 받을 수 있다. 반면, 교수 슈퍼바이저의 임상과 슈퍼비전 경험에 따라 차이가 있을 수 있으며, 정해진 학사일정 안에서 집단으로 이루어지는 슈퍼비전이기 때문에 개별 학습자의 필요를 맞추기 어려울 수 있다.

〈표 9-1〉 슈퍼비전 사항(AATA/ATCB)

슈퍼비전 사항
• 10시간의 임상 미술치료 시간에 대해 최소 1시간의 개인 슈퍼비전(임상 현장) 적용한다. • 10시간의 임상 미술치료 시간에 대해 최소 1.5시간의 집단 슈퍼비전(슈퍼비전 수업) 진행한다. • 집단 슈퍼비전의 형태는 슈퍼바이저 1인당 최대 8명의 슈퍼바이지를 넘지 않도록 한다.
• 미술치료 슈퍼바이저는 학생 미술치료 슈퍼바이지들이 실습 현장에서 슈퍼비전을 받으며 슈퍼비전 수업에서 통합하고 슈퍼바이저로 성장할 수 있는 정체성을 발전시킬 수 있도록 돕는다.
• 학생 슈퍼바이지는 슈퍼비전에 대한 이해, 필요성을 인식하고 슈퍼비전에서 다루어야 할 주요 내용, 평가 기준과 방법 등에 대해 배워 나간다. • 초보 미술치료사의 전문성을 높이기 위한 노력은 윤리적으로 요구되는 치료사의 자세이다. • 슈퍼비전에서 경험한 미술치료 슈퍼바이저의 역할을 조명하며 추후 현장 슈퍼바이저로서 역량을 기른다.

다양한 실습기관과 긴밀한 협력을 통해 기회를 제공하고, 교수자의 현장 방문지도와 개인형 맞춤 지도를 통해 보완할 수 있다.

미국미술치료학회(AATA, 2020)는 앞의 〈표 9-1〉과 같이 미술치료 임상과 교육, 연구 분야에서 쌓아 온 경험과 미술치료 영역의 비전을 바탕으로 임상 슈퍼비전과 교과과정 내의 슈퍼비전 비율을 제시하면서 임상 현장과 학교 교과과정을 통해 제공되는 슈퍼비전을 모두 경험하면서 미술치료사로 성장할 것을 강조하고 있다.

(2) 현장 슈퍼비전(on-site supervision)

슈퍼바이지(실습생)가 실제 임상실습을 하는 실습기관에서 현장의 미술치료 전문가 슈퍼바이저로부터 슈퍼비전을 받는 것이다. 실제 사례와 경험을 바탕으로 현장 슈퍼바이저로부터 즉각적인 피드백을 받아 적용하기에 문제해결 능력을 기를 수 있다. 미술치료에 대한 내용뿐 아니라 실습 환경 전반에서 경험하는 내용을 포함하여, 미술치료사로서의 정체성에 통합할 수 있는 슈퍼비전의 기회를 제공한다. 다양한 대학의 실습생들과 교류하며 성장할 수 있는 큰 장점이 있지만, 기관에 따라 슈퍼바이저의 경험과 역량, 전공 및 자격 등에 차이가 있어 체계적인 미술치료 슈퍼비전이 어려울 수 있다. 슈퍼비전의 구조화를 통해 규칙적인 슈퍼비전 일정과 형식을 갖추며 안전한 미술치료 환경을 확보하는 것, 현장 슈퍼바이저가 미술치료사로서의 역할에 충실하며 후배 전문가 양성을 통해 자신의 전문성을 확보해 가는 것이 중요하다.

라이브 슈퍼비전(Live supervision)

슈퍼바이저가 치료 회기를 실시간으로 관찰하면서 즉각적인 피드백을 제공하는 형태의 슈퍼비전이다. 슈퍼바이저는 직접 또는 실시간 원격으로 참관하여 치료사의 강점과 약점을 모니터링한다. 이론적 교육과 실제 경험을 효과적으로 결합한 지도를 제공하여 치료사의 실질적인 임상 능력을 향상시킨다. 반면에 초보 치료사는 실시간으로 감독받는 상황에서 긴장하거나 스트레스를 느낄 수 있으며, 내담자 또한 회기가 실시간으로 관찰되고 있다는 사실에 불편함을 느낄 수 있다. 또한 원격 라이브 슈퍼비전의 경우, 장비 사용 등 비용이 발생하며, 장비의 고장이나 인터넷 연결 등 기술적 문제로 인해 원활한 슈퍼비전에 제약이 있을 수 있다.

(3) 동료 슈퍼비전(peer supervision)

같은 수준의 동료 치료사들이 서로의 사례를 공유하고 피드백을 주고받으며 상호 지원하는 과정이다. 전통적인 슈퍼바이저와 슈퍼바이지의 수직적 관계와는 달리, 동료 슈퍼비전은 수평적 관계에서 이루어진다. 이 과정에서 참여자들이 자율적으로 주제를 설정하고 논의를 통해 학습을 주도하며, 다양한 경험과 관점을 가진 동료들 간의 학습이 이루어진다. 이는 동료들 간의 이해와 공감을 통해 정서적 지지를 받을 수 있게 하며, 전문 슈퍼바이저를 고용하는 것보다 비용이 적게 든다는 장점이 있다. 또한, 동료들의 피드백을 통해 다양한 치료 접근법과 시각으로 문제해결 능력이 향상될 수 있다. 이러한 과정을 통해 동료들 간의 신뢰와 친밀감을 형성하여 장기적으로 전문적 관계를 유지할 수 있다. 그러나 동료들 모두가 충분한 임상 경험을 갖추지 못하였을 경우, 깊이 있는 슈퍼비전이 어려울 수 있으며, 슈퍼바이저와 같은 권위 있는 인물이 없어 피드백이 미흡하거나, 체계적인 교육과 구조가 부족할 수 있다. 또한, 동료들 간의 친밀한 관계로 인해 객관적인 피드백이 어려울 수 있어 주의가 필요하다. 따라서 미술치료사로서의 성장과 발전을 도모하기 위해서는 교과과정에서 요구되는 슈퍼비전과 더불어 임상 현장에서도 선배 전문치료사와 함께하는 슈퍼비전의 풍부한 경험이 필수적이다. 효과적인 동료 슈퍼비전을 위해서는 참여자 간의 신뢰와 개방적인 태도가 중요하다.

(4) 미술기반 슈퍼비전(Art-Based Supervision: ABS)

슈퍼바이지가 자신의 사례와 관련된 미술반응작업이나 미술작품을 사용하며 미술치료 슈퍼비전의 독특함을 직접적으로 경험하는 방식이다. 치료사들은 언어로 표현하기 어려운 복잡한 감정이나 경험, 임상 사례를 시각적이고 창의적으로 반영하며 새로운 통찰을 경험하고, 자기이해와 직업적 성장을 도모한다. 이 과정에서 치료사들은 예술을 통해 문제를 새로운 시각으로 바라보고 해결 방법을 탐색하며, 창의적이고 비판적으로 사고할 수 있도록 도움을 받는다. 심리적 안전감을 제공하여 치료사들이 자유롭고 솔직하게 자신의 감정과 경험을 탐색을 하는 과정에서 정서적 해소와 스트레스 감소에도 기여한다. 효과적인 미술 기반 슈퍼비전을 위한 조건으로 슈퍼바이저와 치료사 모두가 예술적 표현에 개방적이고 적극적인 태도를 가져야 한다. 슈퍼바이저는 이미지에 대한 상징적 이해와 분석, 및 임상에 활용하는 학문적 지식과 임상가로서의 숙련도가 필요하다. 슈퍼비전에서 미술작업을 활용하는 구체적 목적과 유용성, 작업 일정을 사전에 명확히 계획하는 것이 필요하다(Fish, 2017; Moon, 2011).

다음 사례는 ○○어린이 병원에서 실습한 학부 과정 실습생의 실습 첫 회기, 5회기, 종결 후 반응으로 표현한 미술작품과 그림에 대한 설명이다.

[사례 9-1] 실습생의 ABS 반응 작품

백조는 겉에서 보는 것과 다르게 물속에서는 힘찬 발장구를 치고 있습니다. 저도 백조처럼 아동에게 이 시간을 함께 온몸으로 즐기는 지지자가 되고, 머릿속으로는 아동의 행동과 말을 기억하며 치료의 실마리를 찾아낼 수 있는 유능한 치료사가 되고 싶습니다. 시간은 좀 걸리겠지만 당장 전해 주고 마음입니다.

[그림 9-1] 1회기 후 학생 작품: 백조의 물장구

가장 인상 깊었던 회기는 '5회기, 동물원 만들기'입니다. 아동이 좋아하는 공룡이 세상으로 한걸음 내딛는 장면이 떠올랐고, 그 용기 있고 즐거운 마음을 생각하며 핑크색 그림자와 하트볼, 하트 무늬로 공룡을 표현하였습니다. 아동의 작은 변화와 발전을 응원해 주고, 아동의 이야기 속에서 즐거움을 느끼는 치료사가 되고 싶다는 마음이 들었습니다.

[그림 9-2] 5회기 후 학생 작품: 거대한 발걸음

회기를 마치면서 마치 여행을 떠나는 것처럼 긴장과 설렘임을 가지고 멋진 풍경을 보러 가는 기분이 듭니다. 여행을 떠나기 위해 옷과 필요한 물건을 챙기는 것처럼 어떤 것을 준비하면 아동과 긍정적인 상호작용이 이루어질지, 아동의 장점을 더 극대화해 줄 수 있는지 고민하며 전문적인 치료사가 되도록 노력해야겠다는 생각이 들었습니다. 다양한 고민을 하며 아동에게 더 집중하고, 이전 회기를 회상하고 수정하며 발전할 수 있는 치료사가 되고 싶습니다.

[그림 9-3] 종결 후 학생 작품: 여행

반면, 일부 치료사들은 예술적 표현에 익숙하지 않거나 저항감을 느낄 수 있어, 슈퍼비전 과정의 참여도를 낮출 수 있다. 미술기반 슈퍼비전은 시간과 자원이 더 많이 소요될 수 있어, 장기적으로 시행하기 어려울 수 있다. 또한 슈퍼바이저는 다문화적 민감성을 가지고 예술적 표현과 내용에 접근해야 한다.

(5) 자기 슈퍼비전(self supervision)

자기 슈퍼비전은 치료사가 외부 슈퍼바이저 없이 독립적으로 평가하고 반성하는 과정이다. 임상 슈퍼비전의 원리(개념, 과제, 능력 등)를 바탕으로 구체적이고 객관적인 관찰을 계획하고, 실행하며, 데이터를 분석하고 해석, 결과/결론을 차후 행동 계획에 반영하여 임상기술을 개발하고 전문가적 성장에 적용하는 것이다. 회기의 기록부터 작품 분석, 반성일지 작성, 목표 설정 및 평가 단계로 진행하며, 비공식적인 동료와의 논의를 통해 외부 피드백을 보완할 수 있다. 그러나 이 경우 평가에서 제한적인 외부 피드백으로 인한 객관성 문제, 지식 및 기술의 한계와 체계적 접근의 부족, 동기 유지의 어려움 등 단점이 있다. 치료사의 높은 유연성과 자기 주도성이 매우 중요하며, 임상적 문제가 제기될 때 그 문제를 인식하고 해결할 수 있는 능력이 있는지 스스로 질문할 수 있어야 한다. 다음은 자기 슈퍼비전을 위한 질문이다(Morrissette, 2012).

자기 슈퍼비전을 위한 질문
1. 나는 치료사로서 내담자보다 더 열심히 임하는가?
2. 내담자가 힘들어할 만한 변화의 부정적인 결과는 무엇인가?
3. 문제는 어떠한 긍정적 기능이나 목적 달성에 기여 하는가?
4. 내담자의 목표를 분명하게 평가하였으며, 내담자는 내가 이러한 목표를 향해 나아가고 있다고 여기겠는가?
5. 내담자와 충분히 동맹을 맺었는가?
6. 내담자는 치료나 치료사를 신뢰할 만하다고 여기는가?
7. 나의 좌절은 나의 개인적인 문제가 내담자의 문제를 방해하고 있다는 표시인가?
8. 나의 태도와 반응은 내담자가 속한 가족체계와 동일한 반응인가?
9. 나는 변화를 위한 책임에 대해 적절히 균형을 이루고 있는가, 아니면 한 사람을 다른 사람보다 더 편들고 있는가?
10. 나는 두세 가지 핵심적인 치료 문제나 주제를 발견하였는가, 아니면 지나치게 많은 것에 초점을 맞추려고 하는가?

(6) 집단 슈퍼비전(group supervision)

미술치료 집단 슈퍼비전과 개인 슈퍼비전은 각각 고유한 장점과 차이를 가지고 있기 때문에 치료사의 필요와 상황에 따라 적절히 활용하기를 권한다. 집단 슈퍼비전은 다음과 같이 6단계의 모델을 통해서 여러 명의 치료사가 모여 다양한 시각과 피드백을 공유하고 문제해결에 보다 창의적이고 포괄적인 접근을 가능하게 한다. 슈퍼바이저와의 관계뿐 아니라 동료 치료사들 간의 지지와 공감을 통해 정서적 지지 시스템을 구축함으로 스트레스 관리와 직무 만족도 향상에 도움을 준다. 또한 다른 치료사들의 사례와 접근법을 비교하며, 자신의 치료 기술과 방법을 객관적으로 평가하고 개선할 수 있다. 그러나 집단 내에서 즉각적인 피드백이 제한적이고, 개인의 특정 문제나 예민한 상황에 대해 개방하여 깊이 있는 논의가 어려울 수 있다. 전체 집단원의 시간 조율과 각자의 사례 발표 시간을 고려해야 하므로, 개별 사례를 깊이 다루는 데 한계가 있다. 개인 슈퍼비전(individual supervision)의 장점과 제한점에 대해 다음 [학생 질문]과 함께 비교하여 소개한다.

미술치료 집단 슈퍼비전 모델
1단계: 지속적인 미술 제작
2단계: 핵심 질문의 명료화 및 도움 요청
3단계: 질의응답 시간
4단계: 동료 및 슈퍼바이저의 피드백 후 쉬는 시간
5단계: 슈퍼바이지 응답
6단계: 공개 토론

출처: Moon & Nolan (2022), p. 170.

개인 슈퍼비전
학생 질문: "교수님, 이 질문은 교수님과 저만 있는 자리에서 따로 개인적으로 듣고 싶습니다!"
• 치료사의 개별 사례와 문제에 대해 심도 있게 논의하고, 맞춤형 피드백을 제공한다.
• 개인의 성장에 초점을 맞추어 치료사의 특정 기술과 역량 개발에 집중한다. 특정 사례를 심층적으로 분석하고, 구체적인 해결 방안을 모색함으로 치료사의 문제해결 능력과 비판적 사고 향상에 도움이 된다.
• 집단 슈퍼비전에 비해 비용 부담이 클 수 있으며, 집단원들의 다양한 시각과 접근법을 접하기 어려울 수 있어 창의적 문제해결에 한계가 있다.

출처: Moon & Nolan (2022), p. 170.

(7) 비대면 슈퍼비전(distance supervision)

비대면 슈퍼비전은 슈퍼바이저와 슈퍼바이지가 각각 다른 장소에서 디지털 도구와 플랫폼(Zoom, Skype, Microsoft Teams) 등 화상 회의 소프트웨어를 사용하여 진행하는 것이다. 최근 디지털 기술 발전과 코로나19 팬데믹으로 비교적 경제적이고 광범위한 실시간 접근이 가능한 비대면 화상 미술치료와 슈퍼비전이 대중화되어 윤리적 기준이 마련되는 추세이다(ATCB, 2021; Moon & Nolan, 2022).

비대면 슈퍼비전은 조건에 대한 양측의 사전 동의가 중요하며, 개인정보(환자 이름, 시설 이름, 주소, 생년월일, 치료 날짜, 연락처 등)와 치료 내용에 대한 비밀 보장 문제(confidential) 내용의 제거 또는 암호화 저장 문제, 안전하게 토론할 수 있는 슈퍼비전 환경 등이 요구된다. 또한, 원활한 소통을 위해 인터넷과 보안서버 설치, 디지털 장비(컴퓨터, 태블릿, 웹 카메라 설치, 이어폰 등)와 화상회의 소프트웨어 등의 새로운 기술에 대한 사전 준비와 교육이 필요하다. 특히 수업 내 슈퍼비전이나 공개 사례 발표와 같은 대단위 집단 슈퍼비전의 경우에는 추가적인 고려점이 발생한다. 따라서 비대면 미술치료 슈퍼비전은 여러 기술적 문제와 비언어적 커뮤니케이션의 한계, 윤리적 문제를 고려하여 각 개인의 필요와 상황에 맞는 최적의 방법을 선택하는 것이 중요하다.

ATCB는 대면 슈퍼비전을 권하지만 독립된 대면 슈퍼비전 또는 대면과 비대면이 혼합된 형태의 슈퍼비전에 참여하기 어려울 경우, 독립된 슈퍼비전을 허용하며 원격 슈퍼비전의 권고사항을 다음과 같이 소개한다(Moon & Nolan, 2022).

독립된 비대면(원격) 슈퍼비전이 가능한 경우
• 자격을 갖춘 슈퍼바이저가 근처에 없을 때(Singer, 2008)
• 내담자의 문제를 다룰 수 있는 슈퍼바이저가 근처에 없을 때
• 대면 슈퍼비전에 참여하지 못하는 신체적 제약이나 다른 제한 사항이 있을 때
• 코로나19와 같은 감염병 상황에서 대면이 불가능할 때
• 산불이나 지진, 전쟁 등의 재해 · 재난 시 긴급한 개입에 대한 슈퍼비전이 필요할 때
• 국외 및 원격 위치에 있는 임상에 대한 감독 요구가 있을 때(Miler et al, 2005)
• 다른 지역에 있는 여러 명이 함께 슈퍼비전에 참여해야 할 때(Dudding, 2006)

2. 미술치료 슈퍼비전의 관계

슈퍼바이저의 역할은 '평가자'로 인식되어, 조언자나 자문가, 교사이면서 롤모델로서 슈퍼바이지의 지지자가 되어 준다는 관점이 일반적이었으나(Bradley & Ladany, 2000), 최근 슈퍼바이지와 상호적인 동반자 관계로 이해하는 관점으로 변화하고 있다.

1) 슈퍼비전 형태에 따른 슈퍼비전 관계

미술치료에서 슈퍼바이저의 슈퍼비전은 심리치료에 대한 이론적 지식과 실천적 경험을 통합시키기 위해 가장 많이 활용하는 교육 방법이다. 그 분야에서 경험이 많고 숙련된 선배 치료사가 초보 치료사의 수행 안에서 내담자–치료사–작품 간의 삼자관계([그림 9–4] 참조)를 다루고 감독하거나 지도한다([그림 9–5] 참조).

단순히 내담자의 사례를 개념화하는 것이 아니라 감정과 이미지, 내담자와의 관계를 강조하며, 전이/역전이, 대상관계, 미술의 활용과 관련된 창조적 슈퍼비전과 예술 표현의 활용, 반응미술과 미술 기반 슈퍼비전 등 다양한 이슈를 다룬다. 이러한 과정에서 임상과 이론을 겸비한 숙련된 전문 미술치료사를 양성하고 지속적으로 질적인 성장을 도모하기 위하여 임상 현장과 수업에서 상호보완적으로 이루어지는 것이 가장 이상적일 것이다.

미술치료에서 미술치료사와 슈퍼바이저의 관계는 공식적인 관계이다. 미술치료 전문 분야의 학문적인 교육과 훈련 및 임상 경험이 많은 슈퍼바이저가 자신의 전문적인 지식들을 교육이나 훈련 및 임상 경험이 상대적으로 적은 슈퍼바이지들에게 전달하기 때문에 그 관계는 상하 위계적인 관계가 된다. 미술치료 슈퍼비전에서 슈퍼바이지는 치료 경험을 구성하고 통합하여 미술치료에서의 문제를 해결하고 치료를 창조한다. 미술치료사가 내담자의 작품을 관찰, 해석, 평가하는 것과 같이 슈퍼바이저는 슈퍼바이지의 미술을 관찰, 촉진, 해석, 반응, 평가한다(주리애, 2021). 미술치료 슈퍼비전에서의 다양한 관계는 [그림 9–4]~[그림 9–6]과 같다.

[그림 9–4]는 기본적인 상담에서의 관계에 추가적으로 치료사와 내담자, 그리고 그 둘의 관계를 이어주는 미술작품이 등장한다. 미술작품은 단지 결과(product)가 아니라 치료의 전 과정의 다이나믹을 포함하는 것으로, '표현 과정'과 그 안에서의 치료사와 내담

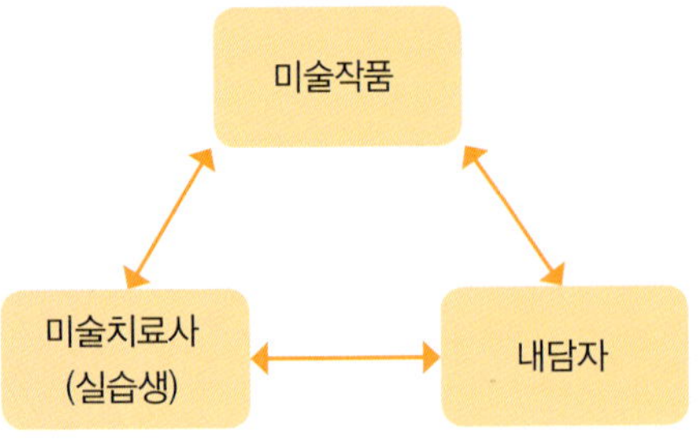

[그림 9-4] 삼자관계

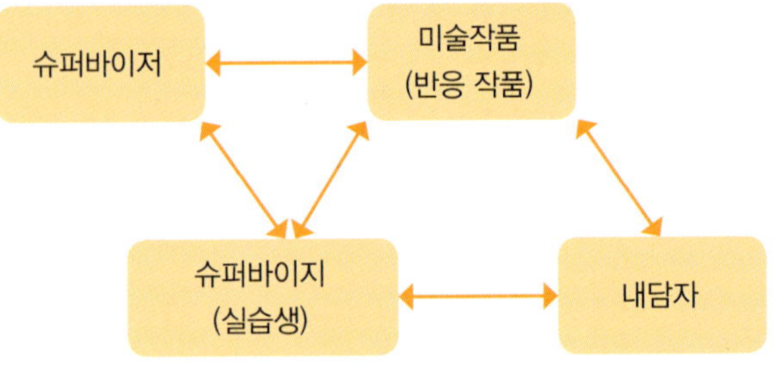

[그림 9-5] 슈퍼비전

자의 끊임없는 관계를 포함한다. 그 안에는 [그림 9-5]와 같이 슈퍼바이저가 등장하게 된다. 슈퍼바이저는 미술치료 현장에 실질적으로 함께하지는 않으나 미술치료 전 과정을 외부에서 관리하며, 내담자와 기관의 특성에 따라 역할이 다를 수 있다. 슈퍼바이저는 주로 외부에서 치료사인 슈퍼바이지의 슈퍼비전 자료(임상 노트, 작품 사진 또는 모사 그림 등)에 의존하여 상황을 이해하고, 판단하여 슈퍼비전을 제공한다.

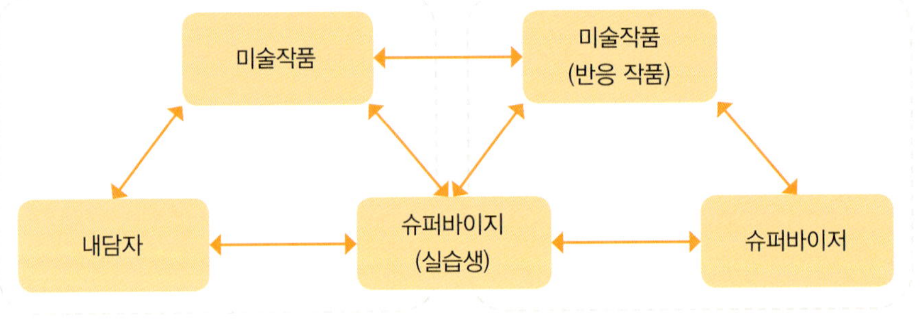

[그림 9-6] 미술 기반 슈퍼비전

[그림 9-6]은 미술 기반 슈퍼비전으로, 일반적인 슈퍼비전과는 달리 치료사인 슈퍼바이지가 자신의 임상 경험의 반응(reflection)으로서의 미술표현을 하게 된다. 그 활동을 통해서 슈퍼바이지는 자신의 모습을 살피고, 슈퍼바이저와 함께 내담자의 회기와 그 안의 자신의 반응을 통찰하는 기회를 가지게 된다. 이는 슈퍼바이지의 자기돌봄으로 소진을 예방하는 데 도움이 되는 것으로 보고되고 있지만 치료와 관련되지 않은 치료사(슈퍼바이지)의 개인적 문제의 개방, 특히 집단 슈퍼비전에서 개인의 문제를 드러내는 것은 전체 동료들 사이에서의 역동뿐 아니라 치료사 전문성에 대한 이슈로 남을 수 있어 필요하다면 개별 슈퍼비전 또는 상담이나 자기 분석을 받도록 제안한다.

2) 슈퍼바이지 수준에 따른 슈퍼비전 관계

슈퍼바이지의 역량은 지속적으로 향상되고 발달되기에 슈퍼바이지의 발달 수준에 따라 슈퍼비전 교육 요구와 슈퍼비전 내 슈퍼바이저와의 관계는 달라질 수 있다. 초급 치료사는 교육적이고 지지적인 접근이 필요하고, 중급 치료사는 협력적이고 심층적인 분석이 필요하며, 전문 치료사는 동료적 관계로서 혁신적 접근이 가능할 것이다(Falender & Shafranske, 2015).

(1) 초급 치료사(beginner theraist)

초급 치료사는 실무 경험이 적어 이론을 실제에 적용하는 과정에서 어려움을 겪으며, 슈퍼바이저의 지침과 지원에 의존할 수 있다. 기초적인 치료 기술과 내담자와의 관계 형성에 집중한다. 슈퍼비전은 이론적 지식과 기본 기술을 배울 수 있는 교육과 지지적 환경과 자신의 문제를 확인하고 개선할 수 있는 구체적이고 실질적인 피드백, 모범적인 치료 회기을 시연을 통해 배우는 모델링을 선호한다.

(2) 중급 치료사(internediate therapist)

중급 치료사는 기본적인 치료 기술을 습득하고 다양한 사례를 경험한 중간 수준이다. 슈퍼바이저의 지시 없이도 어느 정도 독립적인 개입을 할 수 있으며, 슈퍼비전을 통해 고급 치료 기법과 문제해결 능력을 발전시키고자 한다. 슈퍼바이저와 치료사가 함께 협력하여 복잡한 상황에 대한 다양한 치료 기법을 탐구하며 사례를 심층적으로 분석하고, 문제해결 능력을 향상시킨다. 치료사 스스로 피드백을 통해 자기성찰을 강화하고 비판적으로 자신을 평가할 수 있으며, 새로운 도전에 직면하여 균형을 맞출 수 있다.

(3) 전문 치료사(advanced therapist)

전문 치료사는 다양한 사례와 복잡한 상황에서의 풍부한 경험을 지니며, 자신만의 치료 스타일을 확립하여 독립적으로 치료할 수 있다. 지속적인 전문성 개발과 새로운 치료적 접근법 탐구에 관심이 있어 슈퍼바이저와 동료로서 상호 존중하며 협력한다. 복잡한 사례와 윤리적 딜레마 등에 대해 심층적으로 토론하며 전문성을 발전시킬 수 있다. 주도적으로 자신의 학습 목표를 설정하고, 슈퍼바이저는 이를 지원하여 새로운 치료 방법과 혁신적인 접근법을 탐구하고 실험한다.

3. 미술치료 슈퍼비전의 기능

슈퍼비전은 슈퍼바이지인 치료사가 전문가로 성장하도록 구체적이고 체계적인 교육과 훈련과 지속적인 슈퍼비전을 통해 이루어진다. 슈퍼비전의 목적은 슈퍼바이지의 개인적 · 전문적 성장과 발달을 촉진하고, 내담자의 복리를 보호하며, 활동에서 전문적 치료 역량을 검토하고 평가받으며(감독), 슈퍼바이지들이 독립된 전문상담가로서 자신을 인식하고 자원들을 발달시키도록 돕는 데에 있다. 슈퍼비전의 기능 중 지도와 감독 측면에 대해 소개한다.

1) 지도감독의 의미

슈퍼바이저는 전능하지 않다. 아무리 경험이 많은 슈퍼바이저라고 해도, 슈퍼바이지인 치료사가 회기 안에서 일어난 일들에 대해 완벽하게 관찰하고 기록한다고 해도 치료사와 내담자 사이에서 실제로 일어난 내용을 그대로 파악하는 것은 어려운 일이다. 특히 미술치료와 같이 그림과 표현 과정을 함께 봐야 하는 경우에는 더욱 그렇다. 슈퍼비전에서 슈퍼바이저는 윤리강령에서 말하는 치료 전반에 대한 책임을 가지고 슈퍼바이지와 함께 치료 과정에서 일어나는 일을 면밀히 검토하고 평가, 감독한다. [그림 9-7]은 슈퍼바이지의 효율적인 교육과 훈련을 위해 슈퍼바이저가 갖추어야 할 슈퍼비전의 일곱 가지 과업을 소개한다(Carroll, 1999).

관계 형성하기	교육하기	상담하기	전문적 · 윤리적 검토하기	평가하기	자문하기	행정적인 업무 검토하기
relationship	educatior	counseling	ethic	evaluation	conseling	administration

[그림 9-7] 슈퍼비전의 일곱 가지 과업

(1) 관계 형성하기(relationship)

경험이 적은 슈퍼바이지가 역량 있는 치료사로 성장할 수 있도록 안전한 슈퍼비전 환경을 경험하는 것이 중요하다. 슈퍼바이저는 슈퍼바이지와의 관계에서 안전한 경계를 지킴으로써 슈퍼바이지가 두려움, 걱정거리, 어려운 문제들, 혼란스러움, 갈등 등을 경험하고 탐색하도록 돕는다.

(2) 교육하기(education)

슈퍼바이지의 발달 및 경험 수준에 맞는 효과적인 교육과 훈련 방법을 통해 슈퍼바이지의 개인적 · 전문적 성장과 발달을 촉진하는 교육은 슈퍼바이저의 가장 중요한 역할이다. 일반적으로 경험이 적은 슈퍼바이지들은 슈퍼바이저의 상담 장면을 직접 관찰하거나 실제 사례를 통한 직접적이고 구조화된 교수법을 선호하는 반면, 선행 임상과 슈퍼비전 경험이 있는 슈퍼바이지들은 슈퍼바이저와 서로 의견을 나누는 것을 선호한다(Boders & Leddick, 1987).

(3) 상담하기(counseling)

내담자와의 치료 과정에서 일어나는 슈퍼바이지의 개인적인 반응이나 문제를 면밀히 검토하여 효과적이고 치료적인 상담가가 되도록 하는 데 목적이 있다. 슈퍼바이저의 개인적인 발달적인 과업이나 적응, 갈등 등의 문제는 이중관계(double relationship) 문제를 피하기 위하여 다른 치료사에게 의뢰하여야 한다.

(4) 전문적 · 윤리적 문제 검토하기(ethic)

슈퍼바이저는 전반적인 치료 환경과 내담자들에 대한 책임을 가지고 슈퍼바이지들의 전문적인 역량을 검토하는 중요한 역할을 한다. 슈퍼바이저는 슈퍼바이지들이 윤리적인 지침과 기준을 잘 인식하여 의사결정을 할 수 있도록 전문적인 상담 영역에 적합한 사람인지 역량을 검토하고, 자신의 행동이 미칠 수 있는 영향에 민감하도록 지도한다.

(5) 평가하기(evaluation)

슈퍼바이저는 안전하고 지지적인 환경 안에서 슈퍼바이지들의 역량을 평가하는데, 이는 슈퍼바이저와 슈퍼바이지의 관계가 평등보다는 상하 관계에 있음을 암시한다. 슈퍼바이지들은 평가 영역과 절차에 대해 이해하고, 슈퍼비전에서 탐색되고 논의되는 역량 평가에 부정적인 영향을 미칠 수 있는 부족한 점이나 갈등, 문제를 스스로 점검하는 기회를 가지고 적절히 개방할 수 있다. 그 과정에서 개인적인 문제들이 치료에서 어떻게 영향을 미치는지 치료 능력과 한계를 자각하며, 언제 어떻게 자문을 구하고 슈퍼비전을 받을지에 대해 판단한다. 슈퍼바이저와 슈퍼바이지의 상호 협력관계, 즉 함께 성장하고 발달하는 지속적인 과정이 중요할 것이다(Bernard & Goodyear, 2004).

(6) 자문하기(counseling)

주로 경험 있는 슈퍼바이저와 협의된 목표를 가지고 슈퍼바이지의 치료 활동을 검토한다. 내담자와의 치료 과정을 방해하는 개인적인 문제, 전문적인 발달에 대한 문제점, 새로운 기법을 획득하거나 프로그램을 개발하고 유지하며 평가하는 방법을 찾아가는 것을 목표로 치료사로서의 역량을 촉진한다.

(7) 행정적인 업무 검토하기(administation)

슈퍼바이저의 행정적인 역할은 슈퍼바이지들의 다양한 치료 환경을 검토하고, 기관에서 효율적으로 활동할 수 있도록 돕는 것이다. 슈퍼바이저들은 슈퍼바이지들이 속한 기관의 정책이나 절차에 맞게 내담자와 관련된 문서나 사례를 보관하고, 내담자의 의뢰가 적절한지 등을 감독한다. 기관의 정책상 발생하는 기관과 슈퍼바이지 간의 갈등을 검토하고 해결과정에서 최선의 해결 방법을 지도한다.

Awais와 Blausey(2021)는 슈퍼비전에서 '세 가지 감독 차원의 여섯 가지 감독 역할'을 구분하여 각각 소개하며 [그림 9-8]와 같이 상담가의 역할을 그 중심으로 보았다.

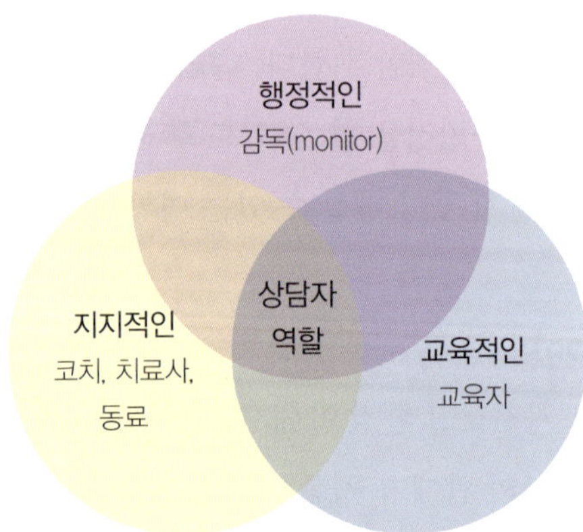

[그림 9-8] 세 가지 감독 차원의 여섯 가지 감독 역할
출처: Awais & Blausey (2021), p. 48.

2) 지도감독의 평가

Cherniss와 Equatios(1977)는 "최상의 슈퍼비전은 슈퍼바이저가 슈퍼바이지에게 질문함으로써 자신의 문제를 스스로 해결하도록 하는 통찰에 기초한다."라고 하였다(Falender & Shafranske, 2004, p. 53에서 재인용). 처음부터 치료사가 유능한 슈퍼바이저로서 기능을 하는 것은 아니기 때문에 슈퍼바이지(실습생)는 미술치료 현장 슈퍼비전을 통해 슈퍼비전 방법을 직접 경험하면서 초보 슈퍼바이저로 성장하게 된다. 미술치료사 경력과 슈퍼비전의 횟수가 자기효능감과 연관 있으며(김채연, 최외선, 2013), 이는 치료사로서 지속적인 배움과 임상훈련을 통해 조절 가능하다고 알려져 있다(Bandura, 1986). 슈퍼바이지가 슈퍼비전에 대해 어떤 기대를 가지고 시작하며, 슈퍼바이저에게 요구하는 역할은 무엇인지, 슈퍼비전 초기에 탐색하는 기회를 갖고 슈퍼비전 관계를 보다 명확히 설정하는 것이 중요할 것이다.

그렇다면, 최고의 슈퍼바이저와 최악의 슈퍼바이저는 어떻게 구분할 수 있을까?

좋은 치료사가 반드시 좋은 슈퍼바이저가 되는 것은 아니다. 지금까지 미술치료에서 치료사의 역량 평가와 발달을 위한 노력은 점차 커져 왔지만 이에 비하여 슈퍼바이저의

〈표 9-2〉 최고의 슈퍼바이저와 최악의 슈퍼바이저 능력

최고의 슈퍼바이저	최악의 슈퍼바이저
• 공감과 이해: 슈퍼바이지가 겪는 갈등과 자기분석에 대해 공감하고 이해하는 태도 • 팀워크 형성: 슈퍼바이저와 슈퍼바이지 간의 협력적 관계를 형성하는 촉진적 태도 • 공감 능력: 내담자의 감정에 깊이 공감하고 이해하는 능력 • 따뜻함과 이해: 인간적으로 따뜻하고 이해심이 많으며, 타당한 관점을 제시하거나 확인하는 능력 • 수용적 태도: 내담자의 의견과 감정을 수용하고 존중하는 자세 • 접근성: 다가가기 쉬우며 주의 깊은 태도 • 진실성과 자율성 존중: 개인적으로 진실되고, 슈퍼바이지의 자율성을 존중하는 자세 • 강점 인식: 슈퍼바이지의 강점을 보고하는 능력 • 비판적 자세: 건설적 비판을 통해 슈퍼바이지의 성장을 돕는 자세	• 조직 관리 측면: 책임감에 대한 명확히 기준을 설정하지 않고 슈퍼바이지의 욕구를 평가하지 않는다. 슈퍼바이저로서 임상기술이 부족하고 전문가로서 신뢰할 수 없다. • 관계 정서적 측면: 안정감 있는 환경을 제공하지 않고, 단정적이거나 교정적인 피드백을 제공하며, 슈퍼바이지의 발달적 욕구에 민감하지 못하다. 슈퍼바이저와 슈퍼바이지 사이에 발생하는 주제를 회피, 윤리강령의 행동지침을 위반 • 역할모델 부족: 흥미가 없고, 역량이 부족하다. 이론적 개념과의 불일치로 인해 상충되었고, 너무 지시적이거나 명확하지 않은 태도를 보인다. • 훈련생의 결점 강조: 경직되고 편협한 태도로 슈퍼바이지의 가치를 하락하고, 간접적이거나 회피적인 언행을 보인다. 개별화를 인정하지 않음 책임감을 보이지 않는다. • 슈퍼비전을 개선에 대한 무관심: 슈퍼비전을 개선하기 위한 훈련에 관심이 없고, 방어적인 태도

출처: Falender & Shafranske (2004).

역량을 키우기 위한 노력은 상대적으로 적은 편이었다. 치료를 잘하는 치료사는 저절로 슈퍼바이저가 될 수 있으며, 자신의 슈퍼바이저에게 슈퍼비전을 받은 경험을 통해 그 역량을 습득하고 배울 수 있다고 여겨 왔다. 그러나 점차 슈퍼비전을 독립된 분야로 보고, 체계적인 훈련과 특별한 노력이 필요하다는 것을 인식하게 되면서 각 학회의 자격증에는 전문가 다음 단계로 임상감독인 슈퍼바이저의 자격을 두고 있다. 자세한 내용은 1장을 참고한다.

슈퍼비전의 질을 높이는 요소로 갈등 해결, 자기개방, 멘토링, 다문화 능력을 들 수 있으며, 질 높은 슈퍼비전 관계는 촉진적 태도, 촉진적 행동과 실천의 조화를 수반한다. 유능한 슈퍼바이저는 유연하고 진실되며, 관심을 갖고 있으며, 경험이 많고, 정기적으로 상담을 수행하며, 슈퍼비전 과정에서 유머를 활용할 수 있는 능력을 갖추고 있다고 한다(Falender & Shafranske, 2004에서 재인용). Awais와 Blausey(2021)은 이상적인 슈퍼바이저의 특성으로 참여, 헌신, 투자, 긍정적 존중과 수용, 따뜻한, 지지 진실성과 경계, 공감과 민감성, 성찰, 존중, 개방성과 구체성, 긍정적 기대와 희망을 기르는 것을 소개한다. 좋은 슈퍼비전은 슈퍼바이지의 역량과 치료의 질을 높여 궁극적으로 내담자의 치료 결과를 향상시키는 데 중요한 역할을 한다. 이를 위해 슈퍼바이저는 지속적인 교육과 훈련을 통해 자신의 역량을 꾸준히 개발하고, 슈퍼바이지와의 협력적 관계를 구축하며, 윤리적이고 전문적인 태도를 유지해야 한다. 반면에 최악의 슈퍼비전은 조직관리(organizational administrative), 인지적 기술(technical-cognitive), 관계적 정서(relational affective) 등의 분야에서 문제를 보일 수 있다.

3) 지도감독의 지원

슈퍼비전은 미술치료사가 복잡한 사례나 도전적인 상황에 마주하여 지속적인 교육과 피드백, 자문 및 자기분석 등을 통해 윤리적 문제에 대한 이해를 높이고 고민에 대한 해답을 찾으며 성장하며, 전문적인 실무를 개선하고 더 나은 치료를 할 수 있도록 지원하는 체계가 된다. 교육, 상담, 정신건강 자문과 같은 개입 방법과 많은 공통점을 포함하고 있다.

다음 〈표 9-3〉은 슈퍼비전과 교육, 상담 및 치료, 자문의 특성을 구분하여 각각의 공통점과 차이점을 소개한다.

〈표 9-3〉 슈퍼비전과 교육, 상담 및 치료, 자문 비교

구분	공통점	차이점
교육	• 새로운 기술과 지식을 전달한다. • 평가적이고 감독적이다.	• 교육은 계획에 의해 이루어지는 일련의 교육과정이며, 슈퍼비전은 특정 슈퍼바이저의 요구에 의해 이루어진다
상담 및 치료	• 슈퍼바이지나 상담받는 사람들의 행동적·인지적·감정적 문제를 토론할 수 있다	• 상담 및 치료적인 작업은 슈퍼바이지의 상담가로서의 역량을 증진하기 위한 목적이다. • 슈퍼비전은 평가적이나 상담은 평가적이지 않다. • 슈퍼바이지가 슈퍼바이저를 선택하는 선택권보다 내담자가 상담가를 결정하는 선택권이 훨씬 많다.
자문	• 슈퍼비전이나 자문을 받는 사람이 자신의 일을 더 효과적이고 전문적으로 할 수 있도록 도와준다. • 슈퍼비전이나 자문을 받는 사람들이 좀 더 유능하다면 두 기능의 차이는 없다.	• 자문 내 관계는 동등한 관계인 반면, 슈퍼비전 내 관계는 수직적 상하관계(hierarchical)이다. • 자문은 한 번에 끝날 수 있는 반면, 슈퍼비전은 시간이 흐름에 따라 지속적으로 이루어진다. • 자문을 받는 사람들은 슈퍼비전을 받는 사람들보다 좀 더 자유롭게 받는다. • 슈퍼비전은 평가적이나 자문은 평가적이지 않다.

(1) 교육적 특성

슈퍼비전은 교육과 공통점과 차별점을 모두 가지고 있다. 슈퍼비전에서의 교육적 기능은 주로 미술치료에 입문하는 학생들의 경우와 슈퍼바이지인 학생들의 시작 수준과 학생들이 실습에서 만나는 내담자의 환경이나 문제에 따라 달라질 수 있다(Bradley & Kottler, 2001). 교육의 경우에는 사전에 정해진 목표를 가지고 교육과정으로서 획일적으로 적용한다는 점에서 구별된다.

(2) 상담적 특성

슈퍼비전에서의 상담은 일반적인 상담과 구별된다. 슈퍼비전에서 슈퍼바이저는 슈퍼바이지들이 내담자와의 치료를 방해하거나 내담자에 의해 자극이 되는 슈퍼바이지들의 행동, 사고, 감정을 주의 깊게 살펴 효과적인 치료사가 되도록 한다는 구체적 목적을 가지고 있다. 일반적인 상담에서는 개인적인 문제해결과 함께 개인적인 성장(personal growth)에 목적을 두며, 더 나은 사람(better person)이 되는 데 더욱 집중한다. 슈퍼비전에서 슈퍼바이지들이 효과적인 치료사로 성장을 돕는 이외의 목적은 윤리적으로 잘못된 것이다(Bradley & Kottler, 2001; Carroll, 1999). 또한 많은 경우에 슈퍼바이지는 슈퍼바이저에

대한 결정권을 가지고 있지 않으며, 상담에서의 상담사와는 달리 슈퍼바이저는 슈퍼바이지를 평가하거나 치료사로서의 가치를 가르치는 책임이 있다(Bernard & Goodyear, 2004).

(3) 자문적 특성

경험이 많은 전문가에게 자문과 같은 성격을 보이지만 자문과 슈퍼비전은 엄격히 구별된다. 경험이 많은 경우에는 다른 전문가들과 만나서 어려운 내담자에게 어떻게 접근해야 하는지에 대한 생각을 주고받으면서 상담에 필요한 객관성을 얻을 수 있다. 이러한 슈퍼비전은 문제해결에 초점을 맞추기보다는 전문적인 교류활동 또는 비정규적 교육으로 볼 수 있다(Carroll, 1999). 자문의 가장 큰 특징은 평가적이지 않으며(Bernard & Goodyear, 2004), 슈퍼바이저가 같은 직종의 집단원들에게 역할모델로서 역할하는 데 있다. 그 과정에서 슈퍼바이저는 슈퍼바이지들의 치료적 관계와 치료 환경을 개선하기 위한 목적으로 슈퍼바이지의 전문적인 정체성을 발달시킨다.

단회기성 (초빙) 슈퍼비전

비정기적 슈퍼비전으로 상담센터 혹은 학회 등 단체에서 슈퍼바이저를 초빙하여 소집단 슈퍼비전, 또는 대집단 사례 발표회로 진행된다. 초빙된 슈퍼바이저는 슈퍼바이지와 처음만나는 경우도 있어서 전문가적 수준과 슈퍼비전을 통해 배우고 싶은 점, 다루고 싶은 점을 파악하는 것이 중요하다.

4. 미술치료 슈퍼비전의 활용

미술치료 슈퍼비전에서는 일반 임상 슈퍼비전에서 다루는 초기면접 과정, 평가 기법들, 내담자의 사례개념화 과정, 보고서 작성 내용 및 방법, 위기 개입, 치료 윤리 등의 내용을 포함하여 내담자와 내담자의 미술작업, 그리고 치료사로서의 슈퍼바이지 자신과의 관계를 통해 치료적 목적을 달성하는 과정을 돕는다(Malchiodi & Riley, 1996). 따라서 슈퍼바이저가 슈퍼바이지의 창의적인 내담자 치료를 위한 가설과 계획을 세우고 자유롭게 미술표현을 시도하면서 충분히 미술치료를 수행할 수 있도록 허용하는 특수성이 있다. 여기서 단순히 사례를 개념화하는 것이나 미술작품이나 표현 과정에 대해 토론하는 것이 아니다. 슈퍼바이지가 습득한 미술치료 이론들을 실제로 적용하며, 내담자들의 미술작품에 대해 언어적 반응과 비언어적인 이미지 작업으로 탐색하게 함으로 감정의 전이와 역전이를 안전하게 다루는 기회를 제공하는 복잡한 과정을 포함한다(김선희, 2014; 박은선, 홍윤선, 2013; Malchiodi & Reley, 1996; McNiff, 1986; Moon, 2002).

슈퍼비전은 사례와 함께 진행하지만 치료사의 발전을 위해 독립된 영역이다. 실습생들은 나의 내담자가, 혹은 실습기관이 나빠서 자신의 실습도 나빴다고 평가하기도 하지만 슈퍼비전에 따라 그 사례는 다른 경험이 된다. 슈퍼비전 시간을 잘 활용하여 지금의 사례가 앞으로 많은 사례의 디딤돌이 될 수 있도록 슈퍼비전 전-후에 다음 활동을 해 보기를 제안한다. 슈퍼바이저를 바쁘게 만드는 슈퍼바이지야말로 큰 선물이다.

학습과제 9-1 전문적 태도 자기점검

1. 슈퍼비전 예습하기

- 실습일지 작성: 일지는 회기 당일에 작성하고 보조치료사가 있다면 관찰 내용과 논의점을 취합하여 최종 완성한다. 슈퍼비전 하루 전에 슈퍼바이저에게 전달한다.
- 이론적 고찰: 초기 사례개념화에서 작성한 이론적 배경과 목표를 확인한다.
- 구체적인 개입 방법 점검: 회기 계획한 활동 내용과 주제, 기대 효과, 사용매체 등을 확인한다. 계획과 다르게 변경된 사항이 있었다면 그 내용과 이유, 앞으로의 방향 등을 재점검한다.
- 질문 만들기: 질문은 문제를 해결하는 시작점이 된다. 치료 후에 각 회기에서 나왔던 나의 질문과 동료들의 질문을 돌아보고 슈퍼비전에서 답을 찾는 것이 여러 권의 책을 읽는 것만큼 중요하다. 질문을 그냥 넘기게 되면 그 질문은 치료사의 미해결 과제로 남게 되고 다음 회기에도 어김없이 등장한다. 질문은 분류하여 슈퍼비전에서 찾은 답변과 함께 정리한다. 질문의 예시는 각 장에 포함되어 있다.
- 반응 미술작업(reflective practice through art): 치료 회기의 강력하고 압도하는 사건이나 역전이적 감정 등을 이미지로 표현하고 이해한다. 슈퍼비전 전에 회기에 대해 성찰하는 시간을 제공하는 것은 중요하다. 반응 작품의 예시는 각 장에 포함하였다.

2. 슈퍼비전 복습하기(creative arts supervision)

- 슈퍼비전 내 본인 사례와 동료 사례를 고찰한다.
- 질문과 답을 정리한다.
- 치료 목표를 재분석하고 다음 회기 구성을 점검한다.
- 치료사의 반응 작품과 글로 저널을 작성한다.
- 다음 예시 1, 2를 살펴보자.

[예시 1] 필자와의 슈퍼비전에서 질문과 답변을 정리한 한 학생의 노트를 공유한다.

학생: 경계선 아동 A의 미술치료 시작 전에 담당 선생님께서 주의사항으로 무기와 관련된 것이 결과물에 나오는 것에 조심해 달라는 말을 전해 들었어요. 어떻게 하면 좋을까요?

교수: 요즘 아이들은 많은 미디어에 노출되어 있기 때문에 '가능하면 폭력적인 내용과 접촉을 줄이는 것이 좋지 않을까' 하는 선생님들의 고민을 이해하고 동의합니다. 하지만 언제까지 제한할 수 있을까요?

학생: 교장 선생님과 담당 선생님 의견도 다른 것 같아요. 예를 들어 주시겠어요?

교수: 예를 들면, DAS카드에도 총이나 칼이 등장하지요. 우울, 충동 폭력성 등을 관찰하려는 목적으로 만들어진 자극카드로 어떻게 노출되고, 치료사가 어떻게 개입하는지가 중요하다고 생각해요. 모두 금지하기보다는 결국에는 아이들 스스로 고민할 수 있도록 하는 것이 좋겠어요. 그래서 만약 사용한다면 어떤 의도로 사용하였는지, 목적을 가지고 스토리를 만들 수 있다면, '무기'라는 것이 폭력에서 쓰일 수도 있지만, 보호의 도구로 쓰일 수도 있고, 그것에 의미를 어떻게 두는지, 아이는 어떻게 보는지, 그리고 그 관점을 어떻게 넓혀 줄 수 있는지 등등 치료사가 함께 생각하는 과정에서 그 경험과 의미를 찾는 것이 중요해요. 그냥 안 된다고 하며 금기시하기만 하면 아이들은 오히려 더 큰 호기심을 갖고 감추게 됩니다. 호기심에 머물게 하기보다는 스스로 판단할 수 있도록 하는 것은 어떨까요?

학생: 어렵네요.

교수: 쉽지 않은 일입니다. 특히 해당 아동은 무기에 집중하기보다는 한국 역사, 즉 이순신 장군이나 안중근 의사 등 역사적 사실을 알고 그 내용을 표현한 점에서 충분히 멋진 그림이거든요. 어쩌면 아동이 존경할 만한 대상에 대한 표현을 한 것일 수도 있어요. 표현된 '미술작품'의 내용에 대해 충분히 대화해 보세요.

학생: 질문이나 대화가 어려워요. 어떤 질문을 해야 할까요?

교수: 좋은 질문은 연습을 해야 해요. 처음에는 표현한 그림에서 보이는 것에서부터 시작하지요. 그 전후에 일어날 일과, 일어났으면 하는 소망 등등. 우리가 아니라 아이들이 수다쟁이가 되도록 해야지요. 혹시 어려워하면 다른 집단원들에게 질문을 하도록 해 보세요. 서로를 이해하고 응원할 수 있도록 말입니다.

[예시 2] 필자와의 초기(1회기 진행 후) 슈퍼비전 질문과 답변을 정리한 한 학생의 노트를 공유한다.

학생: 교수님, B가 사전 검사(KSD)를 거부한 것은 ADHD 약 복용을 중지한 것 때문일까요?

교수: 좋은 질문입니다. 물론 그렇게 단순하게 판단할 수는 없어요. 하지만 의사의 처방이 아닌 부모님 임의로 복용을 중지하였다는 점에서 가능한 첫 번째 가설이기는 합니다. …… 두

번째는 두 학기째 집단 미술치료(활동)에 참여하면서 같은 검사를 수행하는 것에 싫증이 난 것은 아닌지 하는 의문도 가져 봐야 해요. 계속해서 시험을 본다고 생각하면 싫을 수도 있고. 만약 이후에 비슷한 내담자들이 있다면 다른 검사로 조정하는 것도 필요하겠어요. 또한 이번에 참여하는 전체 아이들이 이전에 심리지원 프로그램에 참여하였는지, 특히 미술치료 프로그램이 있었다면 인수인계 자료를 확인하고 조정하는 것 필요하겠어요.

학생: 사전 오리엔테이션에서 확인하였지만, 회기 내용은 중복되지 않아요. 다시 확인하겠습니다.

교수: 다음 회기 시작할 때 KSD를 다시 시도해 보고 다시 거부한다면 다른 검사를 시도해 보세요.

학생: 어떤 검사가 좋을까요?

교수: 지난 학기 사례 종결 보고서에는 B가 또래관계를 어려워해서 개인 미술치료에 먼저 참여하였다고 해요. 그때는 사전-사후 검사를 시행하였는데 그림의 양(내용)이 많지 않았고 특히 표현에 자신감이 적었다고 하는데, 여기 있네요. (그림 공유) 지난 학기 사후 검사에 나무검사가 추가되어 있어요. KSD를 거절한다면 나무그림검사를 시도해 봅시다.

교수: 만약 집단치료 참여 동기가 부족하거나, KSD 내용에서 친구들을 표현해야 한다는 것에 어려움이 있어서 검사가 시행되지 않았다면, 그림 그리는 것을 좋아하는 아동인 만큼 짝 치료로 바꿀지, 개인치료를 추가할지 등을 고민해 보고 조정할 필요가 있습니다. 최대한 이상적인 집단을 만들기 위해 노력해야 하지만 모두에게 완벽하고 이상적인 집단을 만들 수는 없어요. 최대한 균형을 맞추고 어떤 것을 어떤 이유로 선택하고 포기할 것인가의 문제를 실습을 통해 경험하고, 어떤 선택지가 있을지 생각해 보는 것입니다. 어렵지만 이렇게 고민하고 결정하는 경험이 치료사를 성장하게 합니다. 예를 들면, C아동은 사전 검사지를 부채 모양으로 접어 치료사가 모르는 사이에 집에 가져갔지만 아무것도 안 한 것은 아니고, 치료사도 노력을 하였기에 그 모든 과정과 시간이 서로에게 의미가 있어요.

학생: 나무그림은 그릴 수 있을 것 같아요.

교수: 좋아요. 나무그림 그리고 지난 학기와의 변화를 살펴보는 것도 의미 있어요. 나무 그림에서도 관계를 이야기해 볼 수 있어요. 회기 내 관찰도 중요한 평가가 되는 점을 꼭 기억해 주세요.

학생: 네. 감사합니다.

3. 슈퍼비전을 통해 나의 여정 만들기

- 개인적인 역전이 등의 문제를 확인하고 반응 작품을 만든다.
- 자기돌봄을 위해 신체적 · 정신적 · 정서적 방법을 찾는다.
- 미술치료사의 포트폴리오를 작성한다. 포트폴리오는 이력서, 미술작품, 치료사의 반응 작품, 저널 내용 등을 포함한다.
- 슈퍼바이저와 면담을 통해 실습 내용을 정리한다.

제10장

미술치료 윤리적 이슈 및 위기 상황 다루기

이 장에서는 다양한 윤리적 이슈와 의사결정을 위한 판단 기준에 대해 알아보고, 실제 미술치료에서 적용하기 위한 윤리강령을 살펴본다.

출처: 필자의 임상 후 반응 작품 (2007).

내담자가 한껏 긴장해 있는 실습생에게 작은 초콜릿을 하나 내민다.

'받아도 될까?'

이 질문은 실습생이었던 필자의 첫 슈퍼비전 질문이었다. 슈퍼바이저는 그때의 느낌을 작품으로 표현해 보도록 했고, 그때 완성한 작품이다.

미술치료사로서 지켜야 하는 윤리적 기본과 유연성 사이에서 균형을 찾기 위해 그 후로도 오랫동안, 그리고 현재까지도 질문하고 있다.

'받아도 될까?'

1. 윤리적 가치의 이해

1) 핵심 윤리

윤리학은 도덕의 원리, 기원, 발달, 본질과 같은 인간의 올바른 행동과 선한 삶을 사회 전반에 걸쳐 근원적이고 총괄적으로 규명하는 철학의 주요 분야로 단순히 옳고 그름을 따르는 일반적 통념과는 구별된다.

미술치료 윤리의 핵심은 '미술치료사가 치료를 제공하기에 충분한 능력이 있는가?'라는 질문에서 시작한다. 치료관계 안에서 일어나는 모든 일을 윤리지침 안에 포함시키는 것은 불가능하기 때문에 성실함, 책임감, 정당성, 권리에 대한 존중, 존엄과 같은 일반적인 내용을 전문가로서 품행과 책임에 대해 기본적인 지침으로서 제공한다. 따라서 윤리적 기준은 미술치료사가 직무 중 윤리적 딜레마 상황이나 새로운 상황을 만났을 때 가장 좋은 선택과 책임감 있는 행동의 기준이 되며 내담자와 자신을 보호하는 안전장치가 된다.

2) 윤리적 원리

(1) 자율성(autonomy)

스스로 결정하고 주도해 나갈 수 있는 권리로 치료사는 내담자의 자기결정과 개인적 책임에 대한 권리를 존중하며, 자발적으로 참여, 정보에 입각한 동의의 획득, 사생활 보호 등에 대한 내담자의 의지를 강조한다. 치료사의 지나친 선도나 조언은 내담자의 자율성을 위협할 수 있다.

다음은 학생들의 실습일지에서 발췌한, 윤리적 원리(자율성)에 대한 질문이다.

주요 질문

1. 예전에 자신을 힘들게 한 사람을 죽이고 싶다는 등의 심한 언행을 한다면 치료사는 어떻게 대처해야 할지 궁금합니다.
2. 자신을 힘들게 했던 것을 적는 활동에서 아동이 총, 칼 등의 폭력적인 무기나 피와 욕 등을 그리는데 어디까지 허용해 주어야 할까요?
3. 학교에서 진행하는 집단 미술치료에서 한 아동이 활동에 참여하지 않고 다른 책을 꺼내 조용히 읽겠다고 합니다.

(2) 유익성/선의(beneficience)

다른 사람에게 유익하게 행동할 책임 또는 의무가 있음을 의미하며, 치료사는 내담자의 최대 이익을 위해 행동해야 한다. 치료사는 내담자가 기대하는 전문성을 발휘하며 공지된 치료사로서의 서비스를 제공해야 한다.

(3) 비유해성/비해악성(non-maleficence)

고의 또는 비고의적으로 내담자에게 고통을 가하는 것을 피해야 함을 의미하는 것으로 치료사는 내담자에 대해 성적·재정적·정서적 등 어떤 형태의 착취나 피해를 줘서는 안 된다. 치료사의 역전이는 치료사뿐 아니라 내담자에게 해가 될 수 있다.

(4) 정당성/정의(justice)

치료 과정의 공정성과 공평함으로 치료사는 내담자의 개인적 특성과 사회적 특성에 관계없이 정당하고 평등한 기회를 제공하여 적절한 서비스를 제공해야 한다. 내담자가 사회적 약자라고 해서 경험 없는 초보 치료사에게 담당하게 하는 것은 정의 가치에 위반되는 것이다.

(5) 자기존중(self-respect)

현재 실력에 안주하지 않고 더 높은 실력에 이르려고 지속적으로 노력하는 것으로, 치료사는 자각과 자기돌봄을 위해 노력하며 최신의 정보를 획득하고 삶을 향상시키기 위한 활동에 힘써야 한다. 아무리 복잡하고 독특한 사례라고 하더라도 견디는 힘을 가지고 슈퍼비전과 자문을 받으며 평생 학습자로서의 모습을 정주한다.

이 외에도 치료에 끝까지 성실하게 임하는 충실성, 정확하고 진실되게 임하는 정직성, 편견 없이 모든 인간의 존엄과 가치를 존중하는 인간존중, 동료와 가족, 친구와의 관계를 가치 있게 여기고, 동료와 전문적인 관계 유지에 대한 가치를 요구한다(최해림 외, 2010).

3) 윤리적 판단 기준

윤리학은 상대주의와 개인적 자유를 초월하는 절대적 기준으로, 윤리행동의 보편적 기준을 강화한다. 윤리학에 절대적인 기준이 있는가에 대한 질문에서 Fletcher(1966)는 의무론적 사고, 도덕률 초월론적 사고, 목적론적 사고방식을 소개한다(김현아 외, 2018). 직업은 전문가들이 도전받거나, 혼란스럽고, 새로운 종류의 상황에서 책임감 있는 방식으로 행동하고, 가장 좋은 선택과 행동으로 문제를 해결하는 데 기초적 지침으로 기준을 제공한다. 미술치료사는 윤리적 딜레마가 발생하기 이전, 발생하고 있는 과정에서, 그리고 그 이후에 윤리적 문제와 마주해야 한다(Moon & Nolan, 2022). 윤리적 문제에는 언제나 정황적이고 상황이나 문제에 대한 개인적 해석이 포함되기 때문에 효과적인 윤리적 판단 기준을 세우기 위해 다양한 임상 경험이 필요하고, 그 안에서 갈등을 통합적이고 열린 마음으로 받아들여야 할 것이다(McNiff, 1991).

윤리성을 판단하는 기준으로 최해림 등(2010)은 비전문적 행동, 비윤리적 행동, 비법적 행동의 판단 기준과 예시를 〈표 10-1〉과 같이 소개한다.

〈표 10-1〉 윤리성 판단 기준 비교

구분	비전문적 행동	비윤리적 행동	비법적 행동
판단 기준	일하는 기관의 직무 규범에 어긋나는 행동	조직의 강령에 어긋나는 행동	조직의 강령에 어긋나는 행동
예시	치료사가 치료 시간에 지각, 고지하지 않고 철회, 부적절한 복장(너무 화려하거나 선정적인 복장)	치료사의 일방적 치료 종료, 비밀 누설, 이중관계 등	치료사가 치료 중 알게 된 학대 사실을 신고하지 않는 것

학습과제 10-1 다음 사례에서 제안한 다섯 가지의 윤리적 논의점을 찾아보자.

당신은 대학 졸업 후 아동 대상 미술치료 실습을 하였던 ○○지역 복지관에 첫 미술치료사로 취업하였다. ○○지역 복지관에는 미술치료 전용 공간이 없어서, 개인치료의 경우는 상담실을 함께 사용하고, 집단 미술치료의 경우 개방된 다용도실의 한편에 가림막을 설치하여 진행하고 있다. 기관에는 미술치료가 필요한 아동 · 청소년과 노인이 많았지만, 혼자 서비스를 제공하는 것에 한계가 있었다.

복지사인 상사는 더 많은 복지관 이용자에게 미술치료 서비스를 제공할 수 있도록 복지사와 봉사자에게 미술치료 기법과 활용 방법에 대한 교육과 슈퍼비전을 부탁하였다. 또한 기관 홍보를 위해 미술치료 내담자들의 작품 전시회를 열 것을 제안하였다. 당신의 임상 경험은 대부분 아동 · 청소년에게 집중된 실습이었고, 노인 미술치료 경험이 전혀 없었기 때문에 다음 달부터 시작되는 노인 미술치료 프로그램을 준비하는 과정에서 고민하고 있다.

다음의 다섯 가지 논의점에 따라 본인의 임상경험을 예로 들어 토론해 보자.

논의점 1. 문제를 찾는다.
2. 딜레마 상황을 찾는다.
3. 윤리강령을 검토한다.
4. 자문을 통해 검토한다.
5. 의사결정 방법을 확인하고 가능한 방법을 선택한다.

2. 윤리적 갈등 및 위기 상황과 의사결정

1) 윤리적 갈등 및 위기 상황

미술치료사는 치료 과정에서 일어나는 윤리적 갈등과 돌발적인 위기 상황에서 최대한 신속하고 정확한 의사결정을 해야 한다. 숙련된 치료사라도 각각의 상황을 가지고 오는 내담자들의 모든 과정을 미리 예견하고 연습할 수 없기에 의사결정 방법에 대한 체계적인 훈련이 필요하다. 특히 처음이라면 모든 상황이 돌발상황으로 느껴질 수 있고, 치료사로서와 자기 개인의 문제 사이에서 혼란을 겪을 수도 있다.

의사결정은 다음과 같은 단계로 이루어진다. 첫째, 문제와 딜레마를 파악하고 관련된 잠재적 문제들을 식별한다. 둘째, 관련된 윤리적 규정들을 검토하여 적용 가능한 법률이나 법규를 확인한다. 셋째, 자문을 통해 다양한 행동 양식의 가능성과 개연성을 고려하여 여러 결정의 결과를 열거한다. 넷째, 최선의 행동 방식을 결정하고 이를 실행한다.

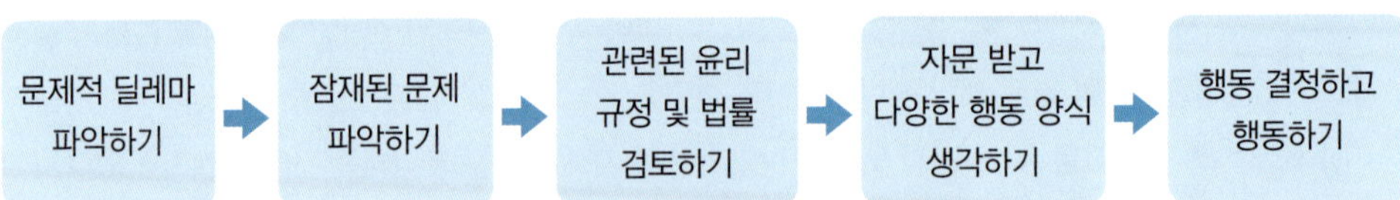

[그림 10-1] **윤리적 의사결정 과정**

미술치료사는 치료에 임할 때 치료사로서 자신의 정체성을 인식하고 하나의 답이 없는 상황에서도 명확한 가치기준을 가지고 최선을 선택할 수 있어야 한다. 그 과정에서 윤리와 윤리강령 준수는 유능한 미술치료사가 지켜야 할 인간적 특성 및 태도와 밀접하게 관련된다. 치료 과정에서 예견되는 윤리적 갈등을 피하지 않고 스스로 알아차릴 수 있는 자기평가 기준을 마련하고 적극적으로 노력해야 한다.

치료사는 치료사가 되는 여정 안에서 자신의 약점, 욕구, 갈등 등과 마주해야 한다. 치료사로서와 개인적인 인간으로서의 자신을 분리하여 자신의 이슈를 살펴보는 것이 중요하다. Moon과 Nolan(2022)은 미술치료사가 곤경에 빠질 수 있는 요소를 다음과 같이 소개한다(Corey, Corey, Corey, & Callanan, 2015, p. 45에서 재인용).

- 다른 사람들 돌보려는 지나친 욕구
- 힘에 대한 과장된 욕구
- 인정, 수용, 존경, 칭찬에 대한 강한 욕구
- 해결되지 않은 개인적 문제나 갈등
- 내담자의 변화에 대해 지나치게 책임감을 느끼는 경향성

2) 치료 상황에서 가치 충돌

치료 상황에서 가치가 충돌되었을 때 그 문제를 해결하는 가장 쉬운 방법은 윤리적 기준을 철저히 따르는 것이다. 가치는 개인적 가치와 전문적 가치로 나눌 수 있으며, 이는 도덕과 유사하여 옳고 그름을 결정하는 기준이 된다.

- 도덕(morality)은 사람이 지켜야 할 바람직한 행동 습관이나 도덕적 행위로, 문화나 사회적 맥락 속에서 결정된다. 도덕은 개인의 행동을 규제하고 사회적 조화를 유지하는 데 기여한다.
- 윤리(ethics)는 행위 및 도덕적 의사결정과 관련된 철학의 한 분야로, 전문가 집단으로서 미술치료사가 옳고 그름을 판단하는 행위를 말한다. 윤리는 원칙을 체계화하고, 이를 바탕으로 전문적 상황에서의 올바른 행동을 규정한다.

윤리적 기준은 병원, 학교, 복지관, 심리치료센터, 바우처기관 등 장소에 따라 다양하게 적용될 수 있으며, 치료 회기 녹취, 비밀 보장, 광고의 의무, 이중관계, 인간 대상 연구 등과 같은 상황에서 윤리적 고민에 따라 적절한 기준이 요구된다. 윤리적 의사결정은 치료 전반에서 일어나는 갑작스러운 돌발 상황에서부터 매우 복잡한 딜레마 상황까지, '새로운 윤리적 질문'이 나타날 때 윤리적 · 법적으로 적절한 결정을 하기 위해 필요하다. 따라서 치료사들은 최신 윤리 규정과 법규를 기반으로 내담자의 권리와 안전을 최우선으로 보호하고, 치료의 질을 향상시키기 위해 노력해야 한다.

학습과제 10-2

윤리적 딜레마 상황에서 치료사는 그 상황이 윤리적 · 법적으로 분명한 원칙이라고 생각할 때 행동하게 된다고 한다. 윤리적으로 혼란스러운 경우는 합리적이지 못하더라도 치료사 개인의 가치관, 믿음, 과거의 경험 등, 실제 고려하는 것들이 연관되어 있을 때 결정에 영향을 미칠 것이다.

1. 다음 질문에서 답을 찾아보자.

당신은 병동에서 집단 미술치료 진행 중이다. 새로 부임한 인턴 의사들이 사전 허락 없이 미술치료실에 방문해서 환자들의 그림에 대해 이야기한다. "참 멋진 그림이군요!"
당신은 이 상황에서 어떻게 대처하면 좋을까?

① 인턴 의사의 슈퍼바이저에게 이 문제에 대해 논의한다.
② 당신의 슈퍼바이저에게 이 문제를 이야기한다.
③ 인턴 의사들이 치료실에 들어오지 못하도록 막는다.
④ 의사들을 포함한 새로운 직원들을 위한 미술치료 안내 교육을 실시한다.

2. 답이 아닌 것의 이유를 함께 설명해 보자.

3. 당신의 기관 담당자, 기관의 봉사자, 의료진, 보호자 또는 보조치료사가 위와 같은 행동을 한다면 어떻게 할 것인가?

3) 해결 방법: ACTION

미술치료사 윤리강령은 다른 전문 영역의 윤리강령과 마찬가지로 모든 구성원들이 명확하게 이해하고, 직무 중에 신속하고 정확하게 판단하고 실천할 수 있도록 간결하고 명료한 언어로 행동 기준을 제시한다. 다양한 상황에서 미술치료사가 합리적으로 의사결정을 할 수 있도록 Pope와 Vasquez(2011)의 단계를 적용한 ACTION 단계를 소개한다(Hinz, 2011; Moon, 2015).

- 우려 인정(Acknowledge concern): 문제를 식별하고, 가능한 모든 윤리적 문제를 고려하며, 잠재적 함의, 권리, 책임, 그리고 모든 당사자의 취약성을 평가한다.
- 규범, 가치, 규정, 법률 검토(Codes, values, regulations, laws): 미술치료사를 위한 윤리 원칙, 윤리적 가치, 관련 직업의 윤리강령, 법률, 기관 또는 기관의 규정을 검토한다.
- 감독자 및 상담자와 대화(Talk to supervisors and consultants): 예상되는 관행을 결정하기 위해 문헌을 검토하고, 필요한 경우 전문적 및 법적 상담을 받는다.
- 행동 과정 식별(Identify courses of action): 필요한 시간, 상황, 관련 규범, 법률 및 규정을 고려하여 가능한 선택에 따른 행동의 잠재적 결과를 나열한다.
- 결정의 소유 및 책임(Ownership of decision and take responsibility): 주어진 상황에서 가장 적합한 행동 과정을 선택한다.
- 사건 기록 및 추가 반성을 위한 문서화(Notes and document incident for further reflection): 우려사항, 내담자 행동 과정 및 결과, 후속 조치를 기록하고 기관의 규정을 검토한다.

3. 미술치료 윤리강령의 실제

치료사가 임상에서 만나는 다양한 상황들을 객관적으로 바라보고 통합적이고 열린 마음으로 받아들이기 위해서는 늘 'if'와 'able' 'disable'을 가지고 스스로에게 질문해야 한다.

학습과제 10-3 **매 회기 후 일지 작성 과정에서, 슈퍼비전에서, 전체 회기를 마친 후 질문해 보자.**

1. 지금 미술치료 과정에서 어떤 위기 상황이 예견되는가?
2. 지금 상황을 해결하기 위해 어떤 기준이 있는가?
3. 기준에서 벗어난 정당한 이유가 있는가?
4. 이 이슈의 윤리적 차원의 고려점은 무엇인가?
5. 우선순위를 무시하고 있지는 않은가?
6. 가능한 결정은 어떤 것들이 있는가?
7. 관련인들의 요구를 만족시킬 수 있는 새로운 결정이 있는가?
8. 당신이 선택한 결정을 내리면 다른 윤리적 문제가 발생하지 않는가?

9. 현실적 문제는 없는가?
10. 설득 능력이 있는가?
11. 또 다른 정보는 없는가?

1) 미술치료 윤리강령

미술치료 윤리강령은 미술치료사가 다양한 상황에 직면하여 적용할 수 있는 규정으로서, 미술치료사로서 내담자의 복지를 최우선으로 보호하고, 윤리강령과 관련하여 학생, 구성원과 대중의 교육을 증진하며, 치료사의 전문적인 능력과 자질을 향상하고, 궁극적으로 사회 공익에 기여한다(한국미술치료학회, 2020; ATCB, 2021).

(1) 윤리강령의 역할

- 미술치료를 통해 개인의 잠재력과 독창성을 신장하여 자아를 실현하고 건전한 삶을 살도록 돕는 데 일련의 행동에 대한 방향을 제공하여 전문적 행위를 향상시키고 안내해 주는 역할을 한다(한국미술치료학회, 2020). 윤리강령은 치료사들에게 정보를 제공하는 것 이상의 지원으로서 일반적인 문제 상황에서 치료사들이 내릴 수 있는 최선의 판단 기준을 보여 준다.
- 전문가들을 위한 윤리적 표준과 지침을 마련하는 것은 확실한 답을 찾기 어려운 윤리적 딜레마 상황에서 입장을 분명히 하는 데 도움이 되며, 어려움을 감소하고 윤리적 혼란을 예방하는 데 목적이 있다. 신중한 치료사는 항상 윤리강령을 참고하여 불필요한 고민을 줄이고, 전문가로서의 위상을 향상시킬 수 있다.
- 치료사 개개인이 윤리적으로 실천하는 것은 전문가의 정체성과 사회적 위상을 확고히 발전시키는 데 기여한다. 모든 윤리강령은 내담자와 치료사의 권익을 보호하여 내담자의 복지를 중요하게 하고 있어 무책임한 실무자로부터 손해 입는 것을 최소화한다.

(2) 윤리강령 내용

윤리의 기본은 치료사가 해당 분야 전문 상담을 진행하기에 충분한 지식, 기술, 태도를 갖추는 것이다. 〈표 10-2〉는 2024년 기준 현행 한국 한국미술치료학회와 미국치료자격증 위원회 ATCB의 윤리강령 내용을 비교한 것이다. 코로나19 팬데믹 기간 동안 치료사와 내담자의 안전을 보장하기 위해 전자기술 사용 및 전자정보 비밀 보호, 소셜 미디어 등의 내용을 추가하였고, 시대에 맞는 윤리의 필요성을 충실하게 반영하여 개정된 지침을 공개하였다. 변경된 사항은 색과 표시(*)로 구분하였다.

〈표 10-2〉 윤리강령 비교

한국미술치료학회(2020)	ATCB(2021)
1. 전문가로서의 태도	1. 일반 윤리 기준
가. 전문적 능력	1.1 내담자에 대한 책임
나. 성실성	1.2 전문적 능력 및 진실성
다. 교육과 연수	1.3 학생 및 슈퍼바이지에 대한 책임
라. 자격	1.4 연구 참가자에 대한 책임
2. 사회적 책임	1.5 직업에 대한 책임
가. 사회와의 관계	2. 행동 기준
나. 고용 기관과의 관계	2.1 비밀 유지
다. 미술치료 기관의 운영자	2.2 내담자 예술 표현 및 치료 회기의 사용 및 복제
라. 다른 전문직과의 관계	2.3 전문적 관계
마. 자문	2.4 재정적 약정
바. 홍보	2.5 광고
3. 내담자의 복지와 권리*	2.6 측정 및 평가
가. 내담자 복지	2.7 문서화
나. 다양성 존중	2.8 서비스 종료
다. 내담자의 권리	2.9 전자 수단
4. 치료관계	**2.10 소셜 미디어***
가. 다중관계*	3. 자격 요건
나. 성적 관계	3.1 ATCB 기준, 정책 및 절차 준수
5. 정보의 보호	3.2 신청
가. 사생활과 비밀 보호	3.3 ATCB의 소유권 및 자격 결정
나. 기록	3.4 진행 중인 소송
다. 내담자의 작품 보호*	3.5 형사 유죄 판결
라. 미술치료 작품 전시*	II. 징계 절차
마. 비밀 보호의 한계	4. 행동 기준: 징계 절차
6. 전자기술 사용 및 전자정보 비밀 보호*	4.1 징계 사유
가. 전자기술 사용*	4.2 정보 공개
나. 전자정보 비밀 보호	4.3 포기
7. 미술치료 연구*	4.4 자격 재고 및 자격 회복
가. 연구계획	4.5 기한
나. 책임	

다. 연구 대상자의 참여 및 동의 라. 연구 결과 및 보고 8. 심리평가* 가. 기본 사항 나. 검사를 사용하고 해석하는 능력 다. 사전 동의 라. 유능한 전문가에게 정보 공개하기 마. 검사의 선택 바. 검사의 시행 조건 사. 검사 점수화와 해석, 진단 아. 검사의 안전성 9. 윤리 문제해결 가. 윤리위원회의 구성과 운영* 나. 윤리위원회와 협력 다. 위반 라. 회원의 의무	5. 징계 절차 5.1 징계 심의 위원회 임명 5.2 혐의 제출 5.3 징계 심의 위원회의 절차 5.4 항소 절차 5.5 편견, 선입견, 공정성

(3) 윤리강령의 한계

- 윤리강령은 다양한 상황에서 적용될 수 있는 일반적 원칙과 지침을 제공하지만 구체적이고 상세한 지침을 제공하지 않아 특정 상황과 문제에 대해 해석해야 한다.
- 윤리강령은 직무 수행의 지침으로 윤리적인 직무 수행을 보장하지 않는다.
- 윤리적 딜레마와 같은 복잡하고 미묘한 문제에서 윤리적 원칙이 충돌할 수 있다.
- 윤리강령은 사전 예방보다 사후 처리에 가까운 특성이 있다.
- 윤리강령은 작성된 시점의 사회적 · 문화적 · 법적 환경을 반영하기 때문에 지속적으로 보완해야 한다. 또한 모든 단체의 윤리강령이 동일하지 않고 윤리강령이 치료사의 개인적 가치관과 치료사가 속한 기관의 방침과 일치하지 않을 수 있어 문화적인 틀 안에서 이해할 필요가 있다. 특히 신고의무와 관련하여 법률이나 법규와 일치하지 않을 수 있고, 상담자가 소속된 단체의 윤리강령의 모든 사항에 구성원 모두가 동의하지 않을 수도 있다.

2) 윤리강령 핵심 내용

윤리강령 내용 중 핵심 주제인 내담자의 복지와 권리, 치료관계, 정보의 보호, 미술작품과 안전에 대해 핵심 내용으로 소개한다.

(1) 내담자의 복지와 권리

내담자의 복자와 권리는 윤리강령에서 가장 중요한 요소이다.

한국미술치료학회(2020)는 윤리강령에서 내담자는 비밀 유지를 기대할 권리가 있고, 자신의 사례기록에 대한 정보를 가질 권리가 있으며, 치료 계획에 참여할 권리, 어떤 서비스에 대해서는 거절할 권리, 거절에 따르는 결과에 대해 조언 받을 권리를 가진다고 규정한다. 따라서 치료사는 내담자가 치료 참여 여부를 결정하고 전문가를 선택할 자유를 주어야 하며, 내담자의 선택을 제한하는 제한점에 대해 모두 설명해 주어야 한다. 또한 미성년자 혹은 자발적인 동의를 할 수 없는 내담자의 경우에도 내담자의 최상의 복지를 염두에 두고 행동하여야 한다.

미국미술치료학회(AATA, 2018)에서도 내담자는 자신의 치료 전 과정에 대한 정보를 요구할 수 있으며 미술치료의 목적과 과정을 통해 예상되는 긍정적인 효과와 잠재적인 위험 요소, 비밀 유지 원칙 등 내담자의 권리를 이해하고 행사하도록 한다. 내담자는 자신의 치료 방향과 목표를 정하는 과정에서 함께 논의하고, 진행 상황이나 목표 등에 관한 정보를 요청하고 협의할 수 있다. 내담자는 본인의 의사에 따라 치료를 시작하고 종결할 수 있으며, 치료의 전 과정과 치료사의 문제에 대해 감독을 요구할 수 있다. 치료사는 내담자의 권리를 보장하기 위해 타전문가(non-art therapist)의 교육, 미술작품 보관, 전시, 다문화, 미디어 등 최신 이슈에 대해 관심가져야 한다.

(2) 치료관계

- 다중관계: 다중관계는 치료사가 내담자와 여러 관계를 맺는 것을 의미한다. 이는 치료사와 내담자의 관계 또는 슈퍼바이저와 슈퍼바이지의 관계 외에도 개인적 · 사회적 · 사업적 · 전문적 관계를 동시에 맺고 있을 때 존재한다.

  한국미술치료학회(2020)는 "미술치료사는 내담자의 관계에서 객관성과 전문적인 판단에 영향을 미칠 수 있는 다중관계는 피해야 한다. 단, 내담자의 복지를 위해 미술치료사와 내담자가 사전에 동의를 한 경우와, 그에 대한 자문이나 감독이 병행될 때는 치료관계를 맺을 수도 있다."라고 소개한다.

  다음은 학생들의 실습일지에서 발췌한, 다중관계에 대한 질문이다.

주요 질문

1. 다중관계를 피할 수 없다면 무조건 치료를 그만둬야 할까요?
2. 경계를 정하는 것이 어렵습니다. 구분할 수 있을까요?

치료나 슈퍼비전 상황에서 가까운 친구나 친척, 특히 고용관계나 교수 등 평가를 해야 하는 다중관계에 있다면 역할에 갈등을 일으키거나 윤리적 문제를 초래할 수 있어 다른 치료사에게 의뢰한다. 다른 대안이 없는 경우나 내담자의 상황에서 관계 형성이 가능하다고 판단될 때는 치료관계를 유지할 수도 있다. 치료실 외 사적인 관계를 유지하지 않고 치료비 이외의 금전적·물질적 거래 관계를 금지한다. 실습생은 윤리 원칙과 법 규정을 잘 숙지해야 하며, 치료와 슈퍼비전에서 이 부분은 결코 단순하지 않으며 중요한 윤리적 딜레마로 다루어야 한다.

- **다수의 내담자 관계:** 남편과 아내 또는 부모와 자녀처럼 다수의 내담자 치료 제공에 동의할 경우, 내담자들 간의 관계 특성을 명확히 인지하고 실시한다. 문제 발생 시에는 역할에 대해 명확히 하여 조정하거나 해당 역할로부터 벗어난다. 관계와 관련된 역동, 역할과 관련된 기대나 책임, 치료사와 치료 과정에 대한 정서적 개입, 힘의 차이 등에서 다중관계를 완벽하게 피하는 것이 어렵기에 다중관계를 피하기 위한 노력이 중요하다.
- **성적 관계:** 성적 관계는 가장 중요한 부분 중 하나로, 치료사는 내담자 또는 보호자와 성적인 관계를 절대 맺어서는 안 된다. 과거 성적인 관계를 가진 사람을 내담자로 받아들이지 않아야 하며, 종결된 후에도 2년 이내에 내담자와 성적인 관계를 맺는 경우에 치료사는 착취적 관계와 무관함을 철저히 검증해야 한다.

치료에서의 경계 넘어서기 vs. 위반하기

경계(boundary behaviors)는 '임상가의 역할에서 벗어나는 것을 포함하여 적절한 전문적 행동을 끄는 것'으로 정의한다. 경계에서 벗어나는 것은 내담자에게 이익이 될 수도 있고, 않을 수도 있는 임상의 실행에서 이탈하는 것을 의미한다. 경계 위반은 임상에서 내담자를 이용하는 행동을 포함하며, 치료관계를 저해하고 내담자에게 잠재적인 위험을 초래할 수 있다. 경계를 넘어서는 것과 위반하는 것의 차이를 역할, 시간, 장소, 상황, 돈, 선물, 서비스, 관련 문제들, 의복, 언어, 자기개방과 관련된 문제들, 신체 접촉으로 범주화하여 구분할 수 있다(Falender & Shafranske, 2014, p. 205).

예시

다음 예시는 역할에서 경계를 넘어서는 것과 위반하는 것을 비교한다.

- 경계를 넘어서는 것: 치료사의 역할을 넘어서 개인적 친구가 되는 것
- 경계를 위반하는 것: 치료사가 내담자와 개인적인 관계를 맺고 이로 인해 전문적 판단에 영향을 받는 것

학습과제 10-4 다음 사례에서 전문성과 다중관계에 대한 윤리적 논의점을 찾아보자.

당신은 지난 1년 동안 한 아동의 개인 미술치료를 담당하고 있다. 최근 부모상담 중에 부부 문제에 대해 어려움을 이야기하던 아동의 어머니가 자신의 부부 문제로 남편과 함께 부부상담을 받고 싶다고 말하였다. 어머니는 자녀의 상담도 계속 진행하면서 부부상담도 당신에게 받고 싶다고 요청하였다. 당신은 부부상담에 대한 경험은 없지만 관심을 가지고 있기에 고민에 빠졌다.

논의점 1. 전문성
2. 치료관계

(3) 사생활과 비밀 보호

- **비밀 유지 원칙**(congidentiality): 윤리적 개념으로, 직무 수행 중 필요한 최소한의 개인정보만을 수집하고, 수집한 정보의 비밀을 철저히 유지하며, 내담자와의 사적인 상호작용에서 획득한 정보를 타인에게 공개하지 않는 것을 의미한다. 비밀 유지의 목적은 내담자가 치료나 상담을 받는 과정에서 어떠한 불이익도 받지 않도록 하기 위함이며, 내담자와 치료사 사이에 비밀로 남아 있는 사실은 치료를 가능하게 하는 전제조건이다. 내담자 권리를 최대한 존중하며 정보 공유가 필요할 경우에도 내담자에게 보호의 한계에 대하여 사전에 명확히 알려야 한다. 쉽고 명확해 보이는 원칙이지만 실제 현장에서는 이분법적인 논리로 해결할 수 없는 딜레마 상황이 연출된다.
  - 권한이 있는 의사소통(privileged communication): 법적 개념으로, 의사와 환자, 변호사와 의뢰인, 성직자와 신도, 상담사와 내담자와 같은 특정 관계에서 이루어진 의사소통 내용을 신뢰관계 보호를 목적으로 법적절차에서 공개하지 않아도 되는 특권을 부여하는 것이다.

비밀 보호 한계
모든 정보 공개는 내담자를 보호하기 위한 목적이어야 하며, 다음과 같은 예외 상황에서 최소한의 정보만을 공개한다(한국미술치료학회, 2020; ATCB, 2021).
• 내담자가 자신이나 타인의 생명 혹은 사회의 안전을 위협하는 경우
• 내담자가 감염성 있는 치명적인 질병이 있다는 확실한 정보를 가졌을 경우
• 아동, 노인, 입원 환자나 기관에 있는 내담자가 방치되거나 학대를 당하고 있는 경우(성폭력, 학교폭력, 가정 내 학대 사실을 알게 된 경우 등)

- 내담자가 아동학대를 하는 경우
- 법적으로 정보의 공개가 요구되는 경우

* 법적 대리인: 내담자가 위임한 법적 대리인에 의해 비밀 보장이 유예될 수 있는데 실제 의사소통된 정보만을 포함하여 내담자의 사생활 침해를 최소화 한다.

- 집단치료와 가족치료: 집단치료에서 비밀 보호 보장에 관한 안내와 어려움에 대해 토론하며, 동의서 작성, 집단규칙을 통해 명확히 약속한다. 특히 학교 등 같은 기관에서 상담을 받는 경우, 집단 밖에서 비밀 유지가 어려울 수 있다. 가족치료의 경우, 각 가족 구성원의 사생활과 권리를 보호하는 데 중점을 둔다. 자발적 표현이 불가능한 내담자나 미성년 내담자의 경우, 부모나 보호자, 법적대리인의 참여가 가능하도록 안내한다.
- 슈퍼비전(자문): 슈퍼비전은 사전 동의에 따라 진행하며, 치료사는 슈퍼바이저와의 의사소통에서 내담자의 치료 전체 영역에 대한 개인정보를 보호할 의무가 있다. 특히 비대면 슈퍼비전에서 정보 공유, 비밀 유지의 경계와 다양한 윤리적 방안에 대해 주의가 필요하다.

- 기록: 기록의 보존, 녹음 등 기록 전반에서 기록의 안전과 비밀 보호에 대한 책임이 있다. 고용기관 및 연구 단체에서는 기록 및 보관에 대한 규정을 준수하며 내담자, 또는 보호자의 서면 동의(정보 및 작품 활용 동의서, IRB 등)가 필요하다. 내담자가 기록에 대한 열람 및 복사를 요구할 경우 내담자에게 해가 되지 않는다면 허가하는 것이 원칙이다. 또한 치료사의 죽음이나 능력 상실, 자격 박탈 등의 상황에서도 내담자의 권리가 보호될 수 있도록 계획하고, 기록 공개에 내담자의 직접적인 서면 동의가 필요하다.
- 기타 목적을 위한 내담자 정보 사용: 치료 중 수집한 자료를 교육이나 연구 또는 출판 목적으로 사용 시, 내담자 또는 보호자의 동의를 구하고 신상에 피해를 주지 않을 것을 안내한다. 슈퍼비전이나 다른 전문가의 자문을 구할 경우에도 사전에 내담자 또는 보호자의 동의를 구하고 사생활과 비밀을 보호한다.
- 전자정보의 비밀 보호: 컴퓨터 사용과 디지털 정보 관리, 인터넷, 소셜 네트워크, 디지털 기술 등 전자정보 형태의 기록에서 제3자의 접근에 대한 지침을 마련한다. 특히 비대면 미술치료와 디지털 기기 활용 미술치료의 대중화에 따라 미디어의 종류, 정보 공개의 범위와 위험성, 법적 책임 등의 윤리적 고려점에 대한 이해와 주의가 필요하다.

학습과제 10-5 다음 사례에서 비밀 보장과 관련된 질문에 답하고 윤리적 논의점을 찾아보자.

당신은 학교 기반 집단 미술치료 프로그램에 약 3개월 동안 참여해 온 10세 남아가 오늘 완성한 작품에 대해 설명하며, "저는 항상 화가 나고 슬퍼서 죽고 싶어요."라고 말하였다. 그는 자살을 실행할 구체적인 계획은 없다고 부인하였지만, "하지만 그렇게 하면 엄마가 나를 불쌍하게 생각할 거예요."라고 덧붙였다. 이후, 아동은 다음 주 미술치료 시간에 참석할 것을 약속하고 집으로 돌아갔다. 미술치료 실습생인 당신은 이 상황에서 어떤 행동을 해야 할지 고민에 빠졌다.

질문: 실습생은 가장 먼저 무엇을 해야 할까?

① 아동의 보호자에게 연락한다.

② 학교 슈퍼바이저에게 연락한다.

③ 다음 주까지 기다린다.

답: ....

논의점 1. 즉각적인 보고

2. 위기 평가

3. 보호자 소통

4. 학교 및 관련 기관과 협력

5. 추가 지원 및 개입 계획

6. 문서화

7. 윤리적 고려점

(4) 미술작품

• **작품 해석:** 작품을 해석할 때 진단적인 특정 기준의 틀 안에서 명명하고 분류하는 것은 한 가지 의미로 제한할 수 있다는 점에서 주의가 필요하다. Moon(2020)은 작품을 해석하여 한 가지 이름을 붙여 의미를 제한하는 것은 '이미지 살해(imagicide)' (p. 88)라고 말하며, 간단하지 않은 작품의 해석에서 '내담자-미술작품-미술치료사' 간의 다각적 해석의 중요성을 강조하였다.

내담자 작품의 해석과 관련하여 비판(criticizing)과 분석(analyzing)적인 측면, 그리고 비밀 보장(confidentiality)의 측면에서 윤리적 문제를 제기할 수 있다(〈표 10-3〉 참조).

〈표 10-3〉 미술작품 해석

비판	분석
작품의 질적 평가	작품 형식, 내용 평가를 통한 내담자 이해 및 해석
• 평가자의 주관적인 평가 • 약점이나 결함을 강조하는 부정적인 피드백 • 완성도, 기술적 측면, 미적 가치 위주의 평가	• 객관적인 기준 표현 관련 의미 탐색 • 상징, 색상, 형태 등 분석적 접근을 통한 심리적인 이해, 치료적 피드백 제공

- **작품 전시**: 미술치료 과정에서 제작된 작품을 전시하는 것은 내담자의 자율적 동의하에 일반 대중에게 개방하는 것이다. 내담자가 예술가로서 사회에 참여할 수 있는 기회를 제공하는 점에서 긍정적인 면도 있지만 내담자가 조작, 착취, 또는 수치심을 당하지 않도록 보호하여야 하며, 전시에 관한 모든 결정에 내담자가 참여할 수 있는 권한을 부여해야 한다(ATCB, 2021).

내담자는 전시 목적과 유익성 및 결과에 대해 이해해야 하며, 미술작품의 치료적 가치, 공개 정도, 능력 등을 기반으로 결정해야 한다. 전시 작품 선택 과정에서 내담자가 알아치리지 못한 개인적인 이슈가 포함되었는지 확인해야 하고, 전시를 위한 작품을 따로 제작할 수 있다. 특히, 온라인 전시의 경우, 이미지의 광범위한 가용성과 온라인 시청자가 이미지를 다운로드, 전달, 또는 복사할 수 있는 가능성을 안내해야 한다. 작품 활용 동의서에는 작품, 작품설명, 작가 소개, 행사(오프닝, 홍보, 인터뷰), 작품 설치나 보관에 대한 협의, 출판 및 홍보물 등을 포함한다. 전시회가 아니어도 미술치료실이나 기관 내부에서 전시하거나 치료실에 미완성인 채로 노출되는 경우에도 세심한 주의가 필요하다.

- **작품 보관 및 소유권**: 내담자의 작품은 개인정보의 한 형태로 보호되어야 하며, 내담자의 소유로 간주한다. 미술치료사나 기관은 저작권법 및 관행에 따라 내담자의 작품, 작품의 디지털 사진이나 사본을 일정 기간 동안 보관할 수 있다. 실습 중 완성한 작품은 치료실 또는 사무실에 보관하고 미술치료 종료 후 내담자에게 반환하지만, 부피가 큰 작품은 종료 전이라도 집에 가져가도록 요청할 수 있다. 만약 치료를 조기에 종료하거나 작품을 가지고 갈 수 없는 경우, 작품의 보존 기간에 대해 사전에 논의한 대로 보관하고 일정 기간 이후에는 내담자의 비밀 보호를 유지하는 방식으로 작품을 폐기할 수 있다.

비대면 미술치료

내담자가 자신의 작품을 스스로 보관하고 처리해야 한다. 작품의 상징적 의미를 이해하지 못하고 외부에 노출하거나 부주의하게 훼손할 위험이 있기 때문에 사전 오리엔테이션에서 안전한 보관 및 폐기 방법 등을 논의하고 세부 계획을 안내한다. 내담자의 작품 사진, 회기 영상, 검사 기록, 일지 등의 기록은 사전 동의서에서 미리 협의하며, 내담자의 선택에 따라 안전하게 관리한다. 특히 디지털 플랫폼에서의 녹화나 작품 캡처 시 그 목적과 데이터 관리 방법을 설명하고, 기록 시 알린다. 비대면 집단 미술치료의 경우, 다른 내담자들에게도 비밀 보장과 자료 유출 시 법적 조치가 이루어질 수 있음을 설명하고 사전 동의서를 받아 문제를 예방한다.

- **작품의 저장 및 문서화**: 내담자의 작품, 사본, 사진, 또는 디지털 이미지를 임상기록 또는 교육, 연구, 평가, 발표의 목적으로 보관할 경우, 내담자와 법적 보호자의 서면 동의를 받아야 하며, 내담자의 인적사항이 드러나지 않도록 해야 한다. 작품을 타

인, 학제 간 팀원 및 슈퍼바이저에게 공개할 경우에도 사용허가 동의(예: 작품 활용 동의서)를 받아야 하며, 원본 작품의 저장 방법과 사진 또는 디지털 이미지의 보존 기간을 내담자에게 알려야 한다.

동의서 작성(미술치료 참여 및 정보 활용 동의서, 미술작품 활용 동의서)

동의서 작성은 내담자에게 치료 내 권리와 책임을 이해시키고(교육), 치료 전반에 대한 정보를 제공함으로써 치료적 동맹을 형성하며, 내담자와 미술치료사를 보호하여 치료를 가능하게 해 주는 필수 과정이다. 동의서는 치료 시작 전 내담자가 치료에 대해 잘 이해할 수 있도록 치료사가 직접 소개하고 서면으로 작성하며 부모나 법적 대리인의 동의와 기관의 보증인 등이 필요한 경우가 있다. 기관에서 초기면담 시 작성하여 실습생에게 전달하는 경우, 치료 시작 전에 반드시 세부 제한 사항을 확인한다.

내용은 다음과 같다.

- 정보 공개를 다루고 결정한 날짜, 서명
- 미술치료 과정과 미술치료사의 이론적 접근 방식
- 미술치료사가 내담자에게 기대하는 것
- 내담자가 미술치료에서 기대할 수 있는 것(안전, 예측 가능성, 관계 등)
- 미술치료 과정의 한계, 미술치료 과정과 관련된 위험성
- 비밀 보장과 정보 공개 범위
- 정보 수집 형태(녹음, 사진, 원화, 비디오 등), 사용 목적 및 기간
- 내담자 치료 내용 열람
- 미술치료사의 자격(학위, 학회 소속, 자격증 등)
- 미술치료 종결
- 미술치료사의 슈퍼비전

(5) 감염병

최근 신종 바이러스 감염병[메르스(2016), 코로나19 팬데믹 등]과 계절성 감염병(독감, 폐렴 등)을 비롯한 여러 감염(병)에 예민한 암환자, 기저질환자 등을 대상으로 미술치료를 제공하는 것에 대한 관심이 높아지고 있다. 그들의 정서적 지원과 스트레스 관리뿐 아니라, 안전한 환경과 효과적인 미술치료 개입을 제공하기 위한 지침 마련과 교육이 필요하다. 감염병 환자 발생 시 준비된 행동강령에 따라 위기 상황에 대처한다(김지은, 곽민정, 2021).

다음은 학생들의 실습일지에서 발췌한, 감염병에 대한 질문이다.

주요 질문

1. 감염병이 의심되는 내담자가 치료에 오면 어떻게 해야 하나요? 오지 말라고 해도 되나요?

- **미술치료 준비 단계:** 치료의 대면 진행 여부를 결정하고, 안전 및 위생을 위해 마스크, 위생장갑, 손 소독제, 가림막과 같은 필수 개인 보호장비(Personal Protective Equipment: PPE)와 구급약을 준비한다. 모든 미술도구와 재료는 회기 전후에 철저히 소독하여 준비한다. 치료사와 내담자들 간의 거리를 유지한다. 치료 환경은 충분히 환기가 되는 장소로 설정하고, 가능한 매체를 소분하여 개인이 사용할 수 있도록 하며 비접촉식 미술도구나 재료를 사용한다. 대면 진행이 어려운 경우는 전체 또는 부분적으로 비대면 방식을 준비한다.
- **미술치료 회기 진행 단계:** 초기 상담 및 평가에서 내담자의 예방접종 여부 및 건강 상태를 사전에 확인하고, 감염병 증상이 있는지 스크리닝 한다. 참여가 불가능한 증상의 예시와 대처 방안을 미리 안내한다. 내담자와 함께 회기의 목표를 정하고 미술치료 활동을 진행하며 지원한다. 미술치료는 가능한 소규모 또는 개인으로 진행하고 내담자의 상황에 따라 조정할 수 있다. 비대면(원격)으로 변경하여 진행하는 경우, 미리 디지털 기기, 온라인 플랫폼(Zoom, Skype 등)에 대한 오리엔테이션을 진행하고 필요한 매체를 준비하도록 지원한다. 회기 중 즉각적인 피드백을 제공하고, 평가 및 기록한다. 자세한 내용은 7장에서 소개한다.

〈표 10-4〉 미술치료 회기 진행 지원

내담자 지원	치료사 지원
정확한 정보 제공, 지원 서비스 정서적 지원: 공감적 경청, 스트레스 관리	지속적인 교육 및 학습 기회 제공 스트레스 관리: 자기돌봄과 동료 간 네트워크 지원

(6) 위기상담

미술치료사는 치료 위기 상황을 발견했을 때 신고의무를 가지고 있으며 정기적으로 생명존중 자살 예방교육, 아동학대 예방교육, 장애인식개선 교육, 인권 교육 등 관련 교육을 이수한다. 다음 [참고자료 10-1]은 위기상담에서 활용할 수 있는 자살 방지 서약서 양식이다.

참고자료 10-1 **위기 상담: 자살 방지 서약서**

자살 방지 서약서

내담자 ________________은/는 상담을 받을 동안 생명을 위협하는 상해나 자살을 절대로 시도하지 않을 것을 치료사에게 문서로 약속하고 아래에 서명합니다. 만약 내담자가 자신의 목숨을 끊을 생각이나 충동 및 동기가 강하게 일어나서 그러한 생각, 충동, 동기를 스스로 통제 및 조절하기 어려울 경우에는 자살 기도를 행동으로 취하는 대신에 다음과 같은 조치를 반드시 취할 것을 약속합니다.

1) 담당 미술치료사 ________________에게 반드시 연락합니다.

2) 상담자가 전화 연락을 받지 못하였을 때에는 OOO 심리상담센터로 연락합니다.
이 사실을 알리기 전에는 절대로 아무런 행동을 하지 않을 것입니다.
내담자는 아래의 전화번호를 항상 소지합니다.

☎ OOO 심리상담센터: (전화번호)

☎ 희망의 전화(보건복지부): 129

☎ 생명의 전화: 1588-9191

3) 나는 충분한 휴식과 수면을 취하며 건강을 잘 유지할 것이며, 나는 자살을 할 수 있는 모든 도구를 없앨 것을 서약합니다.

위의 내용을 충분히 이해하며 그 약속을 지키겠음을 아래에 서명함으로써 약속합니다.

20　　년　　월　　일

내담자 ________________(서명)

미술치료사 ________________(서명)

제11장

미술치료사의 다양한 관점 다루기

이 장에서는 치료사의 필수 역량인 다문화적 관점에 대해 알아보고, 미술치료에서 내담자의 다문화적 편향, 치료사와 슈퍼바이저의 관점을 살펴보고자 한다.

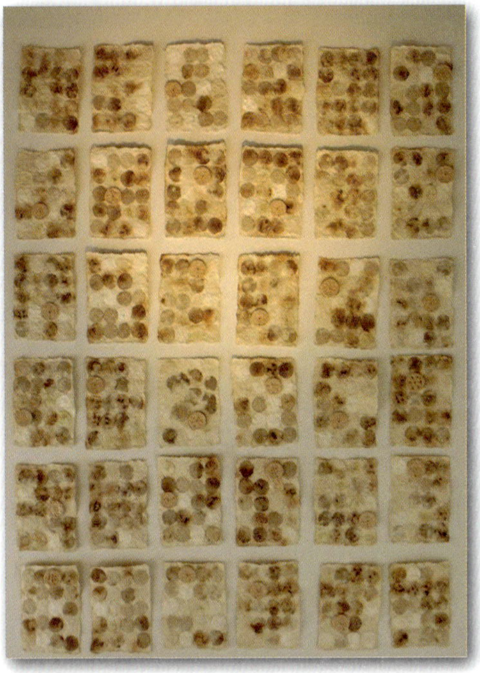

출처: Belonging II (김지은, 2012).

필자의 〈Belonging(속함) II〉는 자아를 상징하는 720개의 원형 종이로 구성되어 있다. 각각의 종이는 닥나무 껍질과 다양한 찻잎을 사용하여 개별적으로 제작되었는데, 이는 개별화된 자아를 상징한다. 이들은 물의 온도, 차의 특성, 건조 속도 등 환경 요인에 따라 다양한 색상과 질감을 가지고 있다. 이는 마치 관계 속의 우리 모습을 예측하거나 계획할 수 없는 것과 같다. 720개의 원형 종이는 다시 20개씩 묶여 36장의 새로운 종이로 만들어졌으며, 모든 종이는 처음부터 그랬던 것처럼 더 큰 장소에서 공존한다. 이것이 필자가 2012년에 생각했던 개인과 경계, 그리고 문화 안에서의 '속함(소속감)'이다.

마지막으로 이 작품이 갤러리 벽에 전시되었을 때, 필자는 36개의 (같은 크기의 원형) 도자기를 손님들에게 나누어 주고 작품 안에 함께 참여하도록 제안했다. 참가자들은 매우 신중했지만 이 과정을 즐겼고, 전시 기간 내내 도자기 조각들은 이리저리 이동했다. 한 참여자는 "속함(소속감)이란 이 지구상에서 어떤 의미를 지닌 자리를 갖고 있는 느낌, 그리고 하나이지만 다름을 인정하는 것"이라고 소감을 밝혔다.

"Listen very carefully and respect"

(Shaun McNiff, 2015)

1. 다양한 관점의 이해

1) 다문화 이해

최근 심리상담 분야에서는 내담자의 다문화적 요소(multicultural issues)가 점점 더 강조되고 있어 치료사의 다문화에 대한 이해와 개입 능력이 더욱 필수적인 역량으로 요구되고 있다(Yalom, 2015). 치료사는 다양한 문화적 배경을 가진 개인을 존중하며 인간을 고유한 태도, 신념, 문화적 경계를 가지고 있는 문화적 존재로 지각해야 한다. 이를 바탕으로 상호작용에서 자신의 가정을 명확히 이해하고 관련된 잠재적 문제를 인식하여 사회 변화에 기여하는 '다리'의 역할을 할 수 있어야 한다(Sue & Sue, 1999).

현대 다문화는 단순히 소수 그룹의 인종을 넘어 성별, 나이, 종교, 사회 · 경제적 지위, 성적 지향, 장애까지도 포함하는 다차원적인 개념이다(Leong & Wagner, 1994). Hays(2001)는 나이(age)와 일반적 영향(가족, 정책, 사회적 사건들), 발달장애 혹은 후천적 장애(developmental or acquired disabilities), 종교(religion)와 영적 배경(spiritual background), 민족성(ethnicity), 사회 경제적(socioeconomic) 지위, 성적(sexual)인 선호도, 전통(indigenous heritage), 국가적 배경(national origin), 성(gender) 등으로 'ADDRESSING'라는 약자를 사용하여 소개하였다. 이러한 다문화적 가치는 치료적 관계에 영향을 미칠 수 있기에 다양한 내담자에게 효과적인 치료사가 되기 위해서는 내담자의 평가 및 중재에서 문화적 민감성과 이해를 개발하도록 권한다.

2) 다문화 종류

다양한 다문화적 차이에도 불구하고 아직 국내 심리 지원에서 다문화에 대한 이해는 인종과 다문화 가족에 집중되어 있다. 국내 「다문화가족지원법」(2020)은 다문화가족을 결혼이민자와 대한민국 국민으로 이루어진 가정이나 대한민국 국적을 취득한 자와 대한민국 국민으로 이루어진 가정으로 정의한다. 이는 법적인 정의로 최소한의 범위에서의 다문화가정을 뜻하여 넓은 범위로 다문화가정은 결혼 이주민이나 이주노동자, 북한이탈주민을 포함하여 이루어진 가정이나 이주노동자나 외국인 유학생의 1인 가구 등을 포함할 수 있다. 다문화가정은 언어적 · 정서적 · 경제적 문제와 자녀 양육 및 교육 등에서 다양한 어려움에 직면하고 있어 교육 상담 지원, 건강관리를 위한 지원, 가정 폭력 방지 및 피해자 연계, 가족 지원 등을 지원하고 있다.

이러한 문제를 해결하기 위한 미술치료의 개입은 자아성장, 심리건강 회복, 스트레스 완화, 의사소통 및 대인관계 향상, 부적응 및 문제행동 개선, 장애 극복, 기타 목적으로 복지기관, 보호시설, 일반학교, 특수학교, 사설교육시설, 심리치료센터, 종교시설, 기업체, 가정(집), 기타 미술학원, 청소년수련관, 병원 등의 장소에서 다양하게 이루어지고 있다.

3) 다문화 역량

내담자는 각자 고유한 문화적 배경에 따른 신념, 가치관을 가지고 있으며, 이를 깊이 이해하고 다루는 것은 매우 중요하다. 그러나 모두를 알고 이해하는 것은 어려운 일이기에 치료사의 다문화적 관점에서의 자기인식, 일반적 지식, 다문화 상담에서의 자기효능감, 내담자의 다양성을 이해하고 작업 동맹을 형성하는 능력과 같은 다문화적 상담기술 등이 필요하다(Constantine & Ladany, 2000). 이러한 다문화적 역량은 치료사가 내담자와의 상호작용에서 문화적 차이를 포괄적으로 인식하고, 이를 바탕으로 효과적인 치료관계를 형성하여 치유와 성장을 촉진하는 능력을 의미한다. 이에 치료사는 내담자의 문화적 배경에 대한 깊은 이해와 존중을 바탕으로 적절하고 민감한 개입과 개별화된 치료 전략을 개발하고 실행해야 한다(Moon & Nolan, 2022, p. 303).

다문화적 역량은 인지, 지식, 기술의 세 가지 단계를 포괄하며, 각 단계는 구체적이고 측정 가능한 목표를 달성하기 위한 의도적인 행동을 포함한다. 치료사는 내담자의 문화적 특성을 치료 과정에 반영하고 통합함으로써 윤리적이고 효과적인 치료를 구축할 수 있다. 이러한 문화적 역량은 미술치료 개입에서 중요한 기초가 되며 치료사의 전문성을 강화하고 치료 결과를 최적화하는 데 필수적이다(AATA, 2015, p. 1).

미술치료는 미술을 다루는 점에서 특별하다. Moon과 Nolan(2022)은 Don Jones의 대화를 인용하여 미술치료사의 무기는 미술과 자기 자신임과, 다른 사람을 돕기 전에(평가, 진단, 치료적 지식뿐 아니라) 자기 자신을 잘 알고 윤리적인 태도를 갖추어 건강한 역할모델, 치료적 존재가 되어야 함을 강조한다(p. 122).

Moon과 Nolan(2022)은 다음 다섯 가지 미술치료에서 윤리적 다문화 역량을 소개한다(p. 303).

(1) 문화적 차이의 인식과 존중

미술치료사는 내담자들의 문화적 차이를 인지하고 존중해야 한다. 내담자의 문화적 배경, 힘, 특권 및 정체성을 알고 소중히 여기는 것을 포함한다. 이러한 인식은 치료 과정에서 내담자를 이해하고 적절히 지원하는 데 기초가 된다.

(2) 문화적 · 미적 편견의 자각

미술치료사는 자신의 문화적 · 미적 편견이 내담자의 작품과 행동에 대한 해석과 가치 판단에 어떻게 영향을 미치는지 인식해야 한다. 이러한 자각은 편견으로 인한 잘못된 해석이나 평가를 방지하고, 보다 객관적이고 공정한 치료를 제공한다.

(3) 문화적 의미의 인식

미술치료사는 내담자의 문화적 배경에 민감해야 하며, 예술적 표현에서 특유한 색채, 형태, 상징 등의 문화적 의미를 인식할 필요가 있다.

(4) 사회문화적 맥락의 이해

미술치료사는 각 내담자의 사고와 행동 패턴이 그들의 사회 · 문화적 맥락에서 발생한다는 것을 알아야 한다. 이 맥락은 행동 패턴의 형태뿐만 아니라 무엇이 정상적인 행동을 구성하는지에도 영향을 미친다.

(5) 적절한 치료 계획과 개입 개발

미술치료사는 다양한 문화적 배경을 가진 내담자에게 적절한 치료 계획과 개입을 개발해야 한다. 이는 각 내담자의 특성과 요구에 맞춰진 개별화된 접근 방식을 요구하며, 이를 통해 치료 효과를 극대화할 수 있다.

4) 윤리강령에서 다문화

한국미술치료학회와 미국미술치료학회에서는 윤리강령에서 다문화(다양성)와 미술치료사의 책임에 대해 다음과 같이 소개한다.

미술치료사는 지속적인 교육과 훈련을 통해 다문화 역량을 개발하고 향상시켜야 한다. 미술치료사는 내담자나 집단의 나이, 성별, 성 정체성, 성 표현, 성적 지향, 민족, 인종, 출신 국가, 문화, 결혼/파트너십 상태, 언어 선호, 사회경제적 상태, 이민/시민권 상태, 능력, 종교/영성 또는 기타 정체성 요소에 따라 적절한 실천해야 한다. 미술치료사는 발달적 및 문화적으로 민감하고 적절한 방식으로 소통해야 한다(ATCB, 2021).

미술치료사는 모든 인간의 기본적인 권리, 존엄성, 가치를 존중하며 연령이나 성별, 인종, 종교, 성적인 선호, 장애 등을 이유로 내담자를 차별하지 않는다. 미술치료사는 내담자의 다양한 문화적 배경을 이해하려고 적극적으로 시도해야 하며, 자신의 고유한 문화적 정체성이 상담 과정에 영향을 주는지 인식해야 한다. 미술치료사는 자신의 고유한 가치, 태도, 신념, 행위를 인식하여 그것이 어떻게 다양한 사회에서 적용되는지를 깨닫고 있어야 하고, 내담자에게 자신의 가치를 강요하지 않는다(한국미술치료학회, 2020)

치료사가 문화적 차이를 적절히 이해하지 못하면 내담자와의 관계에서 갈등이 생기거나 치료 과정에서 어려움을 초래할 수 있기에 내담자뿐 아니라 치료사와 그를 지도하는 슈퍼바이저도 문화적 배경과 차이에 대해 탐색하고 공유하는 과정이 필요하다.

2. 내담자의 관점

1) 문화 적응 스트레스(acculturative stress)

문화 충격(cultural shock)은 심리적 혼란과 부적응을 포함하는 개념으로 볼 수 있다(Berry et al., 1987). 이는 문화 적응 과정에서 사회적 · 심리적 · 문화적 차이로 인해 발생하는 정신적 · 육체적 스트레스를 수반하며, 고통과 역기능을 초래할 수 있다.

2) 다문화적 편향(multicultural bias)

내담자의 문화적 · 사회적 · 개인적 배경에 따른 다양한 관점은 미술 표현과 상호작용에 영향을 미칠 수 있으며 이는 미술치료에서 중요한 역할을 한다. 이때 치료사의 문화적 민감성이 매우 중요한데 언어적 장벽이 있는 경우, 성적 지향 및 성별 차별성, 사회경제적 배경의 차이나 종교 및 영적 신념, 가족 구조와 역동성, 트라우마 상처, 장애, 심리적 안전과 비밀 보장, 라포형성 어려움 등에 편견이 있다면 다음과 같은 어려움을 예상할 수 있다.

- 문화적 오해: 내담자는 치료사의 문화적 배경이나 치료적 접근을 이해하지 못하고 치료 과정에서 오해나 불신이 생길 수 있다.
- 표현의 제한: 내담자가 자신의 문화적 배경 때문에 특정 예술적 표현을 사용하지 못하거나, 문화적 맥락을 충분히 반영하지 못하는 재료와 방법을 사용할 때 발생할 수 있다.
- 심리적 장벽: 내담자가 자신의 문화적 배경 때문에 치료 과정에서 불안감을 느끼거나 자신의 표현이 제대로 이해되지 않을 것이라는 두려움을 가질 수 있다.

3) 다문화적 편향을 줄이기 위한 전략

치료사의 다문화적 편향을 줄이기 위한 전략은 다음과 같다.

- 문화적 교육: 지속적인 교육과 훈련을 통해 다양한 문화의 종류와 배경을 이해하고, 문화적 특성을 존중하는 태도를 내면화한다(문화적 민감성).
- 개별화된 접근: 내담자 각자의 고유한 문화적 맥락을 반영하여 문화적 가치와 필요를 중심으로 이해하고 개별화된 치료 계획을 수립한다.
- 개방된 태도: 내담자의 문화적 표현을 존중하여, 비판적 태도를 배제하고 열린 마음으로 접근한다. 이 과정에서 신뢰를 구축하고 자유롭게 표현할 수 있는 환경을 조성할 수 있다.
- 상호 문화적 태도: 내담자와 대화를 통해 그들의 문화적 배경과 개인적 경험을 이해하려 노력한다. 치료사–내담자 간 의사소통을 강화하고, 더 깊은 수준의 상호작용을 가능하게 한다.
- 자기반성: 치료사는 자신의 문화적 편향과 고정관념을 지속적으로 인식하고, 극복하기 위해 지속적으로 자기반성을 실천한다. 치료사는 해석, 평가 등에서 내담자의 표현과 경험을 왜곡하지 않도록 주의하며, 자신의 문화적 가치관과 믿음을 절대적 기준으로 삼지 않는다.

3. 치료사의 관점

1) 치료사의 이해

치료사의 문화적 역량은 치료사가 자신의 문화적 배경과 강점을 인식하고, 다양한 세계관을 이해하는 능력을 의미한다. 여기서 치료사(뿐만 아니라 슈퍼바이저도)는 자신의 문화적 배경이 어떻게 치료 과정에 영향을 미칠 수 있는지 이해하고, 서로의 문화적 배경을 존중하며, 그에 따라 적절하게 대응할 수 있는 능력을 말한다. 잘못된 관점을 가지게 되면 치료 과정에서 슈퍼바이지의 상처와 오해를 초래할 수 있으며, 내담자게도 영향을 미쳐 걱정을 유발하거나 치료가 중단될 수 있고, 평가의 실패로 이어질 수 있다(Falender & Shafranske, 2004).

Sue(2001)는 문화적 역량을 내담자 및 내담자 체계에 대한 최적의 발달을 도모할 수 있는 능력으로 정의하고, 태도와 신념, 지식, 기술의 세 가지 요인으로 분류하였다. 다문화 상담 능력은 치료사가 다양한 집단에 효과적으로 반응하기 위해 필요한 새로운 이론, 실천 정책, 조직 구조의 발전에 필요한 기술, 지식, 인식을 포함한다. 이는 의사소통, 상호작용, 타협과, 다양한 내담자에 대한 효과적인 개입과 같은 중요한 능력을 포함한다.

치료사는 자신의 문화나 다양성에 대한 통합된 인식과 이해를 발전시키기 위해 지속적인 교육과 훈련을 받아야 한다. 이 과정에서 편견이 개인과 전문적 실천에 미치는 영향을 이해하고, 자신의 한계를 인지하며, 사회적 전통이 어떻게 '정상'과 '비정상'을 정의하고 영향을 미치는지 고찰해야 한다. 또한 개인적 민족주의, 인종 및 문화적 차이, 인종차별에 대한 반대의식을 포함하며, 이러한 요소들이 어떻게 영향을 미치는지 깊이 이해하고 반영해야 한다(Sue et al., 1992).

특히 현대의 다양한 문화적 요소와 이슈에 적절히 대응하기 위해 치료사의 예민한 접근과 역량을 강조하며, 훈련 과정에서 다문화, 특히 소수/취약계층에 대한 훈련의 필요성을 강조한다. 이에 치료사는 실습 기간 동안 다양한 내담자를 만나며 충분한 훈련에 참여하여 자신의 고정관념을 확인하고, 문화적 역량을 강화하여 개인, 문화 및 지역사회의 강점을 통합하는 능력을 개발해야 한다. 모든 내담자에게 공정하고 효과적인 치료를 제공하기 위해 중립적 표현을 유지하고, 평가받는 것에 대한 두려움을 극복하기 위해 지속적인 교육과 실습을 통해 민감성을 키운다.

2) 치료사의 심리적 이슈

(1) 가치관

가치관은 인식과 개념을 통해 형성되며, 문화적으로 영향을 받은 행동으로 드러난다. 지각하고 인식하는 것은 단순한 객관적인 결과가 아니라 문화적 의미를 반영하기 때문에 치료사는 자신의 내재된 가치관과 신념을 이해하고 자신을 바라보는 방식과 행동 변화를 알아차릴 수 있어야 한다. 그때 내담자가 살아가는 세계의 문화적 맥락 속에 들어가서 내담자의 시각과 경험을 이해할 수 있게 된다.

(2) 역전이

미술치료에서 역전이(countertransference)는 치료사가 내담자에게 감정적 반응을 일으키는 투사된 감정으로 잠재적으로 치료에 영향을 미치게 된다.

- 역전이에 영향을 미치는 요인: 역전이는 치료관계에서 일어나는 보편적인 과정으로, 역전에에 영향을 미치는 요인으로는 전이, 투사, 내담자와 타인과의 동일시, 치료사와 내담자의 관계에서 상호주관성, 치료사의 개인적 신념과 가치관 등이 있다.
- 편향된 자각과 반응: 대부분 자각하지 못한 채 일어나는데 이러한 자각과 반응은 치료사가 내담자와 회기를 더 잘 이해하도록 치료 자료를 공개함으로써 일어나며, 치료자의 미해결된 저항과 콤플렉스에 의한 한계가 발생하여 치료를 방해할 수 있다 (Falender & Shafranske, 2015, p. 105).
- 역전이 다루기: 역전이는 역전이와 관련된 개인적인 신념과 태도를 탐색함으로써 치료사로서의 역량을 키우고 성숙하는 계기가 되기도 한다. 중립적인 태도와 개방적인 마음 자세를 가지고 자신이 인식하지 못하였던 감정 반응과 행동 반응을 명료화하며, 그 관련성을 탐색하여 치료에서 경계를 유지하는 것이 중요하다. 슈퍼비전을 통해 역전이 문제를 최소화하고 관리 전략을 개발하는 것이 필요하다. 특히 미술치료사로서 회기 후 미술작업(response art)은 자신의 느낌을 명료하게 표현하고, 치료작업을 탐색하여 기록하며, 내담자에게 반응하고 상호작용하는 기초가 되어 주며, 자기치유가 되어, 자신과 다른 사람에게 진정한 관계를 맺는 기초가 될 수 있다(주리애, 2021, p. 398; Moon, 2003).

학습과제 11-2 **다음 실습생들의 역전이에 대한 질문에서 문제 감정을 표시하고, 해결 방법을 찾아보자.**

Q1. 오늘 내담자의 이야기를 들으면서 정말 공감이 많이 되었습니다. 그런데 이 공감이 제가 치료사의 입장에서 공감한 것인지 아니면 내담자와 비슷한 느낌으로 공감을 한 것인지 의문이 들었습니다. 저도 예전에 힘들었던 일이 있었고, 지금은 정말 많이 나아졌지만 모두 해결한 것은 아닙니다. 물론 제가 겪었던 일은 내담자들의 경험과 다른 것이지만 힘들었을 때 느꼈던 마음으로 내담자의 힘든 마음을 공감하였다면 이러한 공감이 문제가 되는 것인지, 문제가 된다면 어떤 방법으로 해결해 나가는 것이 좋을지 궁금합니다.

Q2. 평소에도 저에게 가족 문제가 있음을 알고 있었고 치료사로서 역할하는 데 영향이 있을 것이라 예상하였지만 실습 상황에서 느낀 것은 이번이 처음이었습니다. 이전에도 학교 상담센터에서 상담을 받으면서 해결하려고 하였는데 상담 선생님과 얼굴을 마주 보는 것이 어려워 도중에 포기하였습니다. 가족 문제는 내담자를 만나면서 계속 다루게 될 텐데 어떻게 해결하고, 대처해야 하는지 궁금합니다.

Q3. 내담자가 어릴 적 헤어져서 기억하지 못하는 엄마를 걱정 인형 중 하나로 표현하며 엄마에 대한 그리움과 아버지에 대한 부정적인 감정을 표현할 때, 울컥하는 감정의 동요를 느꼈습니다. 어떻게 대처해야 할지 궁금합니다.

학습과제 11-3 **내가 경험한 역전이 감정을 통해 사건과 의미, 해결 방법을 찾아보자.**

1. 나의 역전이 감정

2. 사건/의미

3. 해결 방법

(4) 치료사의 자기개방

- **자기개방**: 미술치료에서 치료사의 적절한 자기개방은 내담자와 신뢰관계를 형성하고, 치료적 동맹을 강화하며, 모델링 효과를 제공할 수 있는 강력한 도구가 될 수 있다. 그러나 과도하거나 부적절한 자기개방은 경계를 모호하게 하고, 치료의 초점을 상실하게 하며, 결국에는 내담자와 치료사에게 부담이 될 수 있다.
- **치료사의 의도적 자기개방**: 치료사는 전문적 지식을 바탕으로 내담자의 언어와 초점에 맞춰 진솔하게 감정을 표현하고, 치료에 대한 견해를 공유하도록 모델링할 수 있다(Bridge, 2001).
- **슈퍼비전에서 자기개방**: 슈퍼비전에서 다루는 실제 임상 내용 설명에서 치료사의 솔직한 자기개방은 모델링과 공감적 지지/문제해결을 위한 필수적인 과정이다.
- **자기개방의 요소**: 지가개방은 통합, 민감도, 공감, 따뜻함, 치료 능력, 경계의 유지, 역전이 관리 능력을 포함한다.

다음은 학생들의 실습일지에서 발췌한, 자기개방에 대한 질문이다.

주요 질문

1. A(경계선지능, 15세)는 매번 자신의 이야기가 끝난 뒤에 "선생님은요?"라고 질문하는데 치료사의 적절한 자기개방 수준이 궁금합니다. A와 나눔에서 치료사의 개인적인 관점, 가치관, 견해 등이 포함되고 영향을 줄지 걱정됩니다. 특히 집단치료에서 질문에 답하고 내담자들과 안전하게 대화를 주고받을 수 있는 방법이 있을지 궁금합니다.
2. 집단 슈퍼비전에서 솔직한 개방이 어렵습니다.

3) 위기 관리

다양한 학업적 배경과 개인사를 가지고 미술치료사의 여정을 시작하는 치료사들은 훈련 초기부터 내담자의 인생으로 들어가며 크고 작은 혼란, 고통, 불안, 흥분, 두려움과 수없이 많은 질문을 만나게 된다(Moon, 2003). Moon과 Nolan(2022)은 초보 치료사들이 훈련 초기에 느끼는 이런 감정과 경험이 내담자들이 치료 초기에 느끼는 감정과 비슷하여 '내담자의 내적 세계에 대한 경험을 비춰 주는 소중한 창'이 되어 치료사가 내담자의 욕구와 행복에 집중하는 능력을 증진하는 데 기여한다고 하였다(p. 131). 그렇다면 다양한 위기 상황을 만났을 때 치료사들은 어떻게 할 수 있을까?

(1) 상담을 통한 위기 관리

윤리강령에서는 이슈가 있을 때 치료를 제공하지 말 것과, 필요에 따라 심리상담 받을 것을 제안한다. 필자의 경우에는 대학원(미국) 과정에서 심리상담을 받는 것이 필수였고 당시에는 번거로움과 부담도 있었지만 외국인 학생으로서 그 중요성을 이해하였다. 특히 자신의 마음도 알고 싶고 치유를 원해서 미술치료사의 길을 선택한 학생들은 슈퍼비전과 분리한 상담을 꾸준히 받아 맑은 거울을 유지하도록 추천한다.

다음은 학생들의 실습일지에서 발췌한, 실습생의 위기 관리에 대한 질문이다.

주요 질문

1. 미술치료사는 교육과정 중 자신을 위한 준비로 개인적인 미술치료나 심리치료를 받아야 하나요?
2. 현재 활동하는 미술치료사가 근무하는 동안 개인적인 미술치료나 심리치료를 받아도 될까요?

윤리강령에서는 미술치료사의 위기 관리에 대해서 다음과 같이 설명한다.

> 미술치료사는 정기적으로 전문인으로서의 능력과 효율성에 대한 자기반성이나 평가가 있어야 하며, 필요한 경우 자신의 효율성을 증진시키기 위해 지도감독을 받을 책무가 있다. …… 미술치료사는 능력의 한계나 개인적인 문제로 내담자를 적절하게 도울 수 없을 때는 치료를 시작해서는 안 되며, 다른 치료사나 정신건강 전문가에게 의뢰하는 등 내담자를 도와줄 수 있는 방법을 강구한다(한국미술치료학회, 2020).

미술치료사는 사적인 문제가 일과 관련하여 자신의 능력에 영향을 끼칠 수 있다고 판단되거나 판단 해야 할 경우 치료를 제공해서는 안 된다. …… 미술치료사는 평가 및/또는 약물 치료가 필요한 경우 자격을 갖춘 의료 또는 심리상담을 받아야 한다(ATCB, 2021).

(2) 예술활동을 통한 소진 관리

치료사들은 정서적 · 정신적으로 힘들어하는 내담자들의 기분과 행동에 영향을 받아 연민 피로, 소진, 2차 트라우마, 대리 트라우마 등을 경험할 수 있다(Moon & Nolan, 2022). 소진은 업무 책임에서 오는 스트레스, 본인이 무능하다는 기분 및 냉소의 결과로 발생하는 육체적, 정신적 · 정서적 탈진 상태를 말하며, 치료사가 소진되어 힘들어하고 자신의 감정을 제대로 다루지 못한다면 비윤리적으로 행동할 수 있다. 소진된 치료사는 일반적으로 열정과 일에 대한 책임의식이 부족하고 자신이 해야 하는 일에 둔하고 기계적인 태도로 임하게 되어 양질의 서비스를 제공하는 것은 불가능하다(Moon & Nolan, 2022). 자기돌봄 훈련, 미술작업, 풍요로운 삶을 활용/슈퍼비전, 컨설팅 등을 통해 한계를 인식하고 스트레스를 처리하는 것이 필요하다. 자신의 소진 수준과 공감피로 수준을 알아차리기 위해 자서전 쓰기, 반응그림, 즉흥적인 움직임(주리애, 2021; Hyatt, 2020; Moon & Nolan, 2022) 등 내면의 나를 돌보는 힘을 키우기 위한 예술활동에 참여하여 자신의 문제를 탐색한다. 또한 충분한 휴식, (일과 분리된) 친구/가족/동반 관계를 통해 삶의 균형을 찾고, 같은 길을 동행하는 동료들과 동료 슈퍼비전에 참여하여 공유, 긍정적 자극을 받는다.

학습과제 11-4 추천 미술작업

추천 미술작업 1

- 문, 창문 그림: 문 또는 창문은 집-나무-사람(HTP) 그림검사 중 집의 구성 요소로서 피검자의 소통방식(적극적인/수동적인)을 의미한다. 여기서 문(창문)은 새로운 변화에 대한 개방적 태도를 알아볼 수 있다(문: 새로운 기회, 출구, 접근선, 내적 혹은 외적 경계/창문: 내면과 외부 간의 연결, 소통).
- 길, 다리 그림: 길 또는 다리 그림은 삶의 여정에서 목표의 달성 과정을 살펴보는 검사이다. 여기서는 두 가지 상황을 연결하여 인생 여정에서 느끼는 연결감과 단절감 등을 알아볼 수 있다.
- 웅덩이화, 동굴화: 웅덩이, 동굴은 심리적으로 깊은 감정을 상징하여 현재 느끼는 무의식적 갈등, 지지 자원 등을 알아볼 수 있다.

- 달걀화: 새로운 시작, 잠재력, 보호와 같은 개념을 상징적으로 표현, 생명력, 성장 가능성, 개인적인 경계와 보호에 대한 욕구와 불안 등을 포함한다.
- 잡지 콜라주 기법: 다양한 요소를 조합하여 구성하는 기법으로(Landgarten, 1993), 표현에서 언어나 문화적 한계를 극복할 수 있는 다문화적 미술치료 기법으로 알려져 있다.

추천 미술작업 2

- 가면 만들기(Moon, 2011): 예술가, 전문가, 인간으로서의 나를 상징하는 가면을 만들고, 각 개체가 서로를 만나는 장면을 시나리오로 만든다. 필자의 가면 작품을 소개한다.

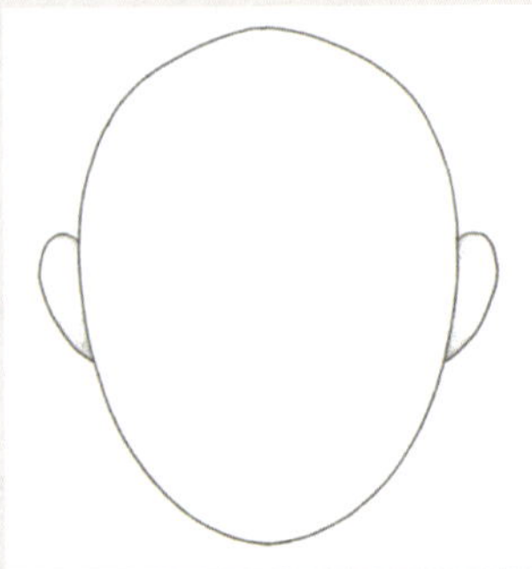

- 내담자를 주인공으로 이야기 책 만들기: 필자의 이야기책과 저널을 소개한다.

- 다문화 키워드로 반응 작품 만들기: 필자의 다문화 키워드 작품과 학생의 콜라주 작품을 소개한다.

(3) 슈퍼비전

문화적 다양성에 대한 관점과 관심은 심리학 및 모든 인간 대상 연구의 주요 요소로 작용한다. 슈퍼비전에서 문화적 차이는 신뢰관계와 동맹관계를 형성하고, 슈퍼바이지의 역량과 능력을 평가하는 데 매우 중요함에도 미술치료 슈퍼비전 연구에서는 구체적으로 다루어지지 않아 왔다.

역할 역량 있는 슈퍼바이저는 자신의 다문화적 차이가 슈퍼바이지와의 상호작용에 부정적인 영향을 미치지 않도록 주의하며, 편견을 갖지 않을 책임과 태도를 항상 늘 고려해야 한다. 슈퍼바이저는 자신의 믿음과 인종, 성별, 민족적 차이에 대한 태도를 인식하고, 슈퍼비전을 통해 내담자 치료를 지원하는 데 부정적인 믿음과 태도, 편견을 알고 해결할 책임이 있다. 편견을 줄이기 위해 다양한 방법으로 슈퍼바이지를 평가하고, 의사소통과 이해를 높이며, 일반화와 명명(labeling)을 조심스럽게 다루어야 한다. 슈퍼바이지가 두려움, 저항, 의존 등을 보일 때 주의 깊게 살펴야 한다.

치료사는 다양한 환경에서 훈련하고 성장을 위해 가능한 다양한 관점과 이를 다루는 치료사로서의 역량을 갖춰야 한다. 특히 익숙하지 않은 환경에서 실습은 배운 이론과 지식을 단순히 적용하는 데 그치지 않고 혼자서 판단하기 어려운 순간을 만나게 되고 그때 슈퍼비전은 객관적인 시각을 제공하는 중요한 역할을 한다(박은선, 2010). 문화적 이해와 문화적 적응에 대한 접근법을 슈퍼비전에 적용하여, 내부자적 관점(emic, 특정 인종 또는 소수 집단에 대한 일반적 개념 혹은 설명)과 외부자적 관점(etic, 문화를 넘어선 전 세계적인 사람에 대한 개념)의 요소들을 슈퍼비전과 훈련에 통합할 필요가 있다.

- **다문화 슈퍼비전**: 서로 다른 문화적 배경을 가진 슈퍼바이저와 슈퍼바이지의 관계가 중요한 요소가 된다. 슈퍼비전에서의 편견과 상호작용의 다양한 변수(내담자 가족, 슈퍼바이지, 슈퍼바이저의 상호작용)를 포함하는 것을 제안한다.
- **개입의 틀과 방법**: 문화적 변용(acculturation)은 다른 문화가 지속적인 접촉을 통해 서로 변화하는 과정을 말한다. 이는 소수 문화를 가진 내담자 치료에서 치료자의 역할과 단계들을 고려할 때 중요한 요소가 된다(Atkinson, Thompson, & Grant, 1993).
- **다양성의 역량**: 고정관념, 내부자적 관점(emic)과 외부자적 관점(etic)의 요소를 이해하고, 문화적 렌즈를 사용하는 것이 포함된다. 슈퍼비전 내에서 슈퍼바이저와 슈퍼바이지의 상호작용과 관련된 내부자적 관점 요소들은 거의 논의되지 않았다. 슈퍼비전의 중심이 되는 언어적 의사소통과 반영된 가치관, 언어체계, 권위, 사회경제적

지위 등이 다를 수 있다.

- 가치관: 언어소통에서 인지, 사고의 패턴, 문제해결 등을 포함하며, 보상과 통제의 초점이 되는 동기, 가족 및 집단, 계통주의와 평등주의 등의 가치관은 중요한 요소가 된다. 치료사의 다문화 상담 능력이 내담자에게 중요한 영향을 미치기 때문에, 오해를 불러일으킬 수 있거나 결과에 영향을 미칠 수 있는 영역과 금기사항 등에 대해 미리 훈련받아야 한다.
- 다문화적 다양성을 위한 역량 강화: 치료사의 관점(다문화적 인식)과 개인적 경험이 실습생의 지식과 기술의 발달에 미치는 영향을 이해하기 위해 많은 연구자는 슈퍼비전에서 특정 집단의 문화에 대한 다양한 교육과 훈련 경험의 필요성을 강조한다.
- 슈퍼바이지의 민족중심주의 극복: 슈퍼바이지의 부족한 다문화적 상담 지식과 경험은 민족 중심주의적 태도로 이어질 수 있다. 슈퍼바이저는 구조화된 접근과 지지적 접근을 통해 내담자가 자신의 문화, 민족, 인종 집단의 구성원으로부터 얼마나 영향을 받는지 탐색하고, 실습생 자신을 탐색하도록 도와야 한다. 이는 슈퍼바이지가 자신의 민족주의적 태도에 대한 자각을 증가시키고, 다른 문화와의 의사소통을 방해하는 장벽을 극복하도록 돕는다.
- 정서적 갈등과 편견 극복: 다른 문화적 배경을 가진 내담자들을 치료하는 데 정서적 갈등, 자신의 편견과 가치관의 갈등이 발생할 수 있다. 슈퍼바이저는 교육과 경험을 통해 문화적 차이에 대한 편견을 존중으로 바꾸도록 강조할 수 있다.
- 다문화적 정체성 내면화: 슈퍼바이지는 다른 사람들의 상이한 세계관을 인정하고, 자신과 내담자의 정체성을 통합할 수 있는 다문화적 치료사로서의 정체성을 내면화해야 한다.

슈퍼바이저는 치료에서 내담자와 슈퍼바이지가 서로의 영향을 이해하도록 돕고, 상이한 문화적 요소를 포함한 전반적인 영향을 통합하도록 지원해야 한다. 특정 문화에 대해 적절하게 개입하고 이성적으로 논의할 수 있도록 이끈다.

4. 슈퍼바이저의 관점

1) 슈퍼바이저의 관점

슈퍼바이저는 슈퍼바이지의 치료 전반에 대한 사정, 교육 계획과 개입, 윤리, 평가 등과 관련된 내용을 슈퍼비전에서 직접 실행할 수 있어야 하는데 대학원이나 치료사 과정에서는 슈퍼바이저가 되는 방법에 대해서 별도로 다루지 않는다.

치료사가 슈퍼바이저가 되기 위해서는 슈퍼바이지(치료사)가 실행하는 영역에 역량을 갖추어 다양한 내담자의 임상 장면에서 요구하는 광범위한 임상기술과 심도 있는 이론 지식을 교육하는 능력이 필요하다.

슈퍼바이저의 역량
• 자신에게 영향을 미치는 세계관에 대한 지식을 갖는 것
• 자신, 슈퍼바이지, 내담자 혹은 가족을 존중하는 자기 확신 능력을 갖거나 알고 있는 것
• 실습생의 다문화적 역량에 대해 다양한 형태(자기평가, 관찰 평가, 슈퍼바이저와 내담자의 평가)로 평가하여 역량을 표현하는 것
• 슈퍼비전 과정을 통해 다양성과 다문화적 개념들의 모형이 되는 것
• 다양한 면 그리고 그 행동의 영향에 호기심을 갖고 개방된 자세와 존중하는 마음을 갖는 모형이 되는 것
• 슈퍼비전에서 다양성의 요소들에 관해 논의하는 것

슈퍼바이저는 그 분야 다양한 슈퍼바이저의 슈퍼비전을 통해 충분한 경험과 가르친 경험이 많아야 하고, 자격이 없는 영역에서 슈퍼비전을 하지 않아야 하며 교육자로서의 태도를 갖추는 것이 필요하다. 효과적인 슈퍼바이저가 되기 위한 자질로는 자신의 성격과 특징을 설명할 수 있는 능력, 법과 윤리, 슈퍼비전 관계, 방법과 기법, 발달 과정, 사례 개념화, 사정 평가에 대한 이해, 보고서 작성 능력 및 슈퍼비전 연구 능력을 포함한다. 또한 임상기술뿐 아니라 다문화적 · 법적 · 윤리적 요소를 통합하는 능력과 강의 능력이 요구된다.

- 슈퍼바이저는 문화적 차이를 이해하고 적합한 것을 결정하고, 적용하며 슈퍼비전 과정을 강화하여 발전시킨다. 다양한 집단에 속한 개인의 권리를 옹호하며, 사회적

평등과 문화적 다원주의를 보호하고 촉진한다. 슈퍼바이저는 자문가의 역할을 하며 어떻게 효과적인 변화의 주체가 될 수 있는지 이해하고 개인적인 약속과 행동 전략을 명확히 하도록 돕는다.

2) 슈퍼바이지의 관점

훈련받은 치료사는 현장에서 치료사로서 역할과 책임을 적절히 수행하기 위해 필요한 지식, 기술 및 가치관을 알고 통합할 수 있어야 한다. 기술이란 공감적으로 의사소통하고, 상대방을 참여시키며 편안한 분위기를 조성하고, 라포를 형성하며, 존중을 바탕으로 의사소통하는 능력을 말한다(Falender & Shafranske, 2004, p. 79). 치료사로서 갖추어야 할 태도는 지적 호기심, 융통성, 개방적 사고, 심리적 건강, 변화에 대한 믿음과 민감성, 성실함과 진솔함, 공감 능력, 타인에 대한 존중, 개인적 관계, 그리고 자신에 대한 인식을 포함한다.

이상적인 치료사로서 갖추어야 할 역량은 책임감, 따뜻한 인간관계, 민감성, 경험을 통해 습득한 자기 확신, 전문적 기술, 자존감, 성숙과 헌신, 공감적 · 양육적이며 민감한 특성, 특정 기술을 배울 때 보이는 영특함 등이다.

실습생은 모든 상황에서 '치료사'로서 행동해야 한다. 여기에는 상호작용, 언어 사용 및 대화, 복장, 운전 습관, 문제해결 능력, 일반적인 개인 행동도 포함된다. 특히 실습기관, 내담자와의 관계에서 트라우마를 자극하거나 건강하지 못한 방식의 관계를 경험하지 않도록 주의해야 한다. 슈퍼비전과 자기분석을 통해서 지나친 관심과 관대함, 반감이나 공격적인 반응 등의 역전이적인 반응을 이해하는 것이 필요하다. 내담자와 특별한 관계가 되지 않도록 주의하고, 비밀 보장 등 윤리적인 이슈가 생기지 않도록 다음 사항을 주의한다.

- 사전에 승인된 정규 업무 또는 봉사 책임 외에 치료 및/또는 기관 외부에서 내담자와 함께 일하는 직원 또는 기타 성인 간의 전화 통화 등의 접촉을 피한다.
- 내담자의 등이나 어깨를 문지르거나, 머리 또는 얼굴을 만지는 등 부적절한 접촉은 내담자가 오해할 소지가 있으므로 주의한다.
- 언어적 또는 신체적인 공격적이거나 과도한 힘을 사용하는 것을 피한다.
- 내담자의 외모나 의복에 대한 부적절하거나 과도한 표현을 삼간다.

- 계획되거나 승인된 커리큘럼에서 벗어나 성적이거나 폭력적인 내용이 포함된 비디오나 인쇄물을 보는 것을 금한다.
- 특정 내담자와 단둘이 있기 위해 다른 내담자들을 배제하는 것을 피한다.
- 부적절한 농담, 특히 성적 · 폭력적 또는 차별적 주제와 관련된 농담을 삼간다.
- 성인의 개인적인 관계, 경험 및 문제에 관한 자기공개를 피한다.
- 개인적인 종교 프로그램 및 복음 전도를 금한다.
- 내담자의 약물 사용에 관한 부적절한 토론을 삼간다.

제12장

미술치료사의 자기점검

이 장에서는 미술치료사의 자기점검 필요성, 치료사의 역량과 이슈에 대해 알아보고, 치료사의 자기관리 방법에 대해 살펴보고 연습한다.

a

b

'왜 미술치료사가 되려고 했는가?' 치료사가 되기로 결심한 동기를 살펴보는 것은 매우 중요하다. 그리고 수련과정에서 내 생각과 느낌은 어떤 변화를 가졌는지, 내가 바라고 기대했던 것들과 같은지 아니면 점점 더 어렵게 느껴졌는지, 그 이유를 생각해 보았는가?

치료사가 되는 과정에서 나를 찾아온 사람들을 만나고 그들의 삶의 무게를 등에 나누어지는 동행하는 경험을 한다. 그 사이 반짝이던 나는 어디에 있는가? 치료사는 질문하고 끊임없이 그 답을 점검하는 시간이 필요하다. 하나의 정답은 없다. 누구도 길을 알려주지 않는다. 멈추어 발견하고, 내가 적은 답을 꼼꼼하게 확인하고 풀이과정을 가져야 한다. 되새김 없이 달리기만 하는 것은 안 된다.

–필자의 치료사의 저널 중에서 글과 그림(2007)

이 작품에 대한 설명은 나의 콩 다이어리([학습과제 12-1] 참조)에서 소개한다.

1. 미술치료사의 자기점검 이해

1) 미술치료사의 자기점검 필요성

Moon(1992)은 미술치료사가 되기 위한 훈련에 들어가는 과정은 스노우볼을 흔들어 눈 폭풍을 일으키는 것과 같다고 하였다.

자기점검의 목적은 직무의 전문성과 효과성을 유지하고 향상하기 위한 것이다. 미술치료 전 과정과 내용에서 치료사는 가장 중요한 치료적 도구가 된다. 따라서 경험이 없는 실습생이 치료사가 되는 훈련 과정에 들어간다는 것은 Moon(1992)이 말한 것처럼 자신의 삶을 뒤흔드는 일이 되는 것이다. 자신이 고집해 온 신념과 가치를 다시 꺼내서 살펴보고 '지금' 만나는 내담자와의 치료관계와 상호작용 안에서 영향을 줄 수 있는 부분을 발견하고 조절하며 윤리적 문제를 찾아 예방할 수 있어야 한다.

치료사가 되기로 한 이유가 무엇이든 치료사는 직업인으로서 내담자를 돕고 함께하는 전문적인 계약관계에 있다. 개인적으로도 일에 만족하고 보람을 느끼며 자기점검을 통해 자신의 강점과 약점을 발견하고 이를 바탕으로 지속적으로 발전해 나갈 수 있다. 하지만 우리가 내담자에게 그의 모든 문제를 제거해야 한다고 말하지 않듯이 치료사가 가지고 있는 개인적인 이슈를 모두 없애야 함을 의미하지는 않는다. 이를 해결하려 노력하면서, 스스로 알아 가고 인식한 바를 바탕으로, 결국 치료사 자신이 스스로 조절할 수 있는 열쇠를 지니는 것이 중요하다.

치료사의 길에서 치료사는 지속적으로 자기점검과 돌봄을 통해 소진을 예방하고, 치료사와 내담자의 건강을 지킬 수 있도록 한다. 소진되어 있거나 자신을 돌보지 못하는 치료사는 내담자의 치료에 부정적인 영향을 미칠 수 있으며 비윤리적인 상황을 발생시킬 수 있다. 따라서 개인적인 삶의 질뿐만 아니라 직업윤리에 있어, 건강하고 균형 있게 치료사의 역할을 제대로 수행하기 위해서 스스로를 지속적으로 돌보고 보살필 의무가 있다.

(1) 전문성 개발

실습생은 자기점검을 통해 학습 과정을 이해하고, 학습한 이론을 실제 임상 현장에서 효과적으로 적용하는지 이해하며 미술치료사로서 전문성을 개발할 수 있다.

(2) 윤리적 실천

실습생은 자기점검을 통해 자신의 윤리적 기준을 점검하고 강화할 수 있으며, 내담자에게 더욱 안전하고 신뢰할 수 있는 치료 환경을 제공할 수 있다.

(3) 자기인식

실습생은 자기점검을 통해 치료에 부정적인 영향을 미칠 수 있는 개인적 감정, 생각, 가치관, 행동패턴 등을 인식하여 내담자와 효과적으로 상호작용할 수 있다.

(4) 피드백 반영

실습생은 자기점검을 통해 지도교수나 슈퍼바이저로부터 받는 피드백을 분석하여 자신의 강점과 약점을 파악하고, 치료에 반영하여 지속적으로 성장할 수 있다.

(5) 스트레스 관리

실습생은 자기점검을 통해 실습 과정의 스트레스와 압박감을 인식하고 그 요인을 파악하여, 효과적인 관리 전략을 개발함으로 건강한 정신 상태를 유지/안정적으로 실습을 수행할 수 있다.

(6) 내담자의 안전과 신뢰 보장

실습생은 자기점검을 통해 실습에서 일어날 수 있는 잠재적 위험 요소를 미리 파악하고 수정하여 내담자에게 안전한 치료 환경을 제공할 수 있다.

(7) 자기 주도 학습 촉진

실습생은 자기점검을 통해 스스로 학습 목표와 전략을 세우고 필요한 자원을 찾아 학습을 지속하는 능력을 함양할 수 있다.

(8) 실제 경험의 반성적 학습

실습생은 자기점검을 통해 내담자와 소통하는 방식, 문제와 개선점 등을 평가하여 효과적인 의사소통 능력과 문제해결 능력을 개발할 수 있다.

2) 자기점검 방법

미술치료사는 자신의 전문성과 건강을 유지하고 발전시키기 위해 정기적인 자기점검을 수행한다. 이는 지속적으로 역량을 향상시키고 더 나은 치료를 제공하기 위한 필수 과정이다(주리애, 2021; Moon, 2021).

(1) 자기성찰(self-reflection)

- **일지 또는 저널 작성**(self-journal writing): 자신의 감정, 생각, 치료 과정에서의 경험 등을 글과 그림으로 기록하고 자신의 상태를 객관적으로 분석한다. 내담자와 회기 후에는 반응을 기록으로 남겨서 자신의 행동 패턴과 감정 상태를 이해한다. 반성적 질문을 통해 오늘 회기 진행에서 잘된 점과 어려웠던 점, 개선점 등을 살펴본다.

(2) 피드백 수집(collecting feedback)

- **동료 피드백**(peer feedback): 동료 평가와 그룹 토론을 통해 사례와 치료사로서의 질문을 분석하고 다양한 관점을 바탕으로 문제해결 방안을 모색한다. 이때 비밀 보장에 대한 동의와 치료사들 간의 진실성과 전문성, 필요에 대한 합의에 의한 윤리의식이 중요하다.
- **내담자 피드백**: 적절한 시점에 내담자 및 보호자의 피드백을 수집하여 치료 과정에서의 개선점을 확인한다.

(3) 슈퍼비전 및 상담(supervision and counseling)

정기적인 개인 슈퍼비전과 집단 슈퍼비전을 통해 치료 과정에서의 경험을 공유하고 피드백을 받는다. 다양한 슈퍼바이저로부터 풍부한 슈퍼비전을 받아 나에게 맞는 좋은 슈퍼바이저를 찾기를 추천한다.

좋은 슈퍼바이저를 찾기 위한 방법을 다음과 같이 소개한다.

- 소속 대학 또는 대학원의 임상지도 교수, 주요 학회나 협회에 등록된 임상수련 전문가, 또는 실습 기관의 미술치료 전공 슈퍼바이저 중 선택한다.
- 이중관계를 주의하며, 슈퍼비전과 상담을 구별한다.

학습과제 12-1 치료사의 저널, 나의 콩 다이어리를 작성해 보자.

씨앗은 여러 계절을 만나 나무로 성장하며 나이테를 늘리고, 꽃과 열매를 맺는다. 그 과정에서 폭풍과 같은 어려움을 만나 시들어 포기하거나 도움을 받기도 한다.

그때 나는 어떤 선택을 하는가?

성장 과정에서 당신은 현재 어느 단계에 있는가?

그 과정에서 나의 모습을 있는 그대로 바라보아야 한다.

나의 콩 다이어리(My Bean Diary)는 작은 씨앗이 성장하여 큰 나무로 자라나듯 치료사로서의 성장 과정을 담은 노트이다. 실습 첫 수업 후 씨앗 그림에서 시작해서 한 장 한 장 다이어리를 완성해 나간다.

〈내용〉

- 치료(실습) 시작 전 설렘과 두려움
- 시작 후, 책임에 대한 막막함
- 계획대로 되지 않는 어려움
- 내담자의 변화를 보면서 믿을 수 없이 기쁨(뿌듯함)
- 내담자의 고민을 들으며 함께 무너지는 마음
- 내담자 안에서 나를 마주함
- 내담자와 이별을 준비함
- 치료사에서 다시 나로 돌아옴
- 다시 시작하면서 느끼는 두려움과 희망

다음 [사례 1]과 [사례 2]는 나의 콩 다이어리의 예시이다.

[사례 1] 필자의 나의 콩 다이어리 (일부)

12장 도입부의 그림은 왼쪽(a) 나무들의 뿌리 중심인 씨앗에서 시작한다. 씨앗은 다양한 나무로 자라나 숲을 이루고 그 중심에는 씨앗에게 아낌없이 양분을 제공하는 우물이 있다. 그리고 나무들은 그 우물의 안전한 울타리(보호자)가 되었다. 오른쪽(b) 그림은 앞 장을 표현하면서 자연스럽게 생긴 실 자국을 이어 우물과 그 안의 두 소녀를 표현했다. 한 소녀는 양손을 높이 들어 공간을 지탱하고 있고, 한 소녀는 지친 듯 웅크리고 앉아 있다.

두 소녀는 필자의 모습이었다.

[사례 2] 박사과정생의 나의 콩 다이어리

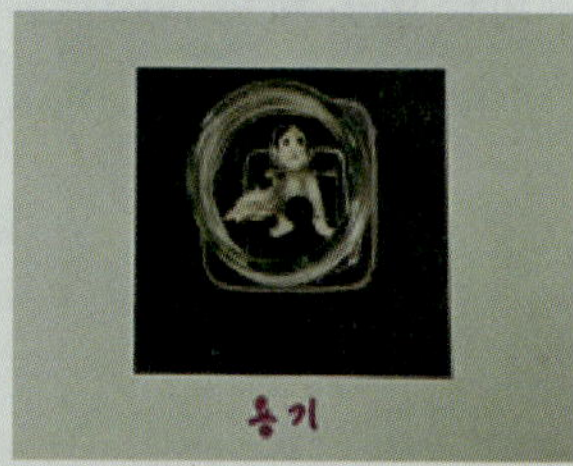

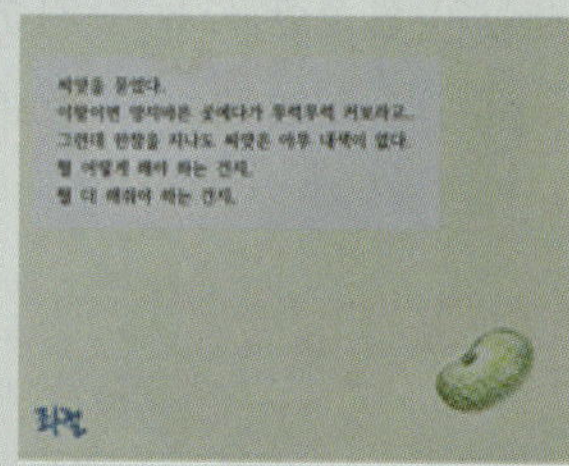

- 용기: “어느 날 동그란 씨앗 하나가 내 손에 툭 떨어졌다. 정체 모를 씨앗, 당황한 나. 버릴까 생각하다가 이내 마음을 고쳐먹었다. 키워 보면 뭐라도 되겠지.”
- 좌절: “씨앗을 묻었다. 이왕이면 양지바른 곳에다가 무럭무럭 커 보라고. 그런데 한참이 지나도 씨앗은 아무 내색이 없다. 뭘 어떻게 해야 하는 건지. 뭘 더 해야 하는 건지.”

- 감동: “나의 능력을 다해 씨앗을 키우기 위해 애를 썼고, 비로소 싹은 움틀 하고 싹을 뽑아냈다.”
- 보람: “길가에 자라는 풀도 절로 자라는 법이 없다는 진리를 새기며 드디어 싹을 뽑아낸 씨앗을 정성껏 키워 본다. 그리고 나의 정성으로 씨앗은 자라 조그만 나무가 되었다”.
- 정성: “정성을 쏟아 키워 낸 것들은 반드시 감동을 준다. 나의 나무는 더 성장하면 좋은 열매로 향기로운 꽃으로 그늘을 만들어 내는 울타리로 사람들에게 감동을 줄 것이다.”

- 희망: “돌이켜 보면, 내면에서 피어오르는 질문처럼 절박하고 명확한 것은 없었던 것 같다. 어쩌면 처음부터 나에게 굴러온 씨앗에게 나는 절박한 바람을 가졌는지도 모른다. ‘잘 자라주어서 희망을 나누어 주렴.’”

(4) 자기평가(self-assessment)

자신이 설정한 목표와 기준을 바탕으로 체크 리스트를 만들어 주기적으로 평가한다. 자신의 약점과 강점을 체계적으로 분석하고 이를 바탕으로 슈퍼비전을 받는 것도 좋다.

학습과제 12-2

- 현재 내가 바라는 것은 무엇인가?

- 현재 내가 만난 것은 무엇인가?

- 현재 나를 이끌어 주는 것은 무엇인가?

- 현재 내가 느끼는 책임(압박)은 무엇인가?

(5) 사례 연구(case study)

특정 내담자의 사례를 기록하고, 문헌 연구를 통해 자신의 접근 방식과 비교 분석하여 개선점을 찾는다. 실습 사례를 마쳤다면 다음 실습이 시작되기 전 방학에는 실습을 정리하는 시간을 가지고, 해결하지 못한 질문들을 다시 마주해야 한다.

(6) 명상과 심리적 자기관리(meditation and psychological self-care)

명상과 마음챙김을 통해 자신의 내적 상태를 점검하고 스트레스를 관리한다. 정기적인 운동, 취미활동, 휴식 등을 통해 정신적·신체적 건강을 유지한다.

학습과제 12-3

- 나의 평소 자기관리법은 무엇인가?(나는 어떤 시도와 노력을 하는가?)

- 위급 상황에서 자기관리를 위한 방법이 있는가? 있다면, 무엇인가?

(7) 교육과 훈련(education and training)

기본 교육과정 외에도 정기적으로 워크숍과 세미나, 강좌 등에 참석하여 최신 지식과 기술을 학습하고 지속적으로 성장하도록 노력한다. 참여한 워크숍이나 강좌, 보수교육 등에서 새롭게 배운 내용은 정리해 둔다.

학습과제 12-4

- 최근에 참여한 교육 및 훈련은 무엇인가?

- 새롭게 배운 내용은 무엇인가?

(8) 피드백 통합(feedback integration)

슈퍼바이저나 동료, 또는 가족과 친구로부터 받은 피드백을 검토하고, 구체적인 실습 방식과 개선 계획을 세우고 실천한다. 때로는 치료 상황이 아닌데도 분리하지 못하고 내담자를 데리고 와서 함께 생활하지 않는지, 평소에도 치료사의 옷을 입고 생각하고 행동하고 있지 않은지 피드백을 통해 확인한다.

학습과제 12-5

• 나의 슈퍼바이저에게서 받은 피드백

• 나의 동료에게서 받은 피드백

• 나의 가족에게서 받은 피드백

• 나의 친구에게서 받은 피드백

2. 미술치료사의 역량

1) 미술치료사의 역량

나는 귀 기울이는 치료사이다.

임상실습을 하며 내담자를 만나는 것은 이론으로 공부하였던 것과는 많이 달랐다.

실제 내담자를 만나며 치료사에게는 이론, 치료적 지식과는 다른 많은 덕목이 필요함을 느꼈다. 그 여러 가지 치료사의 덕목 중 내가 가장 중요하다고 느꼈던 것은 내담자의 이야기에 귀 기울여 주는 것이었다.

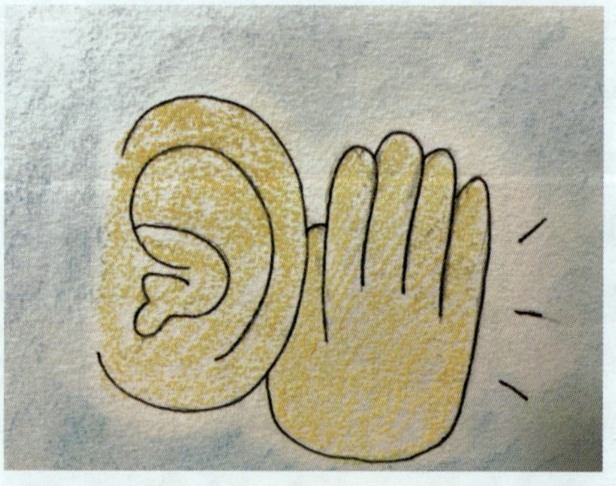

○○학교에서 내가 만났던 내담자는 고등학교 3학년 지적장애 청소년으로 평소 또래관계에 어려움이 있었고 내면에 다양한 어려움을 가지고 있었다. 내담자는 상담 초기부터 자신의 어려움을 이야기하였고 나는 상담 시간 내내 미술활동과 더불어 내담자의 이야기를 들어주고 공감해 주었다. 그렇게 나는 15회기 동안 내담자와 진심으로 함께하며 그의 반복된 이야기와 새로운 이슈가 나올 때마다 최선을 다해 들어주지만 치료사로서 명확한 조언이나 해결책을 주지는 못하는 것이 걱정되었고 가끔씩 '이것이 정말로 이 내담자에게 도움이 되는 것일까?'라는 의문이 생기기도 하였다.

하지만 내담자가 친구와 함께 참여하였던 치료 회기에서 (친구에게) "나는 그동안 선생님에게 내 이야기를 해서 너보다 답답하지 않아."라고 말하였다. 또 마지막 회기에서는 "그동안 이야기를 많이 해서 속이 후련해요. 제 이야기를 들어주셔서 감사합니다. …… 여기서 선생님에게 하였던 이야기를 이제는 친구들한테도 할 수 있을 것 같고, 이제는 해야겠어요."라고 말하는 것을 들으며 치료사의 진정성 있는 경청, 공감과 수용이 내담자들에게 도움이 될 수 있다는 것을 깨닫게 되었다.

나는 이번 학기 실습을 하며 그런 경청의 자세로 치료에 임하였고 경청의 중요성 또한 배우게 되었다. 나는 앞으로 내담자들의 이야기에 진정으로 귀 기울일 줄 아는 치료사가 되고 싶고, 또 그렇게 되기 위해 노력할 것이다.

-미술치료사 미술재활현장실습을 마친
예비 미술치료사의 글과 반응 작품(2021)-

한 실습생의 실습 경험에 대한 이야기이다. 실습 후에 실습생들에게 '미술치료사는 어떤 사람인가?'라는 질문을 하면 실습 전과 비교했을 때 놀라울 만큼 멋진 답변을 듣게 되는 경우가 많다. 그중 '미술치료사란 따뜻한 마음과 이성, 그리고 예술을 사랑하는 마음을 지닌 사람'이라고 한 실습생의 답변이 기억에 남아 있다. 필자는 이 말을 어려운 실습에서 지쳐 있는 학생들을 위로하기 위한, 그리고 필자 자신을 위한 달콤한 알사탕처럼 주머니에 넣어 두었다.

따뜻함, 공감과 진정성을 가지고 안내와 동행의 역할을 하는 치료사(Nacho, 2022)가 되려면 어떤 준비를 해야 할까? Yalom(2006)은 공감은 '타인의 창을 통해 바라보는 것'이라고 하였고, 내담자가 보는 세상을 볼 수 있도록 노력하라고 강조하여 말한다. 인간으로서, 인간적인 어떤 것도 낯설어지지 않고 내담자가 보여 주는 것에 개방적으로 반응하는 것이다. 미술치료적 접근을 배우고자 하는 심리치료사에게 있어 필수적인 것은 스스로 그림을 그릴 줄 아는 능력이 아니라 환자들의 창의적인 노력을 이해하고 공감하는 것과 그들의 창의적 잠재력을 믿는 것이다(Naumburg, 1966, p. 14: Nacho, 2022에서 재인용).

미술치료사의 전문성을 구성하는 역량에서 미술치료사에게 기대하는 자질로는, 첫째, 주의깊은 공감, 소유하려 들지 않는 따뜻함과 성실함, 둘째, 개방성, 셋째, 지적 능력, 넷째, 공감과 동기화를 든다(강차연, 2008; Wadeson, 2008). 미술치료사의 전문성은 진단과 치료에서 미술치료를 활용하는 능력, 대화에 기초한 실존적 관계 맺음, 자기분석, 자각, 수용을 통한 자기성숙과 이해에 기초한 돌봄(최명선, 2014), 대상자 사정 및 개입을 위한 이론적 체계, 현장 적용 가능한 실천적 지식, 계획 및 적용, 평가 등의 미술치료 적용기술, 전문가적 소통기술, 전문가적 정체성과 유연성, 책임감 및 윤리의식, 올바른 자아 개념 형성, 자기이해와 자기관리 능력을 소개한다(김지은, 2021).

(1) 지식

심리학 및 정신건강 이론, 미술 및 미술치료 이론과 기법, 발달심리학, 치료사 윤리 등이다. 정규 교육과정에서 기초부터 심화까지 이론적인 지식을 쌓고, 연구, 워크숍과 세미나 등을 통해 최신 정보를 접한다. 관심 있는 실습과 현장 경험을 하며 그동안 학습한 지식 역량을 발전시킬 수 있다.

(2) 기술

미술기법, 상담기술, 평가 및 진단, 개입 및 치료 계획 수립 등으로 실습, 슈퍼비전, 모의 회기 등을 통해 성취한다.

(3) 태도

공감과 존중, 윤리의식, 개방성과 융통성, 자기성찰 등으로 피드백 수용, 자기성찰, 윤리교육 등을 통해 성취한다. 예비치료사의 위험한 태도로 비판적이고 판단적인 태도, 감정적 거리 두기, 과도한 자신감, 개인적 편견, 윤리적 기준을 무시하는 태도를 들 수 있다. 이는 규칙적인 슈퍼비전에 참여하고 지속적인 학습을 통해 내담자와의 경계를 설정하고 관리할 수 있을 것이다.

인간적인 자질 + 전문적인 자질/수용적인 태도

내담자마다 상담하는 이유는 각각 다르다. 상담자는 내담자가 어느 정도의 상담 의지와 동기를 갖고 있는지 먼저 확인하는 것이 필요하다(강갑원, 2012; 박현주, 2019). 내담자가 편안한 분위기에서 자신이 하고 싶은 이야기를 할 수 있도록 편안한 분위기를 마련해 주는 것이 필요하다. 내담자에게 필요한 전문적인 상담기법을 사용할 수 있어야 하며 내담자의 이야기를 잘 경청하고 이해하고 있음을 느낄 수 있도록 해야 한다.

인간적으로 내담자를 존중하고 수용할 수 있는 능력

- 호소하는 문제를 정확하게 파악하여 소견을 밝힐 수 있는 능력
- 내담자, 보호자에게 알맞은 면담 기술[내담자의 수준(발달 수준/기능)을 고려하여 면담, 인간적으로 존중(인간적 신뢰감)]
- 폭넓은 상담 지식
- 내담자의 사례를 관리하는 능력
- 실질적인 상담 방법과 능숙한 치료 기술

2) 역량 점검

미술치료에서 아무리 유능한 치료사라고 해도 모든 내담자에게 최고의, 유일한 치료사가 되지는 못한다. 치료사가 되는 평생에 걸친 훈련 과정에서 개인적 측면과 전문적 측면의 균형/최선을 다해 자신을 탐색하고, 이론과 기술, 태도를 익혀 유능한 치료사로 성장하고, 그 이후에는 나의 부족함을 채우기 위해 끊임없이 노력해야 한다.

〈표 12-1〉은 김선희(2014, p. 22)가 제시한 자기평가 문항을 참고하여 3개 항목(13~15번)을 추가한 것이다(김지은, 2021). 실습 전과 후에 어떤 항목에 변화가 있는지, 더욱 어렵게 느껴지는지 비교해 보자.

〈표 12-1〉 미술치료사의 자기 역량 점검 평가 항목

	평가 항목	점검
1	공감 능력과 내담자에 대한 민감도	
2	적절하고 효과적인 치료적 관계 형성과 유지 능력	
3	적절한 미술치료 목표의 설정 능력	
4	미술재료에 대한 이해 및 창의적인 활용 능력	
5	내담자를 치료적 미술작업 과정으로 이끄는 능력	
6	미술작업 과정을 즐기고 작품을 감상하는 능력	
7	치료 과정에서 일어나는 내담자의 변화에 대한 인식 능력	
8	효과적인 치료적 개입을 제시하는 능력	
9	내담자와의 적절한 경계를 형성하는 능력	
10	전이와 역전이를 이해하는 능력	
11	성공적으로 내담자와 종결하는 능력	
12	사례를 기록하고 개념화하여 발표하는 능력	
13	자기개방 능력	
14	목표 달성을 위한 구체적인 전략 사용 능력	
15	내담자 작품 보호 능력	

〈표 12-2〉는 미술치료사의 역량(김재훈, 2020)으로 지식, 기술, 태도/개인 자질 3개 영역과 35개 세부 문항으로 제시하였다.

〈표 12-2〉 미술치료사 역량 중요도에 대한 이해

영역	내용
지식	상담 및 심리치료 이론에 대한 지식: 상담기술에 대한 지식, 진단 관련 용어에 대한 지식, 이상심리에 대한 지식, 발달심리에 대한 지식, 심리검사에 대한 지식, 집단상담에 대한 지식
	미술치료 연구에 대한 지식: 미술치료 효과에 대한 지식, 미술치료 프로그램 개발 이론에 대한 지식, 미술치료 관련 전문적 글쓰기에 대한 지식
	미술매체 및 기법에 대한 지식: 미술매체의 치료적 활용 및 속성에 대한 지식, 미술매체의 위험성에 대한 지식
	미술치료 정책 및 근무 기관에 대한 지식: 소속된 기관에 대한 지식, 미술치료 관련 정책에 대한 지식, 관련 분야에 대한 지식
	미술치료 평가에 대한 지식: 객관적 검사 지식, 투사검사에 대한 지식, 사전-사후 검사 비교에 대한 지식
기술	미술치료 수행: 상담기술과 이론 활용 능력, 구조화, 적절한 질문 사용 능력, 사례개념화 능력, 다문화 미술치료 능력, 미술매체 사용 및 제공 능력, 미술치료사 창의성, 회기 보고서 작성 능력, 집단 미술치료 능력
	다양한 교육 업무: 보호자 교육 및 상담 수행 능력
태도/ 개인자질	미술치료사로서 윤리 준수: 미술매체 위험성 고려하는 태도, 내담자와 관계에서 발생하는 딜레마 상황을 고려하는 태도, 내담자의 미술작품을 예민하게 다루는 태도
	미술치료사로서 자기이해: 소진을 예방 및 대처하는 태도, 역전이 문제를 다루는 태도
	미술치료사로서의 인성: 개방적인 태도, 다문화에 대한 태도
	미술치료사로서 자기개발: 전문성을 향상시키는 태도

임상실습을 마친 후 실습생들은 내담자의 변화에 대한 인식 능력, 효과적인 개입을 제시하는 능력, 전이와 역전이를 이해하는 능력, 사례를 기록하고 개념화하여 발표하는 능력, 목표 달성을 위한 구체적인 전략 사용 능력에서 수업 전후 변화를 보였다고 보고하였다. 중요하게 생각한 역량으로, 내담자와의 관계에서 발생하는 윤리적 딜레마를 고려하는 태도, 역전이 문제를 다루는 태도, 소진 예방 및 대처 능력, 미술매체의 위험성을 고려하는 태도를 선택하였다. 또한 어렵게 생각하는 역량으로 보호자 교육 및 상담수행 능력, 내담자 관계에서 발생하는 윤리적 딜레마 상황을 고려하는 태도, 내담자의 미술작품을 예민하게 다루는 태도, 상담기술 및 이론 활용 능력을 선택하였다(김지은, 2021).

〈표 12-3〉은 임상실습에서 기관 슈퍼바이저가 작성하는 실습생 역량 평가항목(미국 LIU대학 참고)이다. 개인적 특성, 전문적 특성, 임상기술, 실습 경험으로 분류하여 중간/기말 평가를 실시한다.

〈표 12-3〉 실습생 역량 평가 항목

평가 영역	평가 항목
개인적 특성	실습생은 필요한 열정과 에너지를 보여 주었는가?
	실습생은 책임을 받아들일 수 있는가?
	실습생은 시간을 잘 지키고 신뢰감을 주었는가?
	실습생은 성숙함을 보여 주었는가?
	실습생은 수완이 풍부하고(resourceful) 주도적이었는가?
	실습생은 동료, 내담자, 슈퍼바이저와의 관계에서 적절한 태도를 보였는가?
	실습생은 자기통제력이 있는가?
	실습생은 건강한 생활습관을 가지고 있으며 단정한 복장을 하였는가?
	실습생은 글쓰기와 말하기에서 적절한 언어적 표현 기술을 가지고 있는가?
	실습생은 헌신적인가?
	실습생은 본인의 스트레스 처리 능력이 있는가?
전문적 특성	실습생은 팀원으로서 역할을 잘 하는가?
	실습생은 감독 책임을 효과적으로 활용할 수 있는가?
	실습은 작업환경을 정리 정돈하여 청결하게 유지하는가?
	실습생은 치료 환경, 미술매체, 도구를 안전하게 보관하고 위험 요소가 없도록 관리하는가?
	실습생은 이용 가능한 미술매체와 도구를 활용할 수 있는가?
임상기술	실습생은 언어-비언어적 의사소통을 연결할 수 있는가?(시작)
	실습생은 관찰하거나 처리한 내용을 명확하게 표현할 수 있는가?
	실습생은 미술치료 평가 기술을 사용할 수 있는가?
	실습생은 미술과 심리 역동 간의 관계를 이해하고 있는가?(시작)
	실습생은 내담자들과 관계를 형성하는 능력을 보여 주었는가?
	실습생은 적절한 경계를 설정하고 유지하며, 치료관계에서 일관성을 유지할 수 있는가?
실습 경험	실습생은 실습 기간 동안 치료 관찰, 슈퍼바이저와 함께 또는 독립적으로 집단 미술치료의 주치료, 개인치료를 진행하는 기회를 가졌는가?
	실습생의 강점과 발전시켜야 할 부분은 무엇인가?

3) 역량 점검 후

실습 후 임상확인서를 받아 제출한 후 이전 실습에 대해 잊는 경우가 많다. 실습에 대한 평가 결과와 피드백을 받고, 그 내용을 스스로 평가한 나의 역량과 비교해 보고 나의 강점과 약점을 구체적으로 아는 것이 중요하다. 해결되지 않은 채로 남겨 둔다면 다음 임상 사례를 만나서 비슷한 문제를 만나 같은 어려움을 겪고, 무력감을 느낄 수 있다.

실습생은 평가서를 받은 후에 슈퍼바이저와 면담을 통해 전체 사례를 돌아보는 것을 제안한다.

학습과제 12-6

- 내가 중요하게 생각하는 역량이 있는가?
- 내가 어렵게 느끼는 역량이 있는가?
- 내가 어떤 측면에서 충분히 기능하지 못하고 있다고 생각하는가?
- 나는 어떤 방식으로 채우려고 노력하는가?

• 나의 성장을 방해하는 것이 있는가? 그 이유는 무엇인가?

새로운 시작은 모두에게 혼란스러운 경험이다. 미술치료 임상을 시작하며 훈련 초기에 실습생이 느끼는 혼란, 고통, 불안, 흥분, 두려움은 내담자가 처음 치료에서 느끼는 느낌과 비슷하다. 치료사는 내담자의 경험을 연결해 주는 역할을 하기 때문에 그 둘의 감정이 어떻게 비슷한지 경험으로 알아내는 것은 치료사에게 훌륭한 자원이 될 수 있다. 미술치료 훈련 초기 단계 혼란은 내담자의 내적 세계에 대한 경험을 비춰주는 소중한 창과 같다(Moon & Nolan, 2022, p. 130).

치료사의 자발적인 개인/집단 미술치료 경험은 도움이 된다. 개인 미술치료에서 창조적인 자기탐색 표현의 심층적 과정 경험과 집단 미술치료에서 자신이 창조한 작품에 대해 집단 미술치료의 다른 구성원들의 피드백을 주고받으며, 집단 리더를 관찰하는 것, 협동적 미술활동 자체가 가지고 있는 치유의 힘을 경험하는 것은 도움이 된다.

3. 미술치료사의 개인적 이슈

슈퍼비전 첫 날, 실습생들에게 '행복한가?'를 묻는다. 슈퍼비전 둘째 날, 다시 '그래서 (실습생들은) 어떤가?'라는 질문으로 시작한다. 셋째 날, 넷째 날도 같은 질문을 한다. '치료의 안전'을 위해서 라는 이유도 있지만, 필자가 필자의 슈퍼바이저(Dr. Christine Kerr)에게 배운 대로, '슈퍼바이저에게는 슈퍼바이지가 가장 중요'하기 때문이다.

Moon과 Nolan(2022)은 위기에 처한 미술치료사의 특성을 자신의 직업 정체성에 대한 혼란, 다른 미술치료사 및 동료와의 단절감, 정서적 어려움 및 불안정성, 약물중독, 불만족스러운 인간관계, 사회적 고립, 업무와 관련된 소진 및 열의 부족으로 소개한다(p. 185). 치료사는 어떻게 건강한 치료사로 회복할 것인가?

1) 치료사의 건강

미술치료사는 내담자에게 변화를 위해 자신을 도구로 내주는 존재이기에 미술치료 성공에 있어 미술치료사의 역할은 매우 중요하다. 특히 내담자와의 효과적인 상호작용을 위해 치료사의 신체적 · 정신적 건강은 필수적이며 성실성의 척도가 된다. 스트레스 관리와 소진 예방은 전문성을 유지하는 데 중요한 요소다. 규칙적인 운동, 균형 잡힌 식사, 충분한 수면, 정기적인 건강검진을 통해 건강을 유지해야 한다. 특히 실습을 처음 시작할 때 새로운 업무로 스트레스가 클 수 있어 직무와 개인 시간을 구분하여 조절하고, 휴식 시간을 충분히 확보하는 것이 중요하다. 또한 치료의 안전을 지키기 위한 대처 교육을 받고, 감염병 예방을 위해 백신 접종, 필요 시 마스크와 같은 보호장비 착용 등 응급조치를 수행해야 한다. 실습생으로서도 건강을 유지하는 것은 자신뿐만 아니라 내담자를 위한 중요한 책임이므로, 효과적이고 지속 가능한 방법을 찾아 건강을 관리하고 치료에 집중할 수 있도록 해야 한다.

(1) 자기관리(self-management)

자기통제(self-control) 또는 자기조절(self-regulation)과 유사한 개념으로 개인이 목표를 달성하기 위해 정신적 · 신체적 측면뿐 아니라 생활 전반에서 스스로 절제해 나가는 과정이다(한용식 외, 2014; Jones et al., 1977). 자기관리는 내적 과정을 조절하고 통제하는 것이기 때문에 그와 관련된 생각, 환상, 상상, 동기, 계획 등과 같은 인지적 요인과 정서와도 밀접한 관련이 있다.

〈표 12-4〉 자기관리와 자기돌봄

요소	자기관리	자기돌봄
목표	목표 달성, 효율성 향상, 생산성 증대	스트레스 관리, 전반적인 건강과 웰빙
접근 방식	체계적이고 계획적인 방법 사용	자발적이고 의도적인 건강 유지 및 증진 활동
주요 활동	시간 관리, 목표 설정, 진행 상황 모니터링, 문제해결	자기인식, 자기조절, 균형 신체적 · 정서적 · 정신적 · 사회적 건강 유지 활동
예시	일일 스케줄 작성 주간 목표 설정 프로젝트 관리 도구 사용	요가, 명상, 독서, 친구와의 대화, 취미활동

(2) 자기돌봄(self-care)

자기돌봄은 안녕감을 유지하고 증진하기 위해 의도적으로 수행하는 모든 행동을 의미한다. 이는 신체적 · 정서적 · 사회적 건강을 증진하고, 질병, 상처, 트라우마를 예방하고 관리하며 회복하는 과정을 포함한다. 자기돌봄은 치료사의 권리이며, 의식적으로 직면해야 하는 개인적 도전이자 전문적 의무이다. 특히, 타인에 대한 보살핌과 자기 보살핌 사이에 균형을 유지하는 것이 중요하며, 이를 통해 치료사는 지속적으로 치료사로서 역량과 효과를 유지할 수 있다(홍혜정, 2015).

- 정신적 건강 유지, 전문적 역량 강화, 치료 효과 증진, 소진 예방
- 예시: 정기적인 슈퍼비전 및 상담, 예술활동, 신체활동, 명상과 마음챙김, 취미생활, 사회적 관계 유지, 적절한 휴식

실습생의 자기 돌봄
• 실습 시간과 개인 시간을 구분한다.
• 슈퍼비전과 훈련 과정에 적극적으로 참여하며 슈퍼바이저의 지시를 성실히 이행한다.
• 슈퍼비전에 적절히 반응하고 이를 효과적으로 활용하는 능력을 갖춘다.
• 적절한 시점에서 도움을 요청하고, 자신의 성장 욕구를 적극적으로 표현한다.
• 치료와 슈퍼비전을 명확히 구분하며, 학습한 내용을 개념화하고 이를 치료 과정에서 통합하는 능력을 갖춘다.
• 내담자에 대한 자신의 정서적 반응을 인식하고, 이를 치료에서 자신의 반응을 활용하는 능력을 갖춘다.
• 내담자, 동료, 슈퍼바이저와의 관계를 잘 맺고 유지하며, 윤리체계와 기준을 지키는 동시에 유연성을 키운다.

(3) 반응 작품

슈퍼비전 중 반응적 미술작업은 미술치료 슈퍼바이지가 주제/사례와 관련된 이미지, 생각, 정서 등의 개인적 반응을 미술작품으로 표현하는 것이다. Fish(2008)는 반응작업이 임상적업을 탐색하여 언어뿐 아니라 비언어적으로 이미지를 사용하여 표현하는 능동적인 경청의 한 형태라고 하였다. 미술치료의 본질인 미술창작 과정을 이해한다.

• 사회적 참사 직후 학생들의 애도작품

2022년 할로윈데이에 발생한 이태원 참사 직후 집단 슈퍼비전 수업에서 실습을 진행하고 있던 학생들이 고인들을 애도하는 미술작품이다. 치료사들의 트라우마를 예방하고, 심리적 회복을 촉진하기 위해 감정을 자유롭게 표현하도록 하였다.

[그림 12-2] 집단 슈퍼비전 중 실습생의 이태원참사에 대한 반응 작품(2022년 11월)

• 치료사의 자기돌봄과 작은 위로를 표현한 학생 작품

[그림 12-3] 실습 중 학생의 자기돌봄에 대한 반응 작품

"변화하는 풍경, 느껴지는 향기로 계절의 변화를 인식하듯 치료사 본인의 마음속 변화를 잘 알아차리는 것이 무엇보다 중요하게 느껴집니다."

-실습을 마친 학부실습생의 글과 반응 작품(2024년 8월)-

• 사별과 관련된 필자의 작품

필자의 박사학위 논문 사례 작품의 일부와 해당 사례, 필자 자신의 부모 사별에 대한 반응 작품이다. 참여자들은 6회기 동안 매주 점토를 사용해서 주제 작품을 만들고, 마지막 회기에 두 개의 액자 안에 재구성하였다. 이후 각 참여자와 필자의 반응 작품으로 마무리하였다(김지은, 2020).

[그림 12-4] 미술치료 연구에서 치료사의 반응 작품

2) 가치관

사람들은 자신의 문화를 가지고 살아가는데 그 가치관에 따라 판단과 선택, 행동양식이 달라지며 삶의 방향이 달라질 수 있다(정호범, 2013). 미술치료사는 자신의 정체성을 인식해야 한다. 미술치료에 임할 때 무엇이 최선의 선택인지 대답할 수 있도록 명확한 가치 기준을 가지고 있어야 한다. 미술치료사의 윤리와 윤리강령 준수는 유능한 미술치료사가 지녀야 할 인간적 특성과 관련되며, 치료 과정에 겪는 윤리적 갈등을 피하지 않고 스스로 알아차릴 수 있는 자기평가이다. 먼저 나의 문화를 찾고, 나와 다른 것에 대해 어떻게 느끼는지 질문해야 한다.

실습을 하는 동안은 실습생은 치료사로서 좋은 질문을 찾고, 질문을 만난다면 슈퍼비전에서 답을 구하는 것이 우선되어야 한다.

치료사의 가치 및 윤리적 쟁점 점검 목록

죽음, 자살, 안락사, 외국인과 결혼, 정직하지 못함/거짓말, 물질 오남용, 종교적 신념, 배우자 폭력(학대), 양육권 소유, 입양, 아동학대/방임, 자녀 훈육, 성형수술, 낙태, 성 정체성, 불임/무자녀, 일상적이지 않은 성행위, 혼전 성관계, 혼외 성관계, 혼전임신 등

출처: 김현아 외(2018), p. 96.

- 치료사의 가치
- 대체 방어기제
- 치료사의 자기개방
- 개인 요소 및 다문화적 요소

질문 다루기

- 치료사와 내담자 간의 관계(경계)
- 치료 과정에서의 경계
- 치료 종결 후의 경계
- 인터넷상의 경계

- **자기개방**: 개방성은 치료사가 내담자의 경험을 이해하기 위해 자기 가치, 즉 자신의 틀을 이동하는 노력을 의미한다. 다문화적 관점, 다양성과 연결, 시대의 가치, 변화하는 인식을 반영한 다른 문화에 대한 개방적 태도, 내담자의 문제에 대한 지식 습득의 자세가 중요하다. 실습생들은 치료사의 자기개방과 관련하여 다음 질문을 고민하며 미술치료사로서 직업적 경계 안에서 내담자들에게 안전하게 개방하는 연습을 한다.

치료사의 자기개방과 관련하여 생각해 보아야 할 질문

1. 나는 이러한 자기개방을 통해 무엇을 성취하고자 하는가?
2. 내가 성취하고자 하는 목적을 다른 방식으로 달성할 수 있는 방법이 있는가?
3. 나 자신을 공개하지 않으면 어떤 위험에 처하게 될까?
4. 나는 어디까지 나의 욕구를 충족시키고자 하는가?
5. 지금이 적절한 시기인가?

6. 가장 간결하게 말한다면 뭐라고 해야 할까?
7. 내가 자신에 대해 드러난 것을 내담자는 개인적으로 어떻게 받아들일까?
8. 상담 초점을 어떻게 다시 내담자에게로 돌릴 것인가?

출처: Sperry & Sperry (2022), p. 124.

다음 〈표 12-5〉는 미술치료사의 세 가지 자기개방 단계를 소개한다.

〈표 12-5〉 자기개방

불투명한	반투명한	투명한
미술치료사는 삶의 모든 부분을 내담자에게 공개하지 않는다.	미술치료사는 개인적인 정보를 나누는 것에 신중하여 주의를 기울인다. '함께 나누는 나의 이야기가 내담자에게 도움이 되는가'하는 질문을 던진다.	미술치료관계는 상호 간의 자기 공개를 통해 이루어진다.

출처: Moon & Nolan (2022), p. 207.

3) 개인적 이슈 다루기

"제가 치료사가 될 수 있을까요?"

자기소개에서 과거 힘든 시간을 보냈을 때 한 '천사 같은' 미술치료사를 만났고, 자신도 그 치료사처럼 힘든 사람들을 돕고 싶어 치료사가 되고 싶다던 실습생이 질문한다. 자신이 경험한 어려움을 통해 다른 사람들을 도울 수 있다고 생각하였지만 현실은 달랐다.

치료사가 되는 과정에서 이론과 실습을 통해 치료적 역량을 높이고, 꾸준한 개인 상담과 분석, 슈퍼비전을 통해 치료사와 내담자, 치료를 안전하게 하고자 노력한다. 하지만 이러한 노력에도 불구하고 도움을 줄 수 없거나 치료사의 도움만으로 충분하지 않은 내담자들이 있다는 사실을 기억하고, 그 한계를 받아들여야 한다.

'무엇이 나를 괴롭히는가?' '나의 실망과 좌절은 무엇에서 기인한 것인가?' '이는 해결할 수 있는 문제인가?' 부단히 노력해서 알아내고 줄이기 위해 노력해야 한다.

학습과제 12-7 스트레스의 근원을 알아보자.

• 내담자가 유발하는 스트레스는 무엇인가?

예: 내담자의 감정 표현(화, 우울, 불안, 무력감 등), 치료사가 감당하기 어려운 심각한 문제 표현(근친상간, 박탈감, 상실감, 가정 문제 등), 죽음 관련 위협, 치료사를 공격할 때, 조기 종결, 내담자의 증상이 악화될 때, 내담자와의 경계 등

• 근무 환경이 주는 스트레스는 무엇인가?

예: 시간적 압박, 규칙과 규제, 해결하기 어려운 사례, 비우호적인 동료, 서류, 돈이나 재원의 부족, 경영상 무능, 치료적 무능, 슈퍼바이저 부재 등

• 개인 사건과 관련된 스트레스는 무엇인가?

예: 법적인 문제, 인생의 중요한 변화, 신체적/의학적 문제, 가정 내 문제, 경제적 손실/어려움, 직장에서 지위의 문제 등

• 내가 스스로 만든 스트레스는 무엇인가?

예: 완벽주의, 실패에 대한 두려움, 자신에 대한 회의감, 인정 욕구, 정서적 고갈, 건강하지 못한 생활양식 등

출처: Kottler (2006).

참고문헌

제1장

김정애, 송은경, 이지영, 문주(2023). 한국 미술치료사의 직업정체성 인식 연구, 미술치료연구, 30(6), 1517-1540.

김지은(2023). 점토와 신체 움직임을 활용한 미술치료사의 예술기반 내러티브 탐구. 신체심리연구, 8(2), 33-55.

김지은(2020). 발달재활서비스 교과목 운영을 위한 국내 미술치료학 학사학위 교과과정 운영현황. 재활심리연구, 27(2), 1-18.

김현경, 김지은(2020). 중년여성의 만다라 미술치료를 통한 개성화 과정 탐색: MARI 진단도구를 적용하여. 한국예술치료학회지, 20(2), 21-41.

박성혜, 곽진영, 전성희(2024). 발달장애 아동을 위한 미술치료 가이드북(2판). 박영사.

보건복지부(2024). 발달재활서비스 미술심리재활 최종교육과정. 한국장애인개발원.

보건복지부(2023). 장애아동 가족지원사업 안내. 보건복지부.

이근매(2008). 미술치료 이론과 실제. 양서원.

이영옥(2022). 미술치료 사례개념화. 교육과학사.

이현주(2022). 미술치료 임상실습과 수퍼비전. 더테라스.

정하욱, 김갑숙(2019). 미술치료사의 매체 사용현황 및 인식에 관한 연구. 미술치료연구, 26(2), 407-425.

정현종(2015). 섬. 문학판.

정현희, 이은지(2017). 실제적용중심의 노인미술치료(2판). 학지사

주리애(2021). 미술치료학(2판). 학지사.

최선남, 최은영, 공마리아, 전영숙, 정여주, 조용태, 원희랑(2018). 미술치료사 양성을 위한 직무분석 연구: 포커스 그룹 인터뷰를 중심으로. 미술치료연구, 25(5), 691-710.

한국장애인개발원(2024). 발달재활서비스 미술심리재활 최종교육과정.

Art Therapy Credential Board (2024). https://atcb.org

Corey, G., Corey, M. S., & Callanan, P. (1998). *Issues and ethics in the helping professions* (5th ed.). Brooks/Cole.

Elkins, D. E., & Deaver, S. (2018, December 12). *Preliminary findings from 2016 AATA membership survey*. American Art Therapy Association. https://arttherapy.org/news-preliminary-findings-2016-aata-membership-survey/

Falender, C. A., & Shafranske. E. P. (2015). 임상 슈퍼비전: 단계별 효과적인 슈퍼비전이란 무엇인가 [*Clinical supervision: A competency-based approach*]. (유미숙, 전성희, 정윤경 공역). 학지사. (원저는 2004년에 출판).

Lowenfeld, V. (1957). *Creative and mental growth* (3rd ed). Macmillan.

MARI Creative Resources (2024). MARI mannual. www.MariCreativeResources.com

Rubin, J. A. (2005). *Child art therapy*. John Wiley & Sons. Inc.

Rubin, J. A. (2006). 미술치료학개론 [*Art therapy: An introduction*]. (김진숙 역). 학지사. (원저는 1998년에 출판).

Wadeson, H. (2012). 임상미술치료학 [*Art psychotherapy* (2nd ed.)]. (장연집, 최호정, 김태은, 김안젤라, 오선미, 윤혜원, 문리학 공역). 시그마프레스. (원저는 2010년에 출판).

Wadeson, H. (2008). 미술심리치료학 [*The dynamics of art psychotherapy*]. (장연집 역). 시그마프레스. (원저는 1994년에 출판).

Yalom, I. D. (2005). 치료의 선물: 새로운 세대의 상담자와 내담자들에게 보내는 공개 서한 [*The gift of therapy: An open letter to a new generation of therapists and their patients*]. (최웅용, 천성문, 김창대, 최한나 공역). 시그마프레스. (원저는 2001년에 출판).

우리들의 눈. http://artblind.or.kr

제2장

박은선(2010). 미술치료 임상실습 지침서. 하나의학사.

윤철수, 김정진(2010). 예비사회복지사를 위한 현장실습 길라잡이. 학지사.

이현주(2022). 미술치료 임상실습과 수퍼비전. 더테라스.

Art Therapy Credential Board (2021). Code of ethics, conduct, and disciplinary procedure. Art Therapy Credential Board, Inc.

Fish, B. J. (2017). *Art-based supervision: Cultivating therapeutic insight through imagery*. Routledge.

Junge, M. B., & Newall, K. (2021). 미술치료사가 되어 가는 길: 미술치료에 입문한 이들이 이루어 가는 성장과 변화 그리고 활동 [*Becoming an art therapist: Enabling growth, change, and action for emerging students in the field*]. (임하연 역). 학지사. (원저는 2002년에 출판).

제3장

박성혜, 곽진영, 전성희(2022). 발달장애 아동을 위한 미술치료 가이드북. 박영스토리.

박현주(2019). 아동을 위한 접수상담. 학지사.

윤철수, 김정진(2010). 예비사회복지사를 위한 현장실습 길라잡이. 학지사.

이현주(2021). 미술치료 임상실습과 수퍼비전. 더테라스.

오승진, 류정미(2023). 미술심리진단평가: 투사그림 검사의 이해(2판). 어우리.

정현희(2017). 미술치료 연구방법. 학지사.

ATCB (2021). *Code of ethics, conduct, and disciplinary procedure*. Art Therapy Credential Board, Inc.

Awais, Y. J., & Blausey, D. (2021). *Foundation of art therapy supervision: Creating common ground for supervisees and supervisors*. Routledge.

Delano, F. (2001). If I could supervise my supervisor: A model for child and youth care workers to own their own supervision. *Journal of Child and Youth Care, 15*(2), 51-64.

Fish, B. J. (2012). Response art: The art of the art therapist. Art Therapy. *Journal of the American Art Therapy Association, 29*(3), 138-143.

Fish, B. J. (2017). *Art-based supervision: Cultivating therapeutic insight through imagery*. Routledge.

Junge, M. B., & Newall, K. (2021). 미술치료사가 되어 가는 길: 미술치료에 입문한 이들이 이루어 가는 성장과 변화 그리고 활동 [*Becoming an art therapist: Enabling growth, change, and action for emerging students in the field*]. (임하연 역). 학지사. (원저는 2002년에 출판).

Yalom, I. D. (2005). 치료의 선물: 새로운 세대의 상담자와 내담자들에게 보내는 공개 서한 [*The gift of therapy: An open letter to a new generation of therapists and their patients*]. (최웅용, 천성문, 김창대, 최한나 공역). 시그마프레스. (원저는 2001년에 출판).

제4장

금명자(2021). 상담 사례개념화 연습하기. 학지사.

박성혜, 곽진영, 전성희(2022). 발달장애 아동을 위한 미술치료 가이드북. 박영스토리.

서은경, 원수경, 김수정(2021). 상담 첫 회기 축어록을 활용한 사례개념화 및 목표 · 전략 워크북. 학지사.

이수현, 최인화(2020). 셀프 수퍼비전을 통한 상담기술 훈련: 초보상담자를 대상으로. 학지사.

이영옥(2022). 미술치료 사례개념화. 교육과학사.

이현주(2022). 미술치료 임상실습과 수퍼비전. 더테라스.

정현희(2017). 미술치료 연구방법. 학지사.

천성문, 박은아, 안세지, 박정미, 남기범(2019). 초심상담자를 위한 상담사례 이해와 슈퍼비전. 학지사.

ATCB (2021). *Code of ethics, conduct, and disciplinary procedure*. Art Therapy Credential Board, Inc.

Eells, T. D. (2010). The unfolding case formulation: The interplay of description and inference. *Pragmatic Case Studies in Psychotherapy, 6*(4), 225-254.

Sperry, L. (2005). Case conceptulation: A strategy for incorporating individual, couple, and family dynamics in the treatment process. *American Journal of Family Therapy, 33*, 353-364.

Sperry, L. (2010). *Core competences on counseling and psychotherapy: Becoming a highly competence and effective therapist*. Boutledge.

Sperry. L., & Sperry, J. (2022). 상담실무자를 위한 사례개념화: 이해와 실제 [*Case conceptualization: Mastering this competency with ease and confidence* (2nd ed.)]. (이명우 역). 학지사. (원저는 2020년에 출판).

제5장

신민섭, 김수경, 김용희, 김주현, 김향숙, 김진영, 류명은, 박혜근, 서승연, 이순희, 이혜란, 전선영, 한수정(2023). 그림을 통한 아동의 진단과 이해: HTP와 KFD를 중심으로(3판). 학지사.

오승진, 류정미(2023). 미술심리진단평가: 투사그림 검사의 이해(2판). 어우리.

이윤주(2013). 문장완성검사에 나타난 대학생의 자아분화와 부모화. 상담학연구, 14(6), 3391-3407.

이윤희(2020). 자유 학년제 집단미술치료의 참여 효과 : 청소년의 정서 지능과 또래 관계에 대한 혼합 방법 연구. 차의과학대학교 박사학위논문.

정현희(2017). 미술치료 연구방법. 학지사.

주리애(2015). 미술심리진단 및 평가. 학지사.

주리애(2021). 미술치료학(2판). 학지사.

AATA (2018). *Ethical principles for art therapists*. American Art Therapy Association.

Cruz, R. F., & Feder, B. (2015). 예술치료에서의 평가와 연구 [*Feders' the art and science of evaluation in the arts therapies : How do you know what's working* (2nd ed.)]. (한국심리치료학회 역). 학지사. (원저는 2013년에 출판).

McNiff, S. (1991). Ethics and the autonomy of images. *The Arts in Psychotherapy, 18*(4), 277-283.

Moon, B. L. (2003). *Essentials of art therapy education and practice* (2nd ed.). Charles C Thomas.

Nucho, A. O. (2022). 사이코사이버네틱 미술치료: 미술을 만난 심리치료 [*Psychocybernetic model of art therapy* (2nd ed.)]. (김선희 역). 학지사. (원저는 2003년 출판).

제6장

송서연, 김지은(2023). 소아암 환아의 정서적 안정을 위한 부모상담 병행 비대면 미술치료 사례연구, 미술치료연구, 30(2), 363-386.

옥금자(2015). 아동청소년의 부적응 예방을 위한 미술치료 프로그램 매뉴얼. 시그마프레스.

이수인, 김지은(2022). 특수학급 청소년의 자기탐색 및 또래관계기술 향상을 위한 집단미술치료 사례연구, 학습자중심교과교육연구, 22(1), 193-212.

정하욱, 김갑숙(2019). 미술치료사의 매체 사용현황 및 인식에 관한 연구. 미술치료연구, 26(2), 407-425.

정현희(2018). 실제 적용 중심의 미술치료(2판). 학지사.

주리애(2021). 미술치료학(2판). 학지사.

Falender, C. A., & Shafranske. E. P. (2015). 임상 슈퍼비전: 단계별 효과적인 슈퍼비전이란 무엇인가 [*Clinical supervision: A competency-based approach*]. (유미숙, 전성희, 정윤경 공역). 학지사. (원저는 2004년에 출판).

Hogan, S., & Coulter, A. M. (2019). 임상 적용을 위한 미술치료의 이해 [*Introductory guide to art therapy: Experiential teaching and learning for students and practitioners*]. (하은혜, 곽진영, 김효식 공역). 학지사. (원저는 2014년에 출판).

Landgarten, H. B. (1987). *Family art therapy: A clinical guide and casebook*. Brunner/Mazzel Publisher.

Lusebrink, V. B. (1990). *Imagery and visual expression in therapy*. Plenum Press.

Wadeson, H. (2012). 임상미술치료학 [*Art psychotherapy* (2nd ed.)]. (장연집, 최호정, 김태은, 김

안젤라, 오선미, 윤혜원, 문리학 공역). 시그마프레스. (원저는 2010년에 출판).

제7장

박은선(2010). **미술치료 임상실습 지침서**. 하나의학사.

유혜신, 김미성(2015). **청소년 학습 상담에 활용하는 미술심리상담: 상담자, 심리치료사, 교사를 위한 활용서**. 시그마프레스.

이수현, 최인화(2020). **셀프 수퍼비전을 통한 상담기술 훈련: 초보상담자를 대상으로**. 학지사.

정현희(2018). **실제 적용 중심의 미술치료(2판)**. 학지사.

주리애(2021). **미술치료학(2판)**. 학지사.

ATCB (2021). *Code of ethics, conduct, and disciplinary procedure*. Art Therapy Credential Board, Inc.

Awais, Y. J., & Blausey, D. (2021). *Foundation of art therapy supervision: Creating common ground for supervisees and supervisors*. Routledge.

Cane, F. (1951). *Art therapist in each of us*. Thames and Hudson.

Kramer, E. (1986). The art therapist's third hand: Reflections on art, art therapy, and society at large. *The American Journal of Art Therapy, 24*(3), 71-86.

Kwiakowska, H. W. (1978). *Family therapy and evaluation through art*. Charles C. Thomas.

Nucho, A. O. (2022). **사이코사이버네틱 미술치료: 미술을 만난 심리치료** [*Psychocybernetic model of art therapy* (2nd ed.)]. (김선희 역). 학지사. (원저는 2003년 출판).

Wadeson, H. (2008). **미술심리치료학** [*The dynamics of art psychotherapy*]. (장연집 역). 시그마프레스. (원저는 1994년에 출판)

제8장

김민조, 김지은, 박종현, 이연우, 조윤희(2024). 코로나19 팬데믹 시기 가족 사별을 경험한 대학생의 VR기반 애도 미술치료 사례연구. **학습자중심교과교육연구, 24**(3), 755-772.

박은선(2010). **미술치료 임상실습 지침서**. 하나의학사.

정현희(2017). **미술치료 연구방법**. 학지사.

한국미술치료학회(2024). 공개사례. http://www.korean-arttherapy.or.kr/index/s5/s5_5.php(검색일: 2024. 12. 01.)

ATCB (2021). *Code of ethics, conduct, and disciplinary procedure*. Art Therapy Credential Board, Inc.

Cruz, R. F., & Feder, B. (2015). **예술치료에서의 평가와 연구** [*Feders' the art and science of evaluation in the arts therapies : How do you know what's working* (2nd ed.)]. (한국심리치료학회 역). 학지사. (원저는 2013년에 출판).

제9장

김선희(2014). 미술치료 수퍼비전의 중요성과 임상 현장 수퍼비전에 대한 고찰. **한국심리치료학회지**, 6(1), 17-26.

김채연, 최외선(2013). 미술치료사의 자의식과 자기효능감에 관한 연구. **예술심리치료연구**, 9(3), 67-90.

박은선(2010). **미술치료 임상실습 지침서**. 하나의학사.

박은선, 홍윤선(2013). 전반적인 미술치료 수퍼비전과 미술을 기반으로 한 수퍼비전 현황, 인식 및 만족도 연구. **예술심리치료연구**, 9(2), 91-115.

유영권, 김계현, 김미경, 문영주, 손은정, 손진희, 심홍섭, 연문희, 천성문, 최의현, 최한나, 최해림 (2019). **상담 수퍼비전의 이론과 실제(2판)**. 학지사.

이수현, 최인화(2020). **셀프 수퍼비전을 통한 상담기술 훈련: 초보상담자를 대상으로**. 학지사.

주리애(2021). **미술치료학(2판)**. 학지사.

한국미술치료학회 (2022. 01. 11.). 윤리강령 http://www.korean-arttherapy.or.kr/index/s4/s4_6.php(검색일: 2024. 12. 01.)

ATCB (2021). *Code of ethics, conduct, and disciplinary procedure*. Art Therapy Credential Board, Inc.

Awais, Y. J., & Blausey, D. (2021). *Foundation of art therapy supervision: Creating common ground for supervisees and supervisors*. Routledge.

Bandura, A. (1986). *Social foundations of thought and action: A social cognitive theory*. Prentice Hall, Inc. 335-453.

Bernard, J. M., & Goodyear, R. K. (2004). *Fundamentals of clinical supervision* (3rd ed.), Allyn & Bacon.

Borders, L. D., & Leddick, G. R. (1987). *Handbook of counseling supervision*. American Association for Counselinf and Development.

Bradley, L. J., & Kottler, J. A. (2001). Overview of counselor supervision. In L. J. Bradley & N. Ladany (Eds.), *Counselor supervision: Principles, process, and practice* (3rd ed., pp.

3-27). Brunner-Routledge.

Bradley, L. J., & Ladany, N. (2000). *Counselor supervision* (3rd ed.). Routledge.

Carroll, M. (1999). Training in the tasks of supervision. In E. Holloway & M. Carroll (Eds.), *Training counselling supervisors: Strategies, methods and techniques* (pp.44-66). Sage.

Chemiss, C., & Egnatios, E. (1977). Styles of clinical supervision in community mental health programs. *Journal of Counseling and Clinical Psychology, 45*(6), 1195-1196.

Dudding, C. C. (2006). Technology: Distance supervision: Anupdate. *Perspectives on Administration and Supervision, 16*(1),16-18.

Falender, C. A., & Shafranske. E. P. (2015). 임상 슈퍼비전: 단계별 효과적인 슈퍼비전이란 무엇인가 [*Clinical supervision: A competency-based approach*]. (유미숙, 전성희, 정윤경 공역). 학지사. (원저는 2004년에 출판).

Fish, B. J. (2017). *Art-based supervision: Cultivating therapeutic insight through imagery*. Routledge.

Gilroy, A., Tipple, R., & Brown, C. (Eds.). (2012). *Assessment in Art Therapy*. Routledge.

Hawkins, P., & Shohet, R. (2012). *Supervision in the Helping Professions*. McGraw-Hill Education.

Kassan, L. D. (2010). *Peer supervision groups: How they work and why you need one*. Jason Aronson.

Malchiodi, C. A. (Ed.). (2003). *Handbook of art therapy*. Guilford Press.

Malchiodi, C. A., & Riley, S. (1996). *Supervision and related issues: A handbook for professionals*. Magnolia Street Publisher.

McNiff, S. (1986). Freedom of research and artistic inquiry. *The Arts in Psychotherapy, 13*(4), 279-284.

McNiff, S. (1989). *Depth psychology of art*. Charles C Thomas.

Miller, T. W., Burton, D. C., Hill, K., Luftman, G., Veltkemp, L. J., & Swope, M. (2005). Telepsychiatry: Critical dimensions for forensic services. *Journal of the American Academy of Psychiatryand the Law, 33*(4), 539-546.

Moon, C. H. (2002). *Studio art therapy: Cultivating the artist identity in art therapy*. Jessica Kingsley.

Moon, B. L. (2006). *Essentials of art therapy education and practice*. Charles C Thomas.

Moon, B. L. (2010). *Art-based group therapy: Theory and practice*. Charles C Thomas.

Moon, B. L. (2011), *Materials & media in art therapy*. Routledge.

Moon, B. L., & Nolan, E. G. (2022). 미술치료윤리 이론과 실제(원서 4판) [Ethical issues in art therapy (4th ed.)]. (임나영, 오종은, 이윤희, 홍윤선, 권민경 공역). 학지사. (원저는 2019년에 출판).

Morrissette, P. J. (2012). 셀프 수퍼비전: 초보 상담자가 전문 상담자의 길로 가는 방법 [*Self-supervision: A primer for counselors and human service professionals*]. (이명우, 장석진, 조민아, 김경집, 최창조, 양승민 공역). 학지사. (원저는 2002년에 출판).

Patterson, J., Williams, L., Grauf-Grounds, C., & Chamow, L. (1998). *Essential skills in family therapy: From the first interview to termination* (3rd ed). Guilford Press.

Rønnestad, M. H., & Skovholt, T. M. (2003). The Journey of the counselor and therapist: Research findings and perspectives on professional development. *Journal of Career Development, 30*(1), 5-44.

Singer, J. B. (2008, February 10). *Phone supervision(Part II): Interview with Simon Feuerman and M. Groman* [Episode 32]. Social Work Podcast. http://socialworkpodcast.com/2008/02/phone-supervision-part-ii-interview.html

제10장

김지은, 곽민정(2021). 코로나19(COVID-19) 시대 미술치료사의 인식 현황, 대처역량 및 윤리의식 연구, **미술치료연구**, 28(3), 635-658.

김현아, 공윤정, 김봉환, 김옥진, 김요완, 노성숙, 박성현, 방기연, 임정선, 정성진, 정혜정, 황임란(2018). **상담철학과 윤리(2판)**. 학지사.

박은선(2010). **미술치료 임상실습 지침서**. 하나의학사.

최해림, 이수용, 금명자, 유영권, 안현의(2010). **전문적 상담 현장의 윤리**. 학지사.

한국미술치료학회(2020). 한국미술치료학회 윤리강령. http://www.korean-arttherapy.or.kr

ATCB (2021). *Code of ethics, conduct, and disciplinary procedure*. Art Therapy Credential Board, Inc.

Corey, G., Corey, M., & Callanan. (2015). *Issues and ethics in the helping professions* (8th ed.). Brooks/Cole.

Fletcher, J. (1966). *Situation ethics*. Westminster Press.

Hinz, L. D. (2011). Embracing excellence: A positive approach to ethical decision making. *Art Therapy: Journal of the American Art Therapy Association, 28*(4), 185-188.

Malchiodi, C. A. (2010). **미술치료사를 위한 아동미술심리 이해** [*Understanding children's drawings*]. (김도연, 이매연, 홍은주 공역). 학지사.

McNiff, S. (1991). Ethics and the autonomy of images. *The Arts in Psychotherapy, 18*(4), 277-283.

Moon, B. L. (2009). *Existential art therapy: The canvas mirror* (3rd ed.). Charles C Thomas.

Moon, B. L. (2012). *The dynamics of art as therapy with adolescents* (2nd ed.). Charles C Thomas.

Moon, B. L. (2015). *Ethical issues in art therapy* (3rd ed.), Charles C Thomas.

Moon, B. L., & Nolan, E. G. (2022). **미술치료윤리 이론과 실제**(원서 4판) [Ethical issues in art therapy (4th ed.)]. (임나영, 오종은, 이윤희, 홍윤선, 권민경 공역). 학지사. (원저는 2019년에 출판).

Pope, K. S., & Vasquez, M. J. T. (2011). *Ethics in psychotherapy and counseling: A practical guide* (4th ed.). Wiley & Sons.

제11장

다문화가족지원법(2020) [시행 2020. 05. 19.] [법률 제17281호, 2020. 05. 19., 일부개정]

박은선(2010). **미술치료 임상실습 지침서**. 하나의학사.

이혜민(2022). 외국인 유학생의 미술치료 경험에 관한 내러티브 탐구: 문화적응스트레스를 중심으로. 순천향대학교 석사학위논문.

좌유선(2023). 다문화 미술치료 현황과 발전방향: 통합적 문헌고찰을 중심으로. 차의과학대학교 박사학위논문.

주리애(2021). **미술치료학**(2판). 학지사.

한국미술치료학회(2020). 윤리강령. 한국미술치료학회.

홍서연(2019). 다문화가정 대상 미술치료 연구동향. 명지대학교 석사학위논문.

AATA (2015). Art therapy multicultural/ diversity competencies. (updated 2011). American Art Therapy Association.

ATCB(2021). *Code of ethics, conduct, and disciplinary procedure*. Art Therapy Credential Board. Inc.

Atkinson, D. R., Thompson, C. E., & Grant, S. K. (1993). A Three-Dimensional Model for Counseling Racial/Ethnic Minorities. *The Counseling Psychologist, 21*(2), 257-277.

Berry, J. W., Kim, U., Minde, T., & Mok, D. (1987). Comparative Studies of Acculturative Stress. *International Migration Review, 21*(3), 491-511.

Bridges, N. A. (2001). Therapist's self-disclosure: Expanding the comfort zone. *Psychotherapy: Theory, Research, Practice, Training, 38*(1), 21-30.

Constantine, M. G., & Ladany, N. (2000). Self-report multicultural counseling competence scales: Their relationship to social desirability attitudes and multicultural case conceptualization ability. *Journal of Counseling Psychology, 47*, 155-164.

Falender, C. A., & Shafranske. E. P. (2015). 임상 슈퍼비전: 단계별 효과적인 슈퍼비전이란 무엇인가 [*Clinical supervision: A competency-based approach*]. (유미숙, 전성희, 정윤경 공역). 학지사. (원저는 2004년에 출판).

Fish, B. J. (2017). *Art-based supervision: Cultivating therapeutic insight through imagery*. Routledge.

Hays, P. A. (2001). *Addressing cultural complexities in practice: A framework for clinicians and counselors*. Washington, American Psychological Association Press.

Hyatt, L. (2020). From compassion fatigue to vitality: Memoir with art response for self-care. *Art Therapy, 37*(1), 46-50.

Jones, D. (1999). Exploring the dynamics of why art therapists must make art. Proceedings of the 1999 Annual AATA Conference: Frameworks: A sense of place. AATA.

Landgarten, H. (1993). *Magazine photo collage: A multicultural assessment and treatment technique*. Brunner/Mazel.

Lazarus, R. S., & Folkman, S. (1984). *Stress Appraisal and Coping*. Springer.

Leong, F. T. L., & Wagner, N. M. (1994). Cross-cultural counseling supervision: What do we know? What do we need to know. *Counselor Education and Supervision, 34,* 117-131.

McNiff, S. (2015). *Imagination in action: Secrets for unleashing creative expression*. Shambhala.

Moon, B. L., & Nolan, E. G. (2022). 미술치료윤리 이론과 실제(원서 4판) [*Ethical issues in art therapy* (4th ed.)]. (임나영, 오종은, 이윤희, 홍윤선, 권민경 공역). 학지사. (원저는 2019년에 출판).

Moon, B. L. (2003). *Essentials of art therapy education and practice* (2nd ed.), Charles C Thomas.

Sue, D. W.(2001). Multidimensional facets of cultural competence. *The Counseling Psychologist, 29,* 790-821.

Sue, D. W., Arredondo, P., & McDavis, R. J. (1992). Multicultural counseling competences and standards: A call to the profession. *Journal of Counseling and Development, 70,* 477-486.

Sue, D. W., & Sue, D. (1999). *Counseling the culturally different* (3rd ed.). John Wiley and Sons.

제12장

강갑원(2012). 상담심리학 이론과 실제. 양서원.

강차연(2008). 미술치료 현장 경험과 미술치료사로서의 발달 수준 관계. 서울여자대학교 사회과학

논총, 15, 189-204.

김선희(2014). 미술치료 수퍼비전의 중요성과 임상현장 수퍼비전에 대한 고찰. 한국심리치료학회지, 6(1), 17-26.

김재훈(2020). 미술치료사의 역량에 관한 중요도: 실행도 분석(IPA). 미술치료연구, 27(6), 1369-1387.

김지은(2021). 미술재활현장실습 교과목 운영 개선을 위한 학부 미술치료학 전공 수강생의 미술치료사 역량인식 변화 및 실습경험 연구. 학습자중심교과교육연구, 21(5), 545-558.

김지은(2020). 모 상실 전후 미술치료사의 점토를 사용한 애도반응 작품연구. 한국과학예술융합학회, 38(2), 93-107.

김현아, 공윤정, 김봉환, 김옥진, 김요완, 노성숙, 박성현, 방기연, 임정선, 정성진, 정혜정, 황임란(2018). 상담철학과 윤리(2판). 학지사.

박은선(2010). 미술치료 임상실습 지침서. 하나의학사.

박현주(2019). 아동을 위한 접수상담. 학지사.

정호범(2013). 가치관 형성에 있어서 동기와 태도. 사회과교육연구, 20(1), 121-135.

주리애(2021). 미술치료학(2판). 학지사.

최명선(2014). 실천가로서 미술치료사의 전문성과 교육적 접근. 예술심리치료연구, 10(4), 169-192.

한용식, 김미예, 김덕진(2014). 고등학교 태권도선수의 코치-선수관계와 탈진의 관계에서 자기관리의 매개효과. 아시아운동학학술지, 16(4), 13-22.

홍혜정(2015). 미술치료사의 미술작업을 통한 자기돌봄 체험연구. 서울여자대학교 박사학위논문.

ATCB (2021). *Code of ethics, conduct, and disciplinary procedure*. Art Therapy Credential Board, Inc.

Awais, Y. J., & Blausey, D. (2021). *Foundation of art therapy supervision: Creating common ground for supervisees and supervisors*. Routledge.

Fish, B. J. (2008). Formative evaluation research of art-based supervision in art therapy training. *Art Therapy: Journal of the American Art Therapy Association, 25*(2), 70-77.

Fish, B. J. (2017). *Art-based supervision: Cultivating therapeutic insight through imagery*. Routledge.

Jones, R. T., Nelson, R. E., & Kazdin, A. E. (1977). The role of external variables in self-reinforcement: A review. *Behavior Modification, 1*(2), 147-178.

Kottler, J. A. (2006). 치료자의 자기분석과 성장을 위한 워크북 [*Therapist's workbook: Self-assessment, self-care, and self-improvement exercises for mental health professionals*]. (백용매 역). 학지사. (원저는 1999년에 출판).

Moon, B. L. (1992). *Essential of art therapy training and practice*. Charles C Thomas.

Moon, B. L., & Nolan, E. G. (2022). 미술치료윤리 이론과 실제(원서 4판) [*Ethical issues in art therapy* (4th ed.)]. (임나영, 오종은, 이윤희, 홍윤선, 권민경 공역). 학지사. (원저는 2019년에 출판).

Naumburg, M. (1966). *Dynamically oriented art therapy: Its principles and practices, illustrated with three case studies*. Grune & Stratton.

Nucho, A. O. (2022). 사이코사이버네틱 미술치료: 미술을 만난 심리치료 [Psychocybernetic model of art therapy (2nd ed.)]. (김선희 역). 학지사. (원저는 2003년 출판).

Sperry. L., & Sperry, J. (2022). 상담실무자를 위한 사례개념화: 이해와 실제 [*Case conceptualization: Mastering this competency with ease and confidence* (2nd ed.)]. (이명우 역). 학지사. (원저는 2020년에 출판).

Yalom, I. D. (2006). 치료의 선물: 새로운 세대의 상담자와 내담자들에게 보내는 공개 서한(5판) [*The gift of therapy: An open letter to a new generation of therapists and their patients*]. (최웅용, 천성문, 김창대, 최한나 공역). 시그마프레스. (원저는 2001년에 출판).

찾아보기

인명

내용

저자 소개

김지은(JeeEun Kim)

중・고등학교, 대학 시절 미술(조소)을 전공하였고, 이화여자대학교와 미국 위스콘신대학교에서 미술교육으로 석사학위를 받았다. 미국 롱아일랜드대학교에서 임상미술치료 전공 석사학위를 받은 후 미국 레슬리대학교에서 표현예술치료학 미술치료 전공 박사학위를 취득하였다. 미국 미술치료 전문가(ATR-BC), 미술치료 슈퍼바이저(ATCS), 뉴욕주 미술치료사(LCAT)이며, 한국미술치료학회 수련감독임상미술심리상담사(S-ATR)이다.

현재 차의과학대학교 미술치료학과, 심리학 전공 및 미술치료 대학원, 일반대학원 의학과 교수로 재직하고 있다. 저서로『함께하는 커뮤니티 그리프 케어: 공동체를 위한 애도와 미술치료 마음챙김 워크북』(공저, 아트온어스, 2021)이 있으며, 다수의 KCI논문을 게재하였다. 국내외에서 4회의 개인전과 다수의 그룹전에 참여하였다.

이메일: jeeeun.claraje@cha.ac.kr

미술치료 임상실습 및 슈퍼비전

Art Therapy Fieldworks and Supervision

2025년 3월 20일 1판 1쇄 인쇄
2025년 3월 25일 1판 1쇄 발행

지은이 • 김지은
펴낸이 • 김진환
펴낸곳 • ㈜학지사
04031 서울특별시 마포구 양화로 15길 20 마인드월드빌딩
대표전화 • 02-330-5114 팩스 • 02-324-2345
등록번호 • 제313-2006-000265호

홈페이지 • http://www.hakjisa.co.kr
인스타그램 • https://www.instagram.com/hakjisabook

ISBN 978-89-997-3386-4 93180

정가 27,000원